catchphrase

cwrs dysgu cymraeg llafar   a course in spoken welsh

catchphrase

cwrs dysgu Cymraeg llafar : a course in spoken Welsh
rhan un : part one

gan : by

Basil Davies / Cennard Davies

*Seiliwyd ar y gyfres ar Radio Wales
a chyhoeddwyd gyda chaniatâd y B.B.C.
Based on the series on Radio Wales
and published with the permission of the B.B.C.*

1980

Sain (Recordiau) Cyf.
Penygroes   Caernarfon   Gwynedd

CATCHPHRASE 1

© 1980 Basil Davies / Cennard Davies
All rights reserved.

No part of this publication may be reproduced, stored in a retrieval system, or transmitted in any form or by an means electronic, mechanical, photocopying, recording, or otherwise, without the prior written permission of the publisher.

ISBN: 1-88432-564-4 text only
       1-88432-209-2 text and cassettes
       1-57970-330-5 text and cds

This edition published by Audio Forum
One Orchard Park Road, Madison, CT 06443 U.S.A.
www.audioforum.com

Cynnwys : Contents

		Tud./Page
Lluniau : Photographs		vi
Rhagair : Foreword		vii
Yr Awduron : The Authors		viii
Sut i ddefnyddio'r cwrs : How to use the course		ix
Byrfoddau a Diffiniadau : Abbreviations and Definitions		1
Gwers 1	Cyfarch pobl : Greeting people	3
Gwers 2	Siarad â phobl : Speaking to people	9
Gwers 3	Bore coffi : A coffee morning	15
Gwers 4	Holi'r ffordd : Asking the way	23
Gwers 5	Prynu pethau : Buying things	29
Gwers 6	Prynu dillad : Buying clothes	39
Gwers 7	Galw'r meddyg : Calling the doctor	47
Gwers 8	Roedden ni : We were	55
Gwers 9	Prynu tŷ : Buying a house	65
Gwers 10	Siarad am y gorffennol : Talking about the past	77
Gwers 11	Dewi Sant : St. David	89
Gwers 12	Siarad am y gorffennol eto : Talking about the past again	101
Gwers 13	Siarad am y dyfodol : Talking about the future	111
Gwers 14	Disgrifio pobl : Describing people	121
Gwers 15	Cymharu pethau : Comparing things	131
Gwers 16	Siopa : Shopping	145
Gwers 17	Bwyta allan : Dining out	157
Gwers 18	Fe ddylen ni : We ought to	169
Gwers 19	Fe fyddwn i petawn i'n gallu : I would if I could	179
Gwers 20	Yfory . . . : Tomorrow . . .	189
Atodiadau / Appendices		201
Atebion : Key to the Exercises		212
Rhestr o'r Eirfa : Welsh Vocabulary List		247
Mynegai / Index		255
Nodiadau / Notes		259

Lluniau : Photographs

Dymuna'r Awduron a'r Cyhoeddwr ddiolch i'r canlynol am ganiatâd i ddefnyddio'r darluniau yn y llyfr hwn:
The Authors and the Publisher wish to thank the following for permission to use the photographs in this book:

Mr. Alcwyn Evans, Y Barri *frontis.*, *tud. / pp.* 14, 28, 38
Bwrdd Croeso Cymru / Wales Tourist Board *tud. / pp.* 2, 76, 90
Bwrdd Croeso'r Swistir / Swiss Tourist Board *tud. / p.* 54
The Huddersfield Examiner Ltd. *tud. / p.* 100
B.B.C. *tud. / p.* 110
Moduron Dulyn, Penygroes, a Dylan Jones, Nantlle *tud. / p.* 130
Tegwyn Roberts, Y *Cymro tud. / p.* 144
Gwesty Glansevin, Llangadog, Dyfed *tud. /p.* 156
Ffair Bleser Ynys Y Barri / Barry Island Pleasure Park *tud. / p.* 178

Rhagair / Foreword

This 'Catchphrase' course, based on the popular Radio Wales Welsh language lessons, has been prepared for absolute beginners. In Part 1 the aim is to give you a good general idea of the structure of the language. You will be taught to use Welsh effectively in basic situations and an attempt has been made to write explanations in clear, non-grammatical terms. The emphasis of the course is upon speaking the language rather than speaking about it. We trust that those of you embarking upon learning Welsh will find this approach both lively and stimulating.

Rydyn ni'n ddiolchgar i nifer o bobl am eu cymorth wrth baratoi'r gyfrol hon. Bu Dan Damon yn ddigon mentrus i ymgymryd â dysgu Cymraeg ar yr awyr ac ef, yn anad neb arall, a'n symbylodd i gyhoeddi'r cwrs hwn. Cawsom gefnogaeth gan rai o aelodau staff y B.B.C., yn enwedig Vaughan Roderick a Dewi Smith a bu ein cyd-gyflwynydd, Ann Jones, mor garedig â bwrw golwg ar y gyfrol mewn llawysgrif ac awgrymu nifer o welliannau. Hi, hefyd, fu'n rhannol gyfrifol am Atodiad 5. Carem ddiolch hefyd i Bob Whitaker o Argraffdy D. Brown a'i Feibion am gadw ein trwynau ar y maen wrth ysgrifennu'r gwersi ac am lywio'r gwaith yn drylwyr ond yn ddiffwdan drwy'r wasg. Mae arnom ddyled debyg i Huw Jones o Gwmni Sain a fu'n gyfrifol am y recordio. Yn olaf, rydyn ni am ddiolch i'r arlunydd, Roger Jones am ddilyn ein cyfarwyddiadau mor ofalus a llwyddo i dynnu lluniau a fydd, gobeithio, yn hwyluso ac yn ysgafnu'r dysgu. Ein cyfrifoldeb ni yw unrhyw ddiffygion a erys yn y cwrs.

Yr Awduron : The Authors

Basil Davies

A native of Porthyrhyd, Dyfed and a graduate of the University College of North Wales, Bangor, where he was awarded the degree of M.A., Basil Davies has taught Welsh in three schools in North Wales, before joining the staff of the Glamorgan College of Education which is now incorporated in the Polytechnic of Wales, where he is now a Senior Lecturer. He specialises in teaching Welsh to adults and is the joint author of the Linguaphone Welsh Course and one of the three presenters of the "Catchphrase" programme. He is married, has three children and lives in Barry.

Cennard Davies

A native of Treorci in the Rhondda Valley and graduate of the University College, Swansea, where he gained his M.A. degree. He taught at Porth County Boys School and City of Cardiff College of Education, before taking up his present post of Principal Lecturer at the Polytechnic of Wales, where he specialises in teaching Welsh as a second language to adults. He is the author of numerous second language books, is the joint author of the Linguaphone Welsh Course and one of the presenters of the B.B.C. "Catchphrase" Programme. He is married, with two children, and lives at Treorci.

Sut i ddefnyddio'r cwrs : How to use the course

Your course consists of: a coursebook
recordings on records or cassettes

The Part 1 handbook consists of 20 units each containing a dialogue or snatches of dialogue, explanations of the main patterns used and carefully graded exercises which will help you to master the main grammatical points. The language is based on the recommendations of the booklet Cymraeg Byw 3, a form of standard spoken Welsh which is understood and accepted in all parts of Wales. Any major regional variations have been noted in **Appendix 5**.

Although it isn't necessary for you to buy a dictionary at this stage, if you decide to do so it is worth investing in 'Y Geiriadur Mawr' (published by Christopher Davies, Swansea). A cheaper pocket version, 'Y Geiriadur Bach' is published by the same company. These, and any other books you may wish to purchase, can be obtained from any Welsh bookshop or through the Welsh Books Council, Queens Square, Aberystwyth, Dyfed. Graded magazines for learners, especially young people, are produced by Urdd Gobaith Cymru and are obtainable from their headquarters at Heol Llanbadarn, Aberystwyth.

We recommend that in using this course you follow these instructions:
1. Listen to the recordings of the dialogue several times. You won't understand what is being said but you will get used to the sounds of the language.
2. Now listen to the recording, following the text in the book. After doing this once or twice try reading the text with the recording.
3. Look at the translation of the dialogue. Try to understand the meaning of each phrase and sentence.
4. Continue to listen until you understand each sentence as you hear it. Repeat the sentences aloud.
5. Work carefully through the written and recorded exercises taking your time in doing so. Check your answers. Answers to the written exercises are to be found in the back of the handbook. A gap is provided on the tape / record for your oral responses. This is followed by the correct answer.

It is important to develop good habits in learning a language.
1. Learn a little each day. Ten minutes a day is far better than three hours once a week.
2. Use what you have learned. If you don't have a Welsh-speaking friend or neighbour use your tape for practice. Even talking to yourself or to a dog or cat can be very useful. Imagine that you are in a particular situation and use the appropriate phrases. If you can persuade someone else to learn with you, so much the better. Learning together is easier than learning alone.
3. Don't expect to learn each new word after hearing it once only. Learning vocabulary takes time and the best way to learn words is by using them in sentences.
4. Listen to the radio and watch any Welsh language television programmes. News bulletins are especially useful as you will have a rough idea of the content of the items if you have already heard the English version of the news or have read a newspaper. Initially it isn't important for you to understand every word.
5. And finally, a warning. At times you will feel that you aren't making progress and might even feel like giving up. At such times be resolute and stick to your task. Remember the Welsh proverb,

Dyfal donc a dyrr y garreg. (It's steady tapping that breaks the stone.)

Pob hwyl!   Good luck!

Byrfoddau a Diffiniadau : Abbreviations and Definitions

a.m.	—	aspirate mutation
f	—	a feminine noun
fam.	—	familiar form
lit.	—	literally
m	—	a masculine noun
m / f	—	gender of the noun varies according to region
n.m.	—	nasal mutation
pl.	—	plural form
singl.	—	singular form
s.m.	—	soft mutation
L3, N3c	—	Lesson 3, Note 3c

The nouns are given in their singular form usually. Many nouns form their plurals by adding an ending, e.g. *haf* (*-au*) i.e. *haf* is the singular form and by adding the plural ending *-au*, the word *hafau* is formed. Sometimes, the plural form of nouns is irregular and it is necessary to give the whole of the plural form in brackets, e.g. *awr* (*oriau*).

Gwers 1 Cyfarch pobl : Greeting people

Gwrandewch / Listen

Elwyn: Bore da, Gareth!
Gareth: Bore da. Sut mae heddiw?
Elwyn: Da iawn, diolch. A chi?
Gareth: Eithaf da, diolch. Mae hi'n oer y bore 'ma.
Elwyn: Ydy, wir. Ond mae hi'n sych.
Gareth: Mae hi'n bwrw eira yn Aberystwyth.
Elwyn: Wel! Wel!

Elwyn: Good morning, Gareth!
Gareth: Good morning. How are you today?
Elwyn: Very well, thanks. And you?
Gareth: Quite well, thanks. It's cold this morning.
Elwyn: Yes, indeed. But it's dry.
Gareth: It's snowing in Aberystwyth.
Elwyn: Well! Well!

1 Greeting people

Here are some of the most common greetings. Learn them.

a)

Bore da!   Pry<u>nhawn</u> da!   Noswaith dda!   Nos da!

Geirfa / Vocabulary

bore (*m*)	—	morning	noswaith (*f*)	—	evening
heddiw	—	today	prynhawn (*m*)	—	afternoon
heno	—	tonight	y bore 'ma	—	this morning
nos (*f*)	—	night	y prynhawn 'ma	—	this afternoon

b) *Ymadroddion / Phrases*

da iawn, diolch	—	very well, thanks
eithaf da	—	quite well
gweddol	—	fair
iawn	—	okay, all right
Sut mae?	—	How are things? (An informal greeting)
Sut rydych chi?	—	How are you? (Polite singular *you* form and plural form)

c) Greet someone in Welsh at the following times:

(i) 3 p.m.   (ii) 10 a.m.   (iii) 6 p.m.   (iv) 2 p.m.
(v) 6.30 p.m.   (vi) 11 a.m.   (vii) 4 p.m.   (viii) 9 a.m.

d) Ask a person how he is at the above times,
e.g. (i) Sut rydych chi, y prynhawn 'ma?

e) Ask 'Sut mae?' to your partner and expect four different replies.

2   Mae hi — It is, It's
We always use *mae hi* (literally *she is*) when we refer to general things like weather and time.

3   Words to describe the weather

a)

braf	—	fine	niwlog	—	misty
cymylog	—	cloudy	oer	—	cold
diflas	—	miserable	poeth	—	hot
gwlyb	—	wet	stormus	—	stormy
gwyntog	—	windy	sych	—	dry
heulog	—	sunny	tywyll	—	dark

b)

Mae hi'n gymylog.	—	It's cloudy.
Mae hi'n ddiflas.	—	It's miserable.
Mae hi'n wlyb.	—	It's wet.
Mae hi'n boeth.	—	It's hot.
Mae hi'n dywyll.	—	It's dark.

Note that we can also say:
Mae'n gymylog. Mae'n ddiflas. etc.

c) The *'n* is a shortened form of *yn* which shortens to *'n* after a vowel. The *yn* (*'n*) is used to connect verbs like *mae hi* or *mae* with an adjective, a noun, or an adverbial expression to complete a sentence. *Yn* (or *'n*) usually causes the word following it to undergo a soft mutation, e.g. cymylog — yn gymylog. (See **Appendix 2**.) *Braf* is an exception so we say: yn braf. Also, words beginning with *ll* and *rh* do not change after *yn* (or *'n*).

d) Choose an appropriate word from **3a** to describe the weather in the following places:
(i) Alaska   (ii) The Sahara   (iii) Manchester in winter   (iv) Equatorial Africa
(v) Spain in summer   (vi) Siberia in winter   (vii) the beach in summer
(viii) on top of Everest.

e) Use the pattern shown in **3b** and describe the weather in the following illustrations:

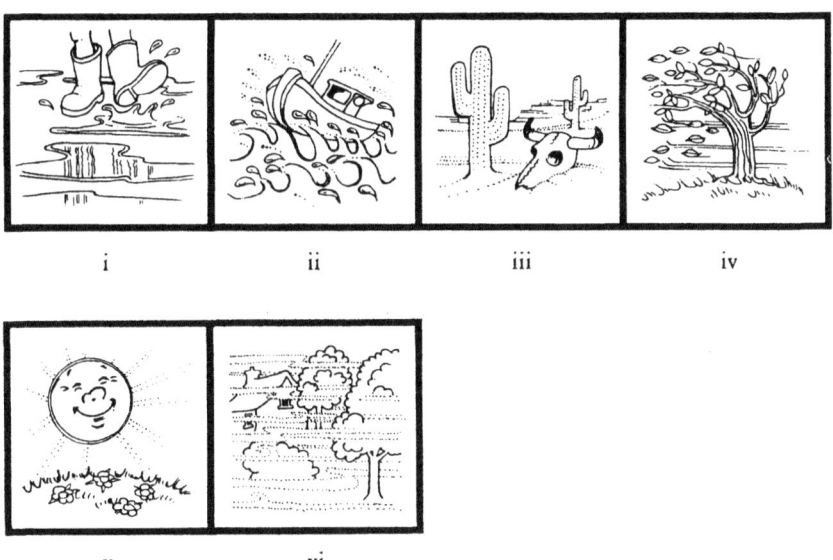

i   ii   iii   iv

v   vi

4   Berfenwau / Verb-nouns

a) bwrw cesair — to hail   dadleth — to thaw
   bwrw eira   — to snow   rhewi   — to freeze
   bwrw glaw — to rain

b) Mae hi'n bwrw cesair. — It's hailing.
   Mae'n bwrw eira.   — It's snowing.
   Mae'n bwrw glaw.   — It's raining.
   Mae hi'n dadleth.   — It's thawing.
   Mae hi'n rhewi.   — It's freezing.

c) The word *yn* is used in Welsh to link forms of the verb *to be*, verbs like *mae / mae hi*, etc. with words like *rhewi, dadleth* (which are known in Welsh as *berfenwau / verb-nouns*). After a vowel, as we saw in **N3c**, *yn* shortens to *'n*. The simple rule concerning *yn* is that if a verb-noun follows, no mutation occurs. If, however, any other part of speech follows, like a noun or adjective, there is a soft mutation. This *yn* can convey the *—ing* as in English. e.g. freezing, thawing, etc. As such, *Mae'n rhewi* can convey: It's freezing or It freezes.

d) What is happening in the following illustrations?

i ii iii iv

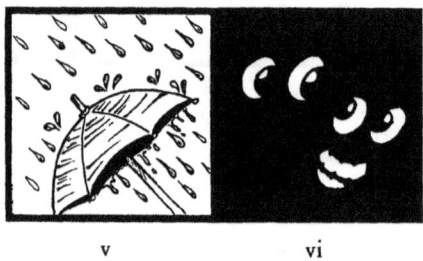

v vi

5 Amrywiol / Miscellaneous

a (*a.m.*)	—	and	ond	—	but
chi	—	you	sut?	—	how?
da	—	good	ydy, wir	—	yes, indeed
iawn	—	very	yn (*n.m.*)	—	in

✳ 6 Say the following sentences in Welsh:

    (i)   It's fine this morning.
    (ii) It's cold tonight.
    (iii) It's dry today.
    (iv) It's wet this afternoon.
    (v) It's stormy tonight.
    (vi) It's cloudy this morning.
    (vii) It's hot this afternoon.
  (viii) It's sunny today.
    (ix) It's windy this morning.
    (x) It's misty tonight.
    (xi) It's hailing.
    (xii) Yes, indeed, it is freezing.
  (xiii) Good afternoon!
  (xiv) How are you?
   (xv) Very well, thanks.

7 Mrs. Price meets Mr. Jones. Record the conversation between them.

Gwers 2 Siarad â phobl : Speaking to people

Gwrandewch / Listen

Mr. Thomas:	Prynhawn da! Sut rydych chi?
Mr. Lewis:	Da iawn, diolch. A chi?
Mr. Thomas:	Eithaf da, diolch. O ble rydych chi'n dod?
Mr. Lewis:	Rydw i'n dod o Bontypridd. Ble rydych chi'n byw?
Mr. Thomas:	Rydw i'n byw ym Mae Colwyn ond rydw i'n gweithio ym Mangor. Ble rydych chi'n gweithio?
Mr. Lewis:	Rydw i'n gweithio yng Nghaerdydd.
Mr. Thomas:	Beth rydych chi'n ei wneud?
Mr. Lewis:	Rydw i'n dysgu yng Nghaerdydd.
Mr. Thomas:	Good afternoon! How are you?
Mr. Lewis:	Very well, thanks. And you?
Mr. Thomas	Quite well, thanks. Where do you come from?
Mr. Lewis:	I come from Pontypridd. Where do you live?
Mr. Thomas:	I live in Colwyn Bay but I work in Bangor. Where do you work?
Mr. Lewis:	I work in Cardiff.
Mr. Thomas:	What do you do?
Mr. Lewis:	I teach in Cardiff.

1 Bod—To be

a)
rydw i	—	I am	rydyn ni	—	we are
rwyt ti	—	you are	rydych chi	—	you are
mae	—	is (*also,* are)	maen nhw	—	they are
mae e	—	he is			
mae hi	—	she is			

These forms are very important and should be learned thoroughly.

b) *Rwyt ti — you are* is the second person singular form, like the old English form: *thou art*. In general, people use all *ti* forms when addressing friends, children and domestic animals. Otherwise, the more formal *chi* is used, which is also the plural *you* form.

2 Arddodiaid / Prepositions

a)
ar (*s.m.*)	— on		wrth (*s.m.*)	— by
o (*s.m.*)	— from		yn (*n.m.*)	— in

b) *yn* means *in* and, unlike the other form of *yn* already dealt with in **L1**, it NEVER shortens. This *yn* is followed by a nasal mutation. (See **Appendix 2**.) *Yn* itself changes its sound in order to be like the sound it creates, e.g.

Porthmadog	— ym Mhorthmadog	(p	ym mh)
Caernarfon	— yng Nghaernarfon	(c	yng ngh)
Bangor	— ym Mangor	(b	ym m)
Gwynedd	— yng Ngwynedd	(g	yng ng)

Note also:
Trawsfynydd	— yn Nhrawsfynydd	(t	yn nh)
Dolgellau	— yn Nolgellau	(d	yn n)

c) Place *yn* (*in*) in front of the following Welsh place names:
Porthcawl, Ton Pentre, Caerfyrddin, Betws-y-coed, Dinbych, Glanaman, Tywyn, Pontarddulais, Caergybi, Blaenau Ffestiniog, Dyfed, Clwyd, Powys, Gwent, Morgannwg.

d) Place *o* (*from*) in front of the place names listed in (c) and complete the sentence:
Rydw i'n dod o _____.

3 Enwau / Nouns

cae-au (*m*)	— field	heol-ydd (*f*)	— road
car (ceir) (*m*)	— car	siop-au (*f*)	— shop
eglwys-i (*f*)	— church	tŷ (tai) (*m*)	— house
gwaith (*m*)	— work	ysgol-ion (*f*)	— school

4 Y, Yr, 'r — The

There are three forms for *the* in Welsh:

a) Y is used in front of consonants,
e.g. y cae, y gwaith, y siop, y tŷ.

b) Yr is used in front of vowels and H,
e.g. yr eglwys, yr ysgol, yr heol.

c) *'r* is used when the word preceding it ends in a vowel (a, e, i, o, u, w, y), e.g. o'r tŷ, a'r car, mae'r siop, mae'r eglwys.

Rydw i wrth y tŷ.	— I'm by the house.
Mae'r car ar yr heol.	— The car is on the road.
Mae e yn y gwaith.	— He's in work (He's at work).
Rydyn ni wrth yr eglwys.	— We are by the church.
Rydych chi yn y siop.	— You are in the shop.
Maen nhw wrth yr ysgol.	— They are by the school.

Sometimes we use *y* or *yr* in Welsh where you wouldn't use *the* in English:

yn y gwaith	— in work	yn yr eglwys	— in church
	or at work	yn yr ysgol	— in school

5 Ble? — Where?

a)
Ble mae'r ysgol?	— Where is the school?
Ble maen nhw?	— Where are they?
Ble mae e heno?	— Where is he tonight?

b) Answer the question under each illustration:

(i) Ble maen nhw? (ii) Ble rydyn ni? (iii) Ble mae'r car? (iv) Ble mae Mrs. Jones?

(v) Ble rydw i? (vi) Ble rydych chi? (vii) Ble mae e? (viii) Ble maen nhw?

c) Look at the following illustrations and answer the question: Ble mae hi?

i   ii   iii   iv

6 Berfenwau / Verb-nouns

byw	—	to live	dysgu	—	to teach
chwarae	—	to play	gweithio	—	to work
dod	—	to come	gwneud	—	to do
			rhedeg	—	to run

Mae e'n gweithio. — He is working, *or* He works, *or* He does work.
Maen nhw'n dod. — They're coming, *or* They come, *or* They do come.
Ble mae hi'n gweithio? — Where is she working? *or* Where does she work?
O ble rydych chi'n dod? — Where do you come from?
Rydw i'n byw wrth yr eglwys. — I live by the church.

7 Beth? — What?

a) Learn how to ask:

Beth mae e'n ei wneud?	—	What's he doing?
Mae e'n rhedeg.	—	He's running.
Beth rydych chi'n ei wneud?	—	What are you doing?
Rydw i'n gweithio.	—	I'm working.
Rydyn ni'n gweithio.	—	We're working.

b) Ask what the people are doing according to the cue given,
e.g. she: Beth mae hi'n ei wneud? (i) you (*pl.*) (ii) us (iii) you (*fam.*) (iv) him (v) Mair (vi) she (vii) me (viii) Mair and Rhys.

c) Look at the following illustrations and answer the questions:

(i) Beth rydw i'n ei wneud?   (ii) Beth mae e'n ei wneud?   (iii) Beth maen nhw'n ei wneud?   (iv) Beth rydych chi'n ei wneud?

8 Say the following in Welsh:

   (i) I live in Aberystwyth but I come from Aberaeron.
   (ii) The car is by the church.
   (iii) They are playing on the field.
   (iv) Where do you (*fam.*) live?
   (v) Where does she come from?
   (vi) We are playing by the shop.
   (vii) What are you (*pl.*) doing?
   (viii) What is she doing?
   (ix) We are coming in the car.
   (x) What is he doing on the road?

9 Start a conversation with another person and talk about the whereabouts of Mr. and Mrs. Jones.

Gwers 3   Bore coffi : A coffee morning

Gwrandewch / Listen

(Mae Mair a Hywel yn yfed coffi gyda Siân.)

Siân:	Te neu goffi, Mair?
Mair:	Coffi, os gwelwch yn dda.
Siân:	Ydych chi eisiau coffi, Hywel?
Hywel:	Nac ydw. Gaf i de, os gwelwch yn dda?
Siân:	Cewch, â chroeso. Sut rydych chi'n hoffi coffi, Mair?
Mair:	Coffi gwan heb siwgr, os gwelwch yn dda.
Siân:	Hywel?
Hywel:	Te cryf â siwgr, os gwelwch yn dda.

Siân:	Oes bisgedi 'da chi, Mair?
Mair:	Oes, maen nhw ar y bwrdd, diolch.
Siân:	Ydy'r coffi'n iawn?
Mair:	Ydy, hyfryd, diolch.
Siân:	Ydy'r te'n iawn, Hywel?
Hywel:	Ydy, mae e'n ardderchog. Rydw i'n hoffi te cryf, poeth, ond gaf i ragor o siwgr, os gwelwch yn dda?
Siân:	Cewch, â chroeso. Mae'r basn wrth y bisgedi. Cymerwch y basn.

(Mair and Hywel are drinking coffee with Siân.)

Siân:	Tea or coffee, Mair?
Mair:	Coffee, please.
Siân:	Do you want coffee, Hywel?
Hywel:	No. May I have tea, please?
Siân:	Yes, with pleasure. How do you like coffee, Mair?
Mair:	Weak coffee without sugar, please.
Siân:	Hywel?
Hywel:	Strong tea with sugar, please.

Siân:	Have you any biscuits, Mair?
Mair:	Yes, they're on the table, thanks.
Siân:	Is the coffee all right?
Mair:	Yes, lovely, thanks.
Siân:	Is the tea all right, Hywel?
Hywel:	Yes, it's excellent. I like strong, hot tea but may I have more sugar, please?
Siân:	Yes, with pleasure. The basin is by the biscuits. Take the basin.

1 Enwau

basn (*m*)	— basin	dŵr (*m*)	— water
bisgïen (bisgedi) (*f*)	— biscuit	llaeth (*m*)	— milk
bwrdd (byrddau) (*m*)	— table	llwy-au (*f*)	— spoon
coffi (*m*)	— coffee	siwgr (*m*)	— sugar
cwpan-au (*m*)	— cup	soser-i (*f*)	— saucer
cwrw (*m*)	— beer	te (*m*)	— tea

2

a) The question forms of *Rydw i, Mae hi*, etc. (**L2, N1a**) are:

ydw i?	— am I?	ydyn ni?	— are we?
wyt ti?	— are you?	ydych chi?	— are you?
ydy?	— is? (*also*, are?)	ydyn nhw?	— are they?
ydy e?	— is he?		
ydy hi?	— is she?		

Ydy John wrth yr eglwys?	— Is John by the church?
Ydyn nhw ar yr heol?	— Are they on the road?
Ydych chi yn y tŷ heno?	— Are you in the house tonight?
Ydy hi'n gymylog heddiw?	— Is it cloudy today?
Ydych chi'n dod?	— Are you coming?

b) These forms are also used to say *yes*, but without the word which follows each one (i.e. *i, ti, e, hi, ni, chi, nhw*).

ydw	— yes (I am)	ydyn	— yes (we are)
wyt	— yes (you are)	ydych	— yes (you are)
ydy	— yes (it is)	ydyn	— yes (they are)
ydy	— yes (he is)		
ydy	— yes (she is)		

c) To convey a *no* answer *nac* (pronounced *nag*) is placed before each word. Thus: nac ydw — no (I'm not), nac ydyn — no (they're not).

d) Look at the illustrations and follow the pattern of the example.

Ydyn nhw wrth yr eglwys?

i   ii   iii   iv

v   vi

e) Look at the illustrations and follow the pattern of the example.

Ydy'r llwy ar y bwrdd?

i   ii   iii   iv

f) Follow the pattern of this example:
cloudy — Ydy hi'n gymylog?
(i) hot   (ii) sunny   (iii) dark   (iv) windy   (v) dry   (vi) misty

3   Berfenwau

a)

arllwys	—	to pour	estyn	—	to pass
bwyta	—	to eat	hoffi	—	to like
cymryd	—	to take	troi	—	to turn, to stir
eisiau	—	to want	yfed	—	to drink

Ydych chi'n hoffi llaeth?   —   Do you like milk?
Maen nhw'n cymryd siwgr.   —   They take sugar.
                                    or   They are taking sugar.

b) Note that *yn* (*'n*) (**L1, N4c**) isn't used with *eisiau*, e.g.
Ydy hi eisiau bisgedi?   —   Does she want biscuits?
Rydyn ni eisiau chwarae.   —   We want to play.

This is the only exception.

c) When a verb-noun like *hoffi* and most other verb-nouns are followed by another verb-noun like *yfed*, there is no need for the second verb-noun to have *yn* or *i* (to) in front of it. e.g.
Ydyn nhw'n hoffi yfed coffi?   —   Do they like to drink (*or* drinking) coffee?
Rydw i eisiau troi'r te.   —   I want to stir the tea.

d) Give the appropriate *yes* reply to the following:
  (i)   Ydy hi'n braf?
 (ii)   Ydyn nhw'n hoffi coffi?
(iii)   Ydy John yn dod?
(iv)   Ydych chi'n (*pl.*) cymryd siwgr?
 (v)   Ydyn ni eisiau te?

e) Give the appropriate *no* reply to the above questions.

4 Giving a command

a) We can command a person or persons to do something by adding —*wch* to the stem of the verb-nouns that are shown in **3a**, e.g.

Bwytwch!	— Eat!	Trowch!	— Turn!
Arllwyswch!	— Pour!	Estyn*n*wch!	— Pass!
Cym*e*rwch!	— Take!	Yfwch!	— Drink!

—*wch* is the singular polite and plural *you* form ending.
The stem of the verb-noun is the part that does not change, e.g. bwyta = bwyt + a.
Sometimes, the stem consists of the whole word, e.g. arllwys, estyn.
Note the *e* in *cymerwch*.

b) We can give a *ti* command (**L2, N1b**) by adding the ending —*a* to the stem of verb-nouns,
e.g. Bwyta! Arllwysa! Cymera! Troia! Yfa!

c) Give the polite *you* command form of the following:
gweithio, dysgu, chwarae, rhedeg.

d) Give the familiar *you* command form of the above.

5 Ansoddeiriau / Adjectives

a)
ardderchog	— excellent	gwan	— weak
cryf	— strong	hyfryd	— lovely
chwerw	— bitter	melys	— sweet

Adjectives usually follow nouns in Welsh, e.g.
coffi cryf	— strong coffee	te gwan	— weak tea
cwrw chwerw	— bitter beer	bisgedi melys	— sweet biscuits

b) Note that we can also say:
Mae'r te'n wan. — The tea is weak.
Mae'r cwrw'n chwerw. — The beer is bitter.

See **L1, N3b**. Note carefully the difference in the following sentences:
Mae'r coffi cryf yn hyfryd. — The strong coffee is lovely.
Mae'r coffi'n gryf. — The coffee is strong.

c) A person asks you: 'Sut mae'r coffi?' You could reply: 'Mae'r coffi'n hyfryd.' Give five other possible replies.

6 Yn rhy and rhagor o

a) yn rhy ... (*s.m.*) — too ...

Mae'r coffi'n rhy felys. — The coffee is too sweet.
Ydy'r te'n rhy gryf? — Is the tea too strong?
Yn rhy is followed by a soft mutation.

b) A person asks you: 'Sut mae'r te?' You reply: 'Mae'r te'n rhy felys.' Give four other possible replies.

c) rhagor o ... (*s.m.*) — more ...

Ydych chi eisiau rhagor o laeth? — Do you want more milk?
Mae hi eisiau rhagor o goffi. — She wants more coffee.

d) Follow the pattern of the example:
they / coffee — Ydyn nhw eisiau rhagor o goffi?
(i) you (*fam.*) / tea (ii) he / sugar (iii) John / beer (iv) we / water
(v) they / biscuits (vi) she / milk (vii) you (*pl.*) / coffee (viii) she / cups

7 Possession

a) Oes llwy 'da chi? — Have you got a spoon?
This is one way in Welsh to ask if you have (possess) something. The various possession forms are:

'da fi — I   'da ni — we
'da ti — you   'da chi — you
'da fe — he   'da nhw — they
'da hi — she

e.g. Oes siwgr 'da hi? — Has she got sugar? / Does she have sugar?
     Mae bisgedi 'da fi. — I've got biscuits.

The answer to such a question is *oes (yes)* or *nac oes (no)*. *'Da* is a shortened form of *gyda*. (There is an extended note on this construction in **Appendix 3**.)

b) Follow the pattern of the example:
you (*pl.*) / llwy — Oes llwy 'da chi?
(i) they / tŷ (ii) he / car (iii) Mair / cwpan (iv) we / bisgedi
(v) you (*fam.*) / siwgr (vi) she / llaeth (vii) you (*pl.*) / coffi

8 **Gaf i?** (*s.m.*) — **May I have . . . ?**

a) In Welsh we say *Gaf i . . . ?* to convey: May I have . . . ? e.g.
Gaf i de?   — May I have tea?
Gaf i ragor o laeth?   — May I have more milk?
Note that the final *f* in *gaf* is not normally pronounced and that *gaf i* is followed by a soft mutation. The *yes (you may)* answer is *cewch* (polite + plural) whilst the no reply is *na chewch*. The familiar *yes (you may)* replies are *cei* and *na chei*.

b) Ask for 10 different things using the pattern: 'Gaf i . . . ?'

9 **Amrywiol**

a)
â (*a.m.*)	— with	heb (*s.m.*)	— without
â chroeso	— with pleasure	neu (*s.m.*)	— or
dim diolch	— no thanks	os gwelwch yn dda	— please

b) Using *heb*, complete according to the pattern of the example:
coffi / siwgr — Rydw i'n hoffi coffi heb siwgr.
(i) te / bisgedi   (ii) coffi / llaeth   (iii) te / siwgr   (iv) te / llaeth

c) Place *neu* in front of the following and place them in a sentence:
(i) coffi   (ii) llaeth   (iii) te   (iv) bisgedi   (v) cwrw   (vi) dŵr

10 **Say the following in Welsh:**

(i) Do they want more biscuits?
(ii) Yes, I'm coming in the car tonight.
(iii) No, they're playing on the road.
(iv) They like to drink beer.
(v) Drink (*pl.*) the coffee, please.
(vi) I like strong tea without milk.
(vii) Do you (*fam.*) like weak coffee?
(viii) Is it too wet this afternoon?
(ix) Does he have more biscuits?
(x) May I have more sugar, please?
(xi) Drink (*fam.*) the beer—it is excellent.
(xii) Have you (*pl.*) got more work? Yes.

11 **Two people have invited Mr. and Mrs. Jones out for coffee (or tea). The hosts are making the preparations and trying to anticipate what their guests will like. Act the situation with your partner!**

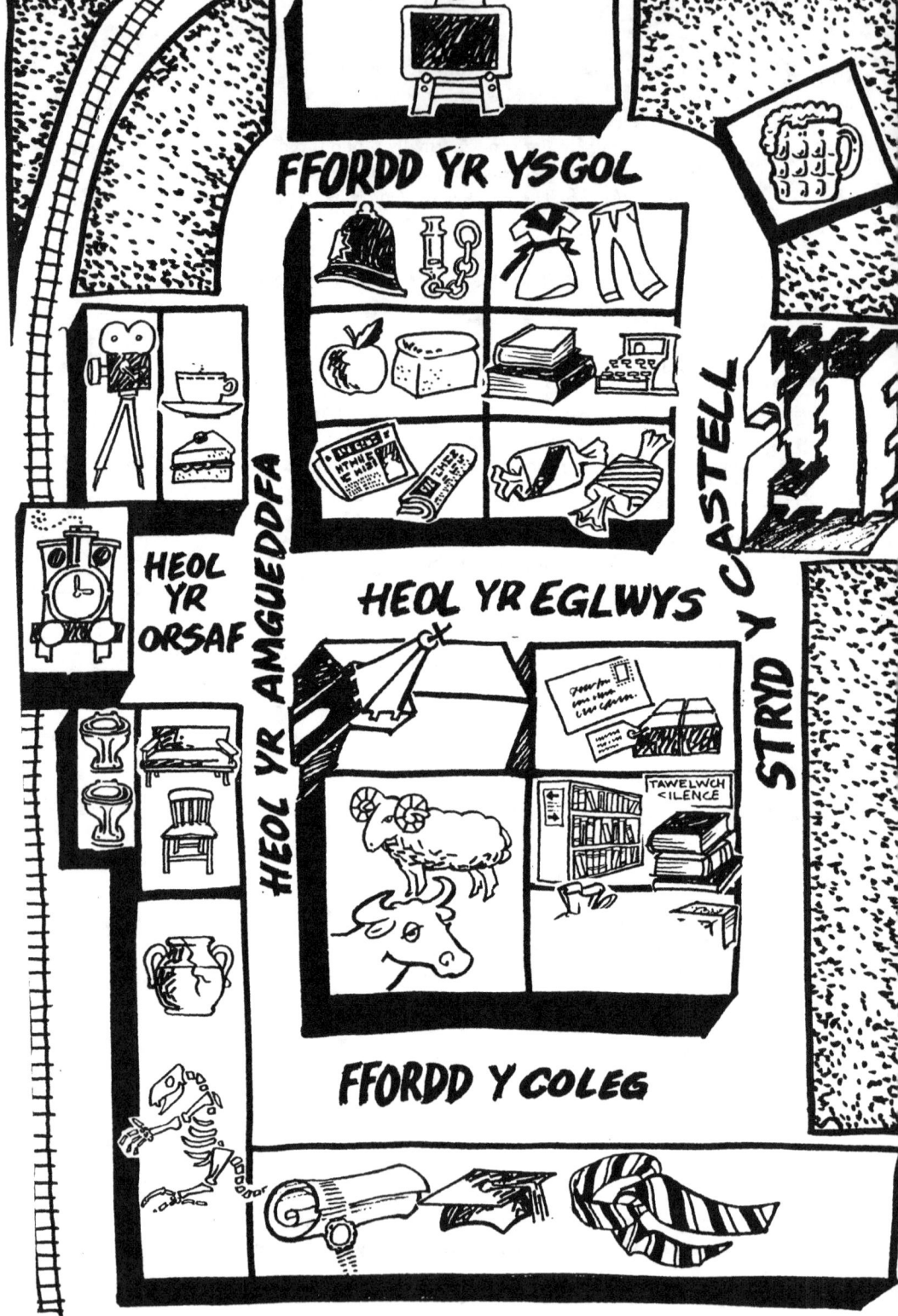

Gwers 4 Holi'r ffordd : Asking the way

Gwrandewch

(Mae Alun wrth y banc yn Stryd y Castell.)

Alun: Esgusodwch fi, os gwelwch yn dda. Rydw i ar goll.
Mrs. Jones: I ble rydych chi eisiau mynd?
Alun: Rydw i eisiau dal trên. Ble mae'r orsaf, os gwelwch yn dda?
Mrs. Jones: Ewch heibio i'r llyfrgell ar hyd Stryd y Castell. Yna, ar y cornel wrth Swyddfa'r Post, trowch i'r chwith ac ewch ar hyd Ffordd yr Eglwys heibio i'r eglwys. Wrth yr eglwys, croeswch Heol yr Amgueddfa, ond byddwch yn ofalus. Wedyn, cerddwch ar hyd Heol yr Orsaf. A dyna chi! Mae'r orsaf drws nesaf i'r sinema.

(Alun is by the bank in Castle Street.)

Alun: Excuse me, please. I'm lost.
Mrs. Jones: Where do you want to go (to)?
Alun: I want to catch a train. Where's the station, please?
Mrs. Jones: Go past the library along Castle Street. Then, on the corner by the Post Office, turn to the left and go along Church Way past the church. By the church, cross Museum Road, but be careful. Then, walk along Station Road. And there you are! The station is next door to the cinema.

1 Adeiladau / Buildings

Welsh	English	Welsh	English
amgueddfa (*f*)	— museum	siop bapurau	— paper shop
banc-iau (*m*)	— bank	siop ddillad	— draper's shop
caffi (*m*)	— café	siop esgidiau	— shoe shop
castell (cestyll) (*m*)	— castle	siop fara	— bread shop / bakery
coleg-au (*m*)	— college		
gorsaf (*f*)	— station	siop fwyd	— food shop / grocery shop
llyfrgell (*f*)	— library		
marchnad (*f*)	— market	siop ffrwythau	— fruit shop
swyddfa (*f*)	— office	siop gelfi	— furniture shop
swyddfa'r heddlu	— police station	siop gig	— butcher's shop
swyddfa'r post	— post office		
tafarn-au (*m*)	— public house	siop losin	— sweet shop
toiled-au (*m*)	— toilet	siop lyfrau	— book shop

2 a) Note: yr orsaf — the station
    y farchnad — the market
When feminine singular nouns follow the definite article *y* (or *'r*) they undergo a soft mutation. Exceptions are words which begin with the letters *ll* and *rh*, e.g. y llyfrgell.

b) Ask: 'Ble mae'r _____ ?'
(i) museum (ii) station (iii) public house (iv) library (v) market

3 Berfenwau

a)

benthyca	— to borrow		esgusodi	— to excuse
(also, benthyg)			gweld	— to see
cerdded	— to walk		holi	— to inquire, to ask
croesi	— to cross		mynd	— to go
dal	— to catch		prynu	— to buy
darllen	— to read			

Note the following command forms:
cerdda! cerddwch! — walk!   dere! dewch! — come!
gwela! gwelwch! — see!   cer(e)! ewch! — go!
                    or   cerwch!

The stem of *dal* is *dali*—, so we say: *dalia* and *daliwch*.

b) Give the familiar command form (—*a*) of the following and complete the sentence:
esgusodi, croesi, prynu, darllen, holi.

c) Give the polite command form (—*wch*) of the following and complete the sentence:
esgusodi, holi, prynu, darllen, croesi.

4 Oes ... ?

a) When we want to ask:
Is there a ... ? or Are there ... ? We use *oes* ... ? e.g.
Oes amgueddfa yma? — Is there a museum here?
Oes bisgedi yn y siop? — Are there biscuits in the shop?

In reply to such a question we either say:
Oes (yes) or *Nac oes* (no).

b) Ask in Welsh: 'Is there a _____ here, please?' :
(i) station (ii) paper shop (iii) public house (iv) café (v) market

c) When we want to say:
There is a . . . or There are . . . , we use *Mae*, e.g.
Mae amgueddfa yma — There is a museum here.
Mae bisgedi yn y siop — There are biscuits in the shop.

In Welsh, although the subject (*bisgedi*) is a plural noun, the verb (*mae*) still remains in the third person singular. You will notice that there isn't an indefinite article (*a* or *an*) in Welsh.

d) Change the following sentences into questions (?) or statements (✓), e.g. Oes castell yma? (✓) — Mae castell yma.
  (i) Mae car wrth yr ysgol. (?)
  (ii) Oes siwgr yn y coffi? (✓)
  (iii) Mae llaeth yn y te. (?)
  (iv) Oes dŵr yn y cwpan? (✓)
  (v) Mae llwy wrth y soser. (?)

5 Dyna!

a) Dyna ti! — There you are!
Dyna fe! — There he is! There it is!
Dyna hi! — There she is!
Dyna Alun! — There's Alun!
Dyna ni! — There we are!
Dyna chi! — There you are!
Dyna nhw! — There they are!
Dyna . . . — There's . . .

e.g. Dyna'r tŷ! — There's the house!
Dyna'r orsaf! — There's the station!
Dyna'r farchnad! — There's the market!

Dyna is followed by a soft mutation,
e.g. dyna fanc! dyna goleg! dyna lyfrgell! dyna dafarn!

b) Using the street map, point to buildings and say — 'Dyna'r _____ !'

6 Arddodiaid

a)
ar hyd	— along	i (*s.m.*)	— to
ar y cornel	— on the corner	rhwng	— between
drws nesaf i (*s.m.*)	— next door to	yn agos i (*s.m.*)	— near
gyferbyn â (*a.m.*)	— opposite	yn ymyl	— by
heibio i (*s.m.*)	— past		

b) 'Ble mae swyddfa'r post?' Look at the following illustrations for your reply:

i   ii   iii   i v

c) Use the illustrations in (b) to ask in Welsh:
Is the post office _____ ?'

7 Amrywiol

a)
ar goll	— lost	y dde	— the right
byddwch yn ofalus!	— be careful!	i'r dde	— to the right
y chwith	— the left	wedyn	— then, afterwards
i'r chwith	— to the left	yma	— here
		yna	— then
		yno	— there

b) Look at the map and give full instructions how a person should go:
  (i) o'r orsaf i'r banc
  (ii) o'r orsaf i'r siop ddillad
  (iii) o'r llyfrgell i'r siop fwyd
  (iv) o swyddfa'r heddlu i'r banc
  (v) o'r amgueddfa i'r castell

c) Finish the sentence: Trowch i'r chwith . . . in 5 different ways,
e.g. Trowch i'r chwith gyferbyn â'r coleg yn ymyl y siop ddillad.

8 Enwau

a)
afal-au (*m*)	— apple	ffordd (ffyrdd) (*f*)	— way
arian (*m*)	— money	llyfr-au (*m*)	— book
bwyd (*m*)	— food	papur-au (*m*)	— paper
cadair (cadeiriau) (*f*)	— chair	stamp-iau (*m*)	— stamp
cornel-au (*m*)	— corner	stryd-oedd (*f*)	— street
cot-iau (*f*)	— coat	torth-au (*f*)	— loaf
esgid-iau (*f*)	— shoe / boot	trên (trenau) (*m*)	— train
ffilm-iau (*f*)	— film		

b) A person wants something. Respond by giving useful advice, according to the following example:
Rydw i eisiau arian. — Ewch i'r banc!
  (i) Rydw i eisiau benthyca llyfrau.
  (ii) Rydw i eisiau dal trên.
  (iii) Rydw i eisiau gweld ffilm.
  (iv) Rydw i eisiau prynu papur.
  (v) Rydw i eisiau bananas.
  (vi) Rydw i eisiau bwyd.
  (vii) Rydw i eisiau prynu stamp.
  (viii) Rydw i eisiau 'Black Magic'.
  (ix) Rydw i eisiau prynu cot.
  (x) Rydw i eisiau prynu torth.

9 A, Ac — And

a) *A* (and) changes to *ac* when it's followed by a vowel, e.g. ac yfwch, ac afalau, ac arian. *A* is followed by an aspirate mutation. (See **Appendix 2**.) e.g.
a cherddwch — and walk
a thorth — and a loaf
a phrynwch — and buy
a phapur — and a paper
a chymerwch — and take

Note also that we place *ac* in front of *rydw i*, etc. and all forms of *bod* (to be) (**L2, N1a**).

b) Place *a* or *ac* in front of the following and place them in sentences:
cymylog, ardderchog, poeth, tywyll, esgidiau, mae e, ysgol, tŷ, eglwys, papur.

10 Say the following in Welsh:

  (i) They live next door to the bookshop.
  (ii) Does she work in the library?
  (iii) Where are you (*pl.*) going to tonight?
  (iv) Are you (*fam.*) catching the train this afternoon?
  (v) Does he want to go to the cinema?
  (vi) Is there a public house on the corner? Yes.
  (vii) There is a church near the school.
  (viii) May I have a book, please?
  (ix) Walk (*pl.*) past the castle and then turn to the right.
  (x) Come (*fam.*) with Gwyn this morning.

11 Advise: a) a stranger (*polite form*) how to go from your home to the nearest post office; b) a friend (*familiar form*) how to go to your nearest grocery shop.

Gwers 5   Prynu pethau : Buying things

Gwrandewch / Listen

Siopwr:	Prynhawn da!
Mrs. Puw:	Prynhawn da! Gaf i weld teganau, os gwelwch yn dda?
Siopwr:	Cewch, wrth gwrs. Pa fath o deganau?
Mrs. Puw:	Dydw i ddim eisiau teganau drud.
Siopwr:	Oes mab 'da chi?
Mrs. Puw:	Oes.
Siopwr:	Ydy e'n hoffi gwneud modelau?
Mrs. Puw:	Nac ydy. Mae e'n rhy ifanc. Dydy e ddim yn gallu gwneud modelau. Oes lorïau 'da chi?
Siopwr:	Oes . . . Ydych chi'n hoffi'r lori 'ma?
Mrs. Puw:	Ydw. Ond mae hi'n rhy fawr i John. Faint ydy hi?
Siopwr:	Dwy bunt.
Mrs. Puw:	Mae'n rhy ddrud. Gaf i weld y lori 'na?
Siopwr:	. . . Dyna ni!
Mrs. Puw:	Gaf i ofyn faint ydy hi?
Siopwr:	Punt a phum deg pum ceiniog.
Mrs. Puw:	Mae'n rhad. A dydy hi ddim yn drwm iawn. Iawn! Nawr, gaf i weld y doliau 'na, os gwelwch yn dda?
Siopwr:	. . . Dyna chi!
Mrs. Puw:	Mae'r ddoli 'ma'n rhy drwm. Ond mae'r ddoli 'na'n edrych yn ysgafn. Ydy hi'n ddrud iawn?
Siopwr:	Nac ydy. Punt a chwe deg pum ceiniog.
Mrs. Puw:	Dyna ni—y lori 'na i'r bachgen a'r ddol 'na i'r ferch. Faint ydyn nhw?
Siopwr:	Dyna dair punt a dau ddeg ceiniog, os gwelwch yn dda.
Shopkeeper:	Good afternoon!
Mrs. Puw:	Good afternoon! May I see (some) toys, please?
Shopkeeper:	Yes, of course. What sort of toys?
Mrs. Puw:	I don't want expensive toys.
Shopkeeper:	Do you have a son?
Mrs. Puw:	Yes.
Shopkeeper:	Does he like making models?
Mrs. Puw:	No. He's too young. He can't make models. Do you have lorries?
Shopkeeper:	Yes . . . Do you like this lorry?
Mrs. Puw:	Yes. But it's too big for John. How much is it?
Shopkeeper:	Two pounds.

Mrs. Puw:	It's too expensive. May I see that lorry?	
Shopkeeper:	. . . There we are!	
Mrs. Puw:	May I ask how much is it?	
Shopkeeper:	One pound and fifty five pence.	
Mrs. Puw:	It's cheap. And it isn't very heavy. All right! Now, may I see those dolls, please.	
Shopkeeper:	. . . There you are!	
Mrs. Puw:	This doll is too heavy. But that doll looks light. Is it very expensive?	
Shopkeeper:	No. A pound and sixty five pence.	
Mrs. Puw:	There we are—that lorry for the boy and that doll for the girl. How much are they?	
Shopkeeper:	That's three pounds twenty pence, please.	

1 Enwau

a)
anrheg-ion (*f*)	— present
awyren-nau (*f*)	— aeroplane
bachgen (bechgyn) (*m*)	— boy
dol / doli-au (*f*)	— doll
gêm (gemau) (*f*)	— game
lori (lorïau) (*f*)	— lorry
mab (meibion) (*m*)	— son
merch-ed (*f*)	— girl/daughter
model-au (*m*)	— model
pêl (peli) (*f*)	— ball
peth-au (*m*)	— thing
plentyn (plant) (*m*)	— child
siopwr (siopwyr) (*m*)	— shopkeeper
tedi (*m*)	— teddy
tegan-au (*m*)	— toy

Note that we say: *y gêm*. English loan words beginning with the letter *g* very often DO NOT MUTATE, even though they are in a position to do so.

b) Ask: 'Ble mae'r _____ ?'
(i) doli   (ii) merch   (iii) merched   (iv) pêl   (v) gêm   (vi) bachgen

2 Dysgu rhifo / Learning to count

a) 1-10

un — 1	dau (*m*) — 2	tri (*m*) — 3
pedwar (*m*) — 4	pump — 5	chwech — 6
saith — 7	wyth — 8	naw — 9
deg — 10		

Dwy, tair, pedair are feminine forms used with feminine nouns, e.g.
dwy lori — 2 lorries, tair dol — 3 dolls, pedair gêm — 4 games.

b) 11-19

The basic unit is *un deg* (one ten) and a number is added, e.g.

un deg un — 11	un deg pedwar — 14
un deg saith — 17	un deg naw — 19

c) 20-100

The base changes each successive ten, e.g.

dau ddeg — 20	tri deg naw — 39
pedwar deg chwech — 46	pum deg pump — 55
chwe deg chwech — 66	saith deg un — 71
wyth deg dau — 82	naw deg tri — 93
cant (*m*) — 100	

d) Note that *pump* and *chwech* become *pum* and *chwe* before another number or another noun, e.g.
pum tegan — 5 toys   chwe deg — 60

e) Say the following in Welsh:
17, 28, 39, 47, 56, 63, 72, 89, 90, 100.

f) Deduct 3 from the numbers listed above.

g) Add 11 to the following:
(i) un deg dau   (ii) dau ddeg pedwar   (iii) tri deg naw   (iv) pum deg chwech
(v) saith deg un.

3 a) Singular nouns directly follow the number in Welsh and not the plural noun, as in English, e.g.

| deg lori | — | 10 lorries | dwy awyren | — | 2 aeroplanes |
| pedair gêm | — | 4 games | pum plentyn | — | 5 children |

b) *Dau* and *dwy* are followed by a SOFT MUTATION, e.g. dwy ddol, dwy ferch, dau blentyn, dau fachgen. Also we say: *y ddau* and *y ddwy* (the two or both) since *dau* and *dwy* undergo a SOFT MUTATION after *y*, e.g. y ddau fachgen, y ddwy ferch, e.g. Mae'r ddau yn yr awyren. Both are in the aeroplane.

c) *Tri* and *chwe* are traditionally followed by an ASPIRATE MUTATION, e.g. tri chaffi, chwe chadair, tri chae, chwe char. However, this rule is not always rigidly adhered to in spoken Welsh, although we do invariably say:
tri chant — 300, chwe chant — 600, chwe cheiniog — 6 pence.

d) Link the number with the noun in the following and complete the sentence:
(i) 2 / dol (ii) 3 / gêm (iii) 4 / merch (iv) 2 / bachgen (v) 4 / pêl
(vi) 3 / plentyn (vii) 3 / eglwys (viii) 6 / tegan (ix) 10 / bore (x) 2 / ysgol

e) Place *dau* or *dwy* in front of the following and complete: 'Oes dau / dwy _____ wrth y _____ ?'
(i) cae (ii) ysgol (iii) eglwys (iv) llwy (v) castell
(vi) coleg (vii) swyddfa (viii) tegan (ix) pêl (x) merch.

4 Arian : Money

a)

ceiniog (*f*)	—	1p	punt (*f*)	—	£1
dwy geiniog	—	2p	dwy bunt	—	£2
tair ceiniog	—	3p	tair punt	—	£3
pedair ceiniog	—	4p	pedair punt	—	£4
pum ceiniog	—	5p	pum punt	—	£5
chwe cheiniog	—	6p	chwe phunt	—	£6
saith ceiniog	—	7p	saith punt	—	£7

e.g. chwe phunt a phedwar deg pum ceiniog — £6.45
pum punt a thri deg dau ceiniog — £5.32
dwy bunt a dwy geiniog — £2.02

b) Note that we do not say: un deg *pedair* ceiniog but un deg *pedwar* ceiniog; not tri deg *dwy* geiniog but tri deg *dau ceiniog*. *Dau*, *tri* and *pedwar* are used when the total number of pence is above 10 pence; *dwy*, *tair*, and *pedair* are used when the total number of pence is either 2, 3 or 4, e.g. punt a dau ddeg pedwar ceiniog *but* punt a phedair ceiniog.

5 Faint . . . ? : How much . . . ?

a) Faint ydy car? — How much is a car?
    Faint ydy'r car? — How much is the car?
    Faint ydy'r doliau? — How much are the dolls?
    Faint ydyn nhw? — How much are they?
    Faint ydy e?/hi? — How much is it?

Note the form of the verb which follows *Faint* (**L3, N2a**).

b) Mae e'n ddwy bunt. — It is £2. (car)
    Mae hi'n dair punt. — It is £3. (doli)
    Maen nhw'n bum deg ceiniog. — They are 50p.

Note how the linking *yn* (*'n*) links the verb with the number, and the number undergoes a SOFT MUTATION. *It* can be *e* or *hi* according to the gender of the noun. In spoken Welsh *e* is becoming increasingly used for *it* when referring to inanimate objects which aren't obviously feminine.

c) 'Faint ydy'r tegan?' 'Mae e'n . . .'
    (i) £2.60 (ii) £3.35 (iii) £4.14 (iv) £10.50 (v) £5.25 (vi) £20.02
    (vii) £65.99 (viii) £1.03 (ix) £6.47 (x) £8.28.

6 This . . . and These . . .

a) This

yr anrheg 'ma   y tegan 'ma

b) These

y bechgyn 'ma   y merched 'ma

'ma comes from *yma* in spoken Welsh but will be written as *'ma* in this course. Note that the definite article has to be used in front of the noun.

7 That . . . and Those . . .

a) That

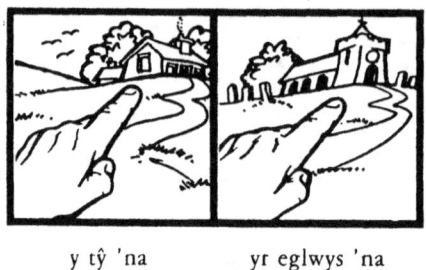

y tŷ 'na   yr eglwys 'na

b) Those

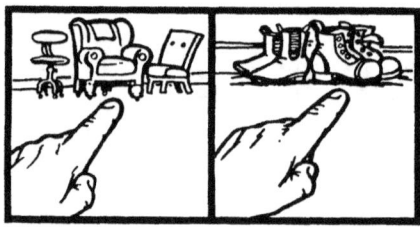

y cadeiriau 'na   yr esgidiau 'na

'na comes from *yna* in spoken Welsh but will be written as *'na* in this course. Note again the use of the definite article in front of the noun.

8 Negative of : Rydw i, etc.

a) Dydw i ddim   — I'm not   Dydy'r doliau ddim   — The dolls aren't
Dwyt ti ddim   — You're not   Dydyn ni ddim   — We're not
Dydy Tom ddim — Tom isn't   Dydych chi ddim   — You're not
Dydy e ddim   — He isn't   Dydyn nhw ddim   — They're not
Dydy hi ddim   — She isn't

e.g. Dydw i ddim yn hoffi'r lori 'ma. — I don't like this lorry.
       Dydy hi ddim yn rhewi heno. — It isn't freezing tonight.

b) Complete the following according to the pattern of this example:
Rydw i'n hoffi coffi ond *dydyn nhw ddim*.

    (i) Mae Tom wrth y siop ond . . . . ni . . . . . .
    (ii) Maen nhw'n mynd ond . . . . hi . . . . . .
    (iii) Mae hi'n hoffi darllen ond . . . . i . . . . .
    (iv) Rydw i'n dod ond . . . . Mari . . . . .
    (v) Rydych chi'n oer ond . . . . nhw . . . . .

c) Complete a negative sentence by following the pattern of this example:
nhw / dod — Dydyn nhw ddim eisiau dod.

(i) fi / chwarae (ii) nhw / gweithio (iii) chi / dod (iv) ni / rhedeg
(v) Mair / yfed (vi) hi / cerdded (vii) y bechgyn / darllen (viii) y ferch / croesi
(ix) fi / mynd (x) ti / gofyn.

9 Ansoddeiriau

a)

bach   mawr   drud   rhad

hen   ifanc   trwm   ysgafn

e.g. Dydyn nhw ddim yn ddrud. — They're not expensive.
But note: *yn rhad* (**L1, N3c**)
         yn rhy rad (**L3, N6a**)

b) Change the following according to the pattern of this example:
Mae'r tegan 'ma'n rhad. — Dydy'r tegan 'na ddim yn ddrud.
(i) Mae'r lori 'na'n ysgafn.
(ii) Mae'r tŷ 'ma'n ddrud.
(iii) Mae'r bêl 'na'n drwm.
(iv) Mae'r awyren 'na'n fach.
(v) Mae'r bachgen 'ma'n hen.

c) Change the sentences in (b) like this:
Mae'r tegan 'ma'n rhad. — Mae'r tegan 'ma'n rhy rad.

d) Using the pairs of words given, write sentences on the pattern of the example. If they are marked (N) write a negative statement and if (?) write a question.
e.g. bachgen / ifanc: Mae'r bachgen yn ifanc.
(i) teganau / rhad (N)   (ii) anrhegion / drud (?)   (iii) ysgol / mawr
(iv) nhw / trwm (?)   (v) llyfrgell / bach (N)

10 Berfenwau

gallu	—	to be able	gwneud	—	to make, to do
helpu	—	to help	edrych	—	to look
gofyn	—	to ask			

Note: *Gofyn*nwch! — Ask!, *Edrych*wch! — Look!, *Gwn*ewch! — Make / Do!

11 Pa fath o . . . ? : What sort of . . . ?

To ask: What sort of . . . ? we use the pattern: *Pa fath o* . . . ? The preposition *o* is followed by a SOFT MUTATION, e.g.
Pa fath o ddol?   — What sort of doll?
Pa fath o deganau?   — What sort of toys?
Pa fath o lori ydy hi? — What sort of lorry is it?
Pa fath o anrheg rydych chi ei eisiau? (**L2, N7a**) — What sort of present do you want?

12 Complete: 'Pa fath o . . . ?' according to the pattern of this example:
anrheg — Pa fath o anrheg ydy hi?
(i) merch   (ii) teganau   (iii) tafarn   (iv) bechgyn   (v) marchnad   (vi) plant
(vii) coleg   (viii) llyfrgell   (ix) amgueddfa   (x) bore

13 I : For (a person)

We use the preposition *i* to convey: *for* a person or *for* persons, e.g.
Dydw i ddim eisiau lori i Mair. — I don't want a lorry for Mair.
Dydyn ni ddim yn gallu prynu teganau i'r plant. — We can't buy toys for the children.

14 Gaf i . . . ? : May I . . . ?

Gaf i . . . ? can be followed by a verb-noun, e.g.
Gaf i helpu?   — May I help?
Gaf i wneud y coffi?   — May I make the coffee?
Gaf i brynu tegan i'r plentyn? — May I buy a toy for the child?

Note that the verb-noun after *Gaf i* undergoes a SOFT MUTATION.

15 Say in Welsh:

    (i)   How much are these two games?
    (ii)   Are those three dolls expensive?
    (iii) They are £5.99.
    (iv) We aren't able to help.
    (v)   Do you (*fam.*) like to drink coffee?
    (vi) She can't make models.
    (vii) What sort of toys does she want for the children?
    (viii) Those dolls aren't too expensive.
    (ix) I don't want more food, thanks.
    (x)   May I make tea for the boys?

16 Mr. and Mrs. Jones visit a toy shop with the intention of buying presents. Record their conversation as they discuss the toys with the shop assistant.

Gwers 6 Prynu dillad : Buying clothes

Gwrandewch / Listen

(Mae Mr. a Mrs. Puw wedi mynd i siop ddillad. Dydyn nhw ddim wedi bod yn y siop o'r blaen.)

Mr. Puw:	Gaf i weld siwtiau, os gwelwch yn dda?
Siopwr:	Cewch, â chroeso. Pa fath o siwtiau, syr?
Mr. Puw:	Siwtiau tywyll. Rydw i wedi cael siwt olau o'r blaen. Rydw i eisiau newid y tro 'ma.
Siopwr:	Beth am hon? Ydych chi'n hoffi hon?
Mr. Puw:	Nac ydw. Mae hi'n edrych yn rhy hen ffasiwn.
Siopwr:	Beth am honna wrth y siwt werdd?
Mr. Puw:	Dim diolch. Rydw i wedi cael un fel honna. Oes rhagor o siwtiau tywyll 'da chi?
Siopwr:	Nac oes. Yn anffodus, does dim llawer o siwtiau tywyll yn y siop ar hyn o bryd. Ond triwch hon . . . Mae'r ystafell newid yn y cornel ar y chwith . . .
Mr. Puw:	Sut rydw i'n edrych?
Mrs. Puw:	Iawn, ond mae'r trowsus yn eithaf llac a'r got yn dynn iawn. Trueni does dim llawer o ddewis 'ma. Beth bynnag, dwyt ti ddim wedi trio'r siwt 'na . . . Gwisga hi!
Mr. Puw:	Sut rydw i'n edrych nawr?
Mrs. Puw:	Mae honna'n edrych yn dda. Dydy'r trowsus ddim yn rhy lac a dydy'r got ddim yn rhy dynn chwaith. Iawn. Beth am grys newydd?
Mr. Puw:	O'r gorau . . . Gaf i weld crysau hefyd, os gwelwch yn dda? Beth am hwnna yn ymyl y crys melyn? . . . Diolch . . .
Mrs. Puw:	Rwyt ti wedi prynu crys pinc fel hwn o'r blaen . . .
Mr. Puw:	Wel, wyt ti'n hoffi hwn?
Mrs. Puw:	Ydw, mae e'n fodern, ond dydy e ddim yn rhad iawn. Un deg pum punt! Beth am hwn? Dydy hwn ddim yn rhy ddrud—chwe phunt.
Mr. Puw:	Faint ydy'r cyfan, os gwelwch yn dda?
Siopwr:	Mae'r siwt yn bedwar deg pum punt, a'r crys yn chwe phunt. Dyna bum deg un punt i gyd, os gwelwch yn dda.

(Mr. and Mrs. Puw have gone to a clothes shop. They haven't been in the shop before.)

Mr. Puw:		May I see (some) suits, please?
Shopkeeper:		Yes, with pleasure. What sort of suits, sir?
Mr. Puw:		Dark suits. I've had a light suit before. I want a change this time.
Shopkeeper:		What about this one? Do you like this one?
Mr. Puw:		No. It looks too old fashioned.
Shopkeeper:		What about that one by the green suit?
Mr. Puw:		No thanks. I've had one like that. Have you got more dark suits?
Shopkeeper:		No. Unfortunately, there aren't many dark suits in the shop at this moment. But try this one . . . The changing room is in the corner on the left . . .

Mr. Puw:		How do I look?
Mrs. Puw:		All right, but the trousers are quite slack and the coat is very tight. A pity there isn't a lot of choice here. However, you haven't tried that suit . . . Wear it!

Mr. Puw:		How do I look now?
Mrs. Puw:		That one looks well. The trousers aren't too slack and the coat isn't too tight either. All right. What about a new shirt?
Mr. Puw:		Very well . . . May I see (some) shirts too, please? What about that one by the yellow shirt? . . . Thanks . . .
Mrs. Puw:		You've bought a pink shirt like this one before . . .
Mr. Puw:		Well, do you like this one?
Mrs. Puw:		Yes, it's modern, but it isn't very cheap. £15! What about this one? This isn't too expensive—six pounds.

Mr. Puw:		How much is the lot, please?
Shopkeeper:		The suit is forty five pounds, and the shirt six pounds. That's fifty one pounds altogether, please.

1   Dillad

a)
cot-iau (f)	— coat	hosan-au (f)	—	sock, stocking
cot fawr (f)	— overcoat	pais (peisiau) (f)	—	petticoat, slip
cot law (f)	— raincoat	sgert-iau (f)	—	skirt
crys-au (m)	— shirt	siwmper-i (f)	—	jumper
dillad (m)	— clothes	siwt-iau (f)	—	suit
esgid-iau (f)	— shoe	tei-s (f)	—	tie
ffrog-iau (f)	— frock, dress	trowsus-au (m)	—	trousers
gwisg-oedd (f)	— dress			

Note that *hosanau* is often shortened to *'sanau*.

b) Point to the clothes that you are wearing and ask your partner:
Ydych chi / Wyt ti'n hoffi'r _____ 'ma?

2 Lliwiau : Colours

brown	— brown	llwyd	— grey
coch	— red	melyn	— yellow
du	— black	oren	— orange
glas	— blue	pinc	— pink
gwyn	— white	porffor (piws)	— purple
gwyrdd	— green		

3 Nouns and adjectives

a) You will recall that adjectives in Welsh normally follow nouns (**L3, N5a**). Note that we say:

cot frown — cotiau brown   ffrog ddu — ffrogiau du
esgid goch — esgidiau coch   gwisg las — gwisgoedd glas

The rule is that an adjective following a FEMININE SINGULAR noun undergoes a SOFT MUTATION. That's why we say: siop *b*apurau and *not* siop *p*apurau, etc. as we saw in **L4, N1**.

b) *Gwyn, gwyrdd* and *melyn* merit special attention. After FEMININE SINGULAR nouns they change to *wen, werdd* and *felen,* e.g. cot wen, gwisg werdd, pais felen.

c) Ask: 'Gaf i weld _____ ?'
(i) blue overcoat (ii) red shirt (iii) black clothes (iv) brown shoes (v) white dress (vi) green slip (vii) grey skirt (viii) orange jumper (ix) yellow tie (x) purple trousers

4 Describing clothes

a)

byr	— short	hen ffasiwn	— old fashioned
hir	— long	modern	— modern
llac	— slack	golau	— light (coloured)
tynn	— tight	tywyll	— dark
hardd	— pretty, smart	newydd	— new
		pert	— pretty

Note: Yn llac (**L1, N3c**).

b) Change into the negative and give the opposite adjective after *rhy*, e.g. Mae'r trowsus yn rhy dynn. — Dydy'r trowsus ddim yn rhy lac.
   (i) Mae'r dillad yn rhy fyr.
   (ii) Maen nhw'n rhy olau.
   (iii) Mae hi'n rhy hen ffasiwn.
   (iv) Mae'r sgert yn rhy lac.
   (v) Mae e'n rhy hir.

c) *Iawn : Very*

   Iawn follows the adjective with which it is linked, e.g.
   byr iawn — very short   tynn iawn — very tight

   Note that *yn fawr iawn* means *very much*, e.g.
   Rydw i'n hoffi'r sgert felen yn fawr iawn. — I like the yellow skirt very much.

d) Substitute the word *rhy* with *iawn* in the sentences in **4b**, e.g.
   Mae'r trowsus yn rhy dynn. — Mae'r trowsus yn dynn iawn.

e) *Eithaf : Quite*

   Eithaf comes between the connecting *yn* and the adjective, e.g.
   yn eithaf tywyll — quite dark   yn eithaf golau — quite light

   As with many words that end with the consonant *f*, people say *eitha*. cf. *Gaf i* . . . ?

f) Substitute the word *rhy* with *eithaf* in the sentences in **4b**, e.g.
   Mae'r trowsus yn rhy dynn. — Mae'r trowsus yn eithaf tynn.

5 **This and that**

a) Already you know how to say:
   this coat — y got 'ma *and* that coat — y got 'na (**L5, N6** and **7**). To avoid using the noun itself we could use special words:
   this (*masculine*) one — hwn   this (*feminine*) one — hon
   that (*masculine*) one — hwnna   that (*feminine*) one — honna

   e.g. y crys 'ma   — Ydych chi'n hoffi hwn?
        y crys 'na   — Dydw i ddim yn hoffi hwnna.
        y got 'ma   — Mae hi eisiau prynu hon.
        y got 'na   — Dydy hi ddim yn hoffi gwisgo honna.

   If you are in doubt about the gender of a noun refer to it as *hwn* or *hwnna*. (See **L5, N5b**.)

b) Change the following sentences, as shown in the example, to include *hwn, hwnna, hon, honna*, e.g.
   Rydw i'n hoffi'r got 'ma. — Dydw i ddim yn hoffi hon.
   (i)   Rwyt ti'n hoffi'r crys 'ma.
   (ii) Mae e'n hoffi'r got 'na.
   (iii) Rydyn ni'n hoffi'r wisg 'na.
   (iv) Rydych chi'n hoffi'r trowsus 'na.
   (v)   Maen nhw'n hoffi'r siwt 'ma.

6 Berfenwau

cael — to get, to have
gwisgo — to dress, to wear
trio — to try

Note that *cael* should not be confused with the *'da / gyda* pattern which conveys possession (**L3, N7a**), e.g.
Rydw i'n cael coffi nawr. — I'm having coffee now.
Mae coffi 'da fi, diolch. — I've got coffee, thanks.

7 Wedi : Have or Has (done something)

a) *Wedi* is used in conjunction with *Rydw i*, etc. (**L2, N1a**) to convey a completed action 'have' or 'has', e.g.
Rydw i wedi gwerthu'r car. — I have sold the car.
Wyt ti wedi cael coffi? — Have you had coffee?
Dydy hi ddim wedi dod. — She hasn't come.

You will note that *wedi* replaces *yn*. Here are further examples and note how we use *wedi + bod*.
Rydw i wedi bod yn y siop o'r blaen. — I've been in the shop before.
Ydych chi wedi bod i'r sinema? — Have you been to the cinema?
Ydych chi wedi bod yn cerdded? — Have you been walking?

b) Use *wedi* to convey what has happened in the following illustrations, e.g.

Mae'r car wedi mynd.

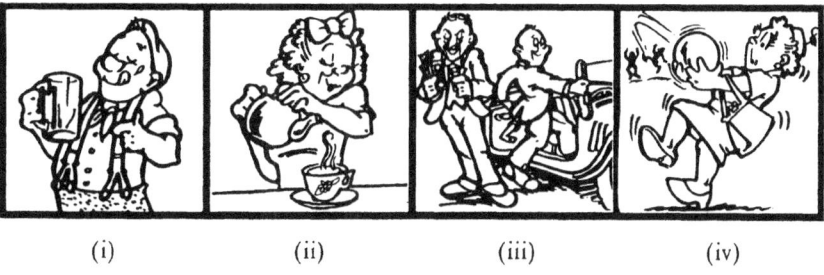

(i)　　　　(ii)　　　　(iii)　　　　(iv)

8 Dyma!

a) Like *Dyna* in **L4, N5** it can be followed by *fi, ti, fe, hi*, etc., e.g.
Dyma nhw! — Here they are!

Like *Dyna* it is followed by a SOFT MUTATION, e.g.
Dyma wisg bert! — Here's a pretty dress!
Dyma bapur da! — Here's a good paper!

b) However, note that we say:
Dyma Mair! (not Fair) Dyma Rhys! (not Rys)

People's names DO NOT normally undergo mutations.

c) *Dyna* and *Dyma*, not only point out objects, but can also be used in a derogatory sense and the tone of voice helps to convey derision, e.g.
Dyna gar! — What (*literally* there's) a car! (in retrospect)
Dyma dei! — What (*literally* here's) a tie!

d) Use *Dyma* or *Dyna* in answer to the questions, e.g.

Ble mae'r plant?   Dyma nhw!

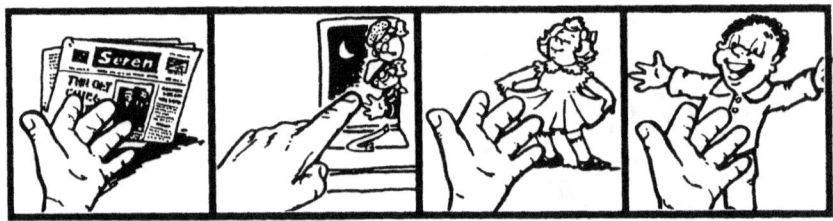

(i) Ble mae'r papur? (ii) Ble rydyn ni? (iii) Ble mae Mair? (iv) Ble rwyt ti?

9 Does dim ...

a) The way to say 'There isn't (a) ...' or 'There aren't ...' in Welsh is *Does dim* ... This is the negative of *Mae* (**L4, N4c**), e.g.
Mae coffi yn y cwpan. — Does dim coffi yn y cwpan.
Mae car 'da fi — Does dim car 'da fi.

b) Complete the following sentences according to the pattern of the example:
Mae coffi 'da fi ond *does dim coffi 'da fe*.
(i) Mae car 'da nhw ond . . . fi.
(ii) Mae arian 'da Mair ond . . . John.
(iii) Mae teganau drud 'da chi ond . . . ni.
(iv) Mae cot law newydd 'da hi ond . . . ti.
(v) Mae plant 'da nhw . . . chi.

10 Llawer o ... (s.m.) : A lot of / many

a) e.g. Mae llawer o arian 'da nhw. — They have a lot of money.
   Oes llawer iawn o blant 'da nhw? — Do they have very many children?

b) Change the following sentences like this:
   Mae arian 'da fi. — Mae llawer o arian 'da fi.
   (i) Does dim arian 'da fe.
   (ii) Oes dillad 'da hi?
   (iii) Ydych chi'n hoffi ffrwythau?
   (iv) Gaf i siwgr, os gwelwch yn dda?
   (v) Dydw i ddim yn hoffi bara.

11 Amrywiol

ar hyn o bryd	— at the moment
beth am ... ? (s.m.)	— what about ... ?
beth bynnag	— anyway
cyfan (m)	— lot
chwaith	— either
dewis (m)	— choice
fel	— like
hefyd	— too, also
i gyd	— altogether, in all
nawr	— now
newid (m)	— change
o'r blaen	— before, previously
o'r gorau	— very well, all right
syr	— sir
tro (m)	— time, occasion
trueni (m)	— pity
wrth gwrs	— of course
yn anffodus	— unfortunately
ystafell (-oedd) newid (f)	— changing room

12 Say the following in Welsh:

(i) She's wearing a grey skirt.
(ii) Has he got brown shoes?
(iii) I don't like to wear this blue shirt very much.
(iv) Try (pl.) that one (i.e. a tie).
(v) Have you (fam.) had coffee?
(vi) This suit is too light.
(vii) Clothes are quite expensive now.
(viii) I have tried that one (i.e. a suit) before.
(ix) Do you (pl.) have a lot of choice?
(x) There aren't a lot of modern dresses in this shop.

13 Go to a draper's shop to buy: (i) crys (ii) gwisg. Record the conversation between: (i) yourself and the assistant (ii) yourself and your companion.

Gwers 7   Galw'r meddyg : Calling the doctor

Gwrandewch / Listen

Meddyg:	Sut rydych chi'n teimlo erbyn hyn, Mr. Gruffydd?
Mr. Gruffydd:	Dydw i ddim yn teimlo'n hanner da. Rydw i'n eithaf tost.
Meddyg:	Beth sy'n bod arnoch chi?
Mr. Gruffydd:	Mae annwyd trwm arnaf i ac mae peswch cas arnaf i hefyd. Does dim chwant bwyd arnaf i o gwbl ac mae pen tost ofnadwy 'da fi.
Meddyg:	Oes gwres arnoch chi?
Mr. Gruffydd:	Oes, achos rydw i'n chwysu fel mochyn.
Meddyg:	Gadewch i fi weld. Gadewch i fi gymryd eich gwres. Agorwch eich ceg a dodwch y thermomedr 'ma dan eich tafod . . . Dyna chi! . . . Peidiwch siarad . . . Hm! Cant a dau. Oes, yn wir, mae gwres uchel arnoch chi. Oes syched arnoch chi?
Mr. Gruffydd:	Oes, syched ofnadwy.
Mrs. Gruffydd:	Beth sy'n bod arno fe, doctor?
Meddyg:	Mae ffliw arno fe, Mrs. Gruffydd. Cymerwch hwn, Mr. Gruffydd. Dyma bapur doctor i chi. Mae rhaid i chi gymryd y moddion bedair gwaith y dydd—ar ôl brecwast, cinio, te a swper.
Mr. Gruffydd:	Ydw i'n gallu mynd allan?
Meddyg:	Nac ydych, yn wir. Mae rhaid i chi aros yn y gwely. Peidiwch symud o'r gwely.
Mr. Gruffydd:	Beth? Ond mae rhaid i fi fynd i'r gêm rygbi nos yfory achos rydw i wedi prynu tocyn.
Meddyg:	Mae'n flin 'da fi, Mr. Gruffydd, ond mae rhaid i chi aros yn y gwely a pheidiwch mynd allan o gwbl. Cofiwch gymryd y moddion a chofiwch gadw'n gynnes. Bore da!
Doctor:	How are you feeling by now, Mr. Gruffydd?
Mr. Gruffydd:	I don't feel at all (*literally:* half) well. I'm quite ill.
Doctor:	What's wrong with you?
Mr. Gruffydd:	I have a heavy cold and I have a nasty cough too. I don't feel like food at all and I have a terrible headache.
Doctor:	Have you got a temperature?
Mr. Gruffydd:	Yes, because I'm sweating like a pig.
Doctor:	Let me see. Let me take your temperature. Open your mouth and put this thermometer under your tongue . . . There you are! . . . Don't talk . . . Hm! A hundred and two. Yes, indeed, you do have a high temperature. Are you thirsty?

Mr. Gruffydd:	Yes, (I've got) a terrible thirst.	
Mrs. Gruffydd:	What's wrong with him, doctor?	
Doctor:	He has influenza, Mrs. Gruffydd. Take this, Mr. Gruffydd. Here's a prescription for you. You must take the medicine four times a day—after breakfast, lunch, tea and supper.	
Mr. Gruffydd:	Can I go out?	
Doctor:	No, indeed. You must stay in bed. Don't move from bed.	
Mr. Gruffydd:	What? But I must go to the rugby game tomorrow night because I've bought a ticket.	
Doctor:	I'm sorry, Mr. Gruffydd, but you must stay in bed and don't go out at all. Remember to take the medicine and remember to keep warm. Good morning!	

1 Enwau

brecwast (*m*)	— breakfast	papur (-au)	prescription
cariad-on (*m*)	— love, sweetheart	doctor (*m*)	— (*also* doctor's paper)
ceg-au (*f*)	— mouth		
cinio (*m*)	— lunch, dinner	rygbi (*m*)	— rugby
dydd-iau (*m*)	— day	swper (*m*)	— supper
gwely-au (*m*)	— bed	tafod-au (*m*)	— tongue
hanner (*m*)	— half	te (*m*)	— tea
meddyg-on (*m*)	— doctor	tocyn-nau (*m*)	— ticket
mochyn (moch) (*m*)	— pig	thermomedr (*m*)	— thermometer
moddion (*m*)	— medicine		

Note that we say: i'r gwely — to bed, yn y gwely — in bed. cf. gwaith, eglwys, ysgol **L2, N4c**.

2 Berfenwau

a)

agor	— to open	dodi	— to place, to put
aros	— to stay	galw	— to call
cadw	— to keep	siarad (â)	— to speak (to), to talk (to)
codi	— to get up		
cofio	— to remember	symud	— to move
chwysu	— to sweat, to perspire	teimlo	— to feel

Aros changes to ar*h*os — when a syllable is added to it, e.g. ar*h*oswch! — stay!

b) Give the —*wch* and the —*a* command forms of the following:
codi, galw, cofio, agor, siarad, symud, teimlo.

3 Ansoddeiriau

a)
cas	—	nasty
cynnes	—	warm
tost	—	ill (also, sâl)
uchel	—	high

b) Place *iawn* after the above adjectives and place them in sentences, e.g.
uchel: Mae Everest yn uchel iawn.

4 Ar forms

Many prepositions in Welsh change their form in order to have personal endings. The *ar* endings are:

arnaf i	—	on me	arnon ni	—	on us
arnat ti	—	on you (*fam.*)	arnoch chi	—	on you (*polite* + *plural*)
ar Alun	—	on Alun	arnyn nhw	—	on them
arno fe	—	on him			
arni hi	—	on her			

5 General Ailments and Ar forms

a) The *ar* forms are used to convey general ailments when we *do not* refer to specific parts of the body. Note the following ailments:

annwyd	—	a cold	gwres	—	temperature
ffliw	—	influenza	peswch	—	a cough

Mae annwyd arnaf i.	—	I have a cold. (*literally*: There is a cold on me.)
Oes ffliw arno fe?	—	Has he got influenza?
Does dim gwres ar Mair.	—	Mair hasn't got a temperature.
Mae peswch arnyn nhw.	—	They have a cough.

b) The above pattern is used with other words also, e.g.

awydd	—	a desire, to feel like	dyled	—	debt
bai	—	fault	hiraeth	—	longing, homesickness
cywilydd	—	shame			
chwant (bwyd etc.)	—	to feel like (food etc.)	ofn	—	fear
			syched	—	thirst

e.g. Mae awydd prynu car arnaf i.	—	I feel like buying a car.
Does dim bai arnat ti.	—	You're not at fault / to blame.
Oes cywilydd arno fe?	—	Is he ashamed?
Mae dyled arnyn nhw i'r banc.	—	They're in debt to the bank.
Oes hiraeth arni hi?	—	Is she homesick?
Does dim ofn Mr. Jones arnon ni.	—	We're not afraid of Mr. Jones.

c) When we want to ask: 'What's wrong with _____?' or 'What's the matter with _____?' we say: 'Beth sy'n bod ar _____?' The various *ar* forms are used, e.g.
Beth sy'n bod arnat ti? — What's the matter with you?
Beth sy'n bod ar John? — What's wrong with John?

d) Look at the illustrations and follow the pattern of the example:

(i) Beth sy'n bod arnyn nhw?
(ii) Mae annwyd arnyn nhw.

i   ii   iii   iv

v

e) Follow the pattern of the example:
Dydw i ddim yn teimlo'n dda. (ffliw) — Mae ffliw arnaf i.
  (i) Dydyn ni ddim yn teimlo'n dda. (annwyd)
  (ii) Dydy e ddim yn teimlo'n dda. (ffliw)
  (iii) Dydyn nhw ddim yn teimlo'n dda. (gwres)
  (iv) Dydy hi ddim yn teimlo'n dda. (peswch)
  (v) Dydw i ddim yn teimlo'n dda. (chwant bwyd)

6 Specific Ailments

a) When we want to specify the parts of the body which are causing pain or aching we use the *'Da / Gyda* pattern (**L3, N7a**) which conveys possession, e.g.
Mae pen tost 'da fi. — I have a headache. (*literally* I have an aching head.)
Mae clust dost 'da fe. — He has earache.

braich (breichiau) (*f*)	— arm	llaw (dwylo) (*f*)	— hand
bys-edd (*m*)	— finger	llygad (llygaid) (*f*)	— eye
clust-iau (*f*)	— ear	pen-nau (*m*)	— head
coes-au (*f*)	— leg	troed (traed) (*f*)	— foot

If the part of the body referred to is feminine then *tost* changes to *dost* (**L6, N3a**).

b) Form sentences according to the pattern of the example:
braich / fe (?) — Oes braich dost 'da fe?
(i) pen / Megan (N) (ii) braich/hi (✓) (iii) traed / nhw (✓)
(iv) clustiau / chi (?) (v) coes / fe (✓) (vi) dwylo / fi (N)

7 Paid! and Peidiwch!

a) **L3, N4a** and **4b** showed how to command people. To convey negative commands in spoken Welsh the words *Paid* and *Peidiwch* are placed in front of the verb-noun, e.g.
Paid siarad! (*fam.*) — Don't talk.
Paid credu John! (*fam.*) — Don't believe John!
Peidiwch cymryd y car! (*polite* + *plural*) — Don't take the car!
Peidiwch dal annwyd! (*polite* + *plural*) — Don't catch a cold!

It should be noted that some people say:
Paid â chredu John! or Peidiwch â chymryd y car!
The *â* is followed by an aspirate mutation. This is the traditional literary pattern and is still used in speech.

b) By using the word *Peidiwch* give the negative command forms of the verb-nouns listed in **2a**. Complete the sentences as you wish, e.g.
codi: Peidiwch codi'r cadeiriau 'na!

8 Unwaith, dwywaith, etc.

a) Note how we convey *once, twice*, etc.
unwaith	— once	pedair gwaith	— four times
dwywaith	— twice	pum gwaith	— five times
tair gwaith	— three times	chwe gwaith	— six times

However, when used in sentences they undergo a soft mutation since adverbial expressions undergo a soft mutation, e.g.
Rydw i wedi bod yng Nghaerdydd *dd*wywaith.

b) Follow the pattern of this example:
Cymerwch y moddion (1) y dydd. — Cymerwch y moddion unwaith y dydd.
(i) 2 (ii) 5 (iii) 4 (iv) 3 (v) 6

9 The object of a short form verb

a) The word following a command form (but not after *paid* and *peidiwch*) undergoes a soft mutation, e.g.

Cofia gadw'n gynnes.	— Remember to keep warm.
Cofiwch gymryd y moddion.	— Remember to take the medicine.
Siaradwch Gymraeg.	— Speak Welsh.
Dodwch ddŵr yn y cwpan.	— Put water in the cup.
But: Dodwch y dŵr yn y cwpan.	— Put *the* water in the cup.

The rule in Welsh is that the direct object of a short form verb undergoes a SOFT MUTATION. (See **L11, N6a**.)

b) Change these verb-nouns into —*a* command forms and complete each sentence by linking each command with the word(s) in brackets, e.g.
yfed (coffi) — yfa goffi.
(i) arllwys (te) (ii) bwyta (bwyd da) (iii) cymryd (moddion) (iv) benthyca (arian) (v) darllen (papur) (vi) prynu (y car) (vii) gwisgo (tei) (viii) galw (y meddyg)

10 Mae rhaid i . . .

a) **The preposition** *i*, in conjunction with *rhaid* is used in Welsh to express 'have to, must'. *I*, like *ar*, has personal forms.

Mae rhaid i fi	— I must (*literally:* it's a necessity for me)
Mae rhaid i ti	— you must
Mae rhaid i Alun	— Alun has to
Mae rhaid iddo fe	— he must
Mae rhaid i Ann	— Ann must
Mae rhaid iddi hi	— she must
Mae rhaid i ni	— we must
Mae rhaid i chi	— you must
Mae rhaid iddyn nhw	— they must

The word which follows *i fi, i ti*, etc. undergoes a SOFT MUTATION, e.g.
Mae rhaid i fi *g*ofio cymryd y moddion. — I must remember to take the medicine.
Mae rhaid iddyn nhw *b*rynu tocynnau. — They must buy tickets.

Note the question and the negative forms of this pattern:
Oes rhaid i Alun gymryd y moddion? — Does Alun have to take the medicine?
Does dim rhaid i chi ddod. — You don't have to come.

In the present tense the word *mae* is often omitted, e.g.
Rhaid i fi fynd nawr. — I must go now.

b) Use the idiomatic expression *rhaid* in the following sentences according to the pattern of the example:

Rydw i eisiau mynd i'r dref. — Mae rhaid i fi fynd i'r dref.

(i) Dydy Alun ddim eisiau prynu tocyn.
(ii) Ydych chi eisiau chwarae?
(iii) Maen nhw eisiau gweithio.
(iv) Wyt ti eisiau dysgu Cymraeg?
(v) Dydy hi ddim eisiau dod.
(vi) Rydyn ni eisiau bwyta nawr.
(vii) Dydw i ddim eisiau darllen papur.
(viii) Mae hi eisiau siarad â Tomos.

11 Amrywiol

achos	— because	gadewch i fi (*s.m.*)	—	let me
allan	— out	mae'n flin 'da fi	—	I'm sorry
ar ôl	— after	nos yfory	—	tomorrow night
dan (*s.m.*)	— under	o gwbl	—	at all
eich	— your (*polite and plural*)	ofnadwy	—	terrible
		y dydd	—	per day
		yn wir	—	indeed

12 Dywedwch yn Gymraeg:

(i) I don't like a heavy supper.
(ii) He's been there twice before.
(iii) Have you (*fam.*) been talking to them?
(iv) What's wrong with him?
(v) Stay (*pl.*) in your bed!
(vi) She must stay in the house tonight because she has a headache.
(vii) They're not thirsty.
(viii) Don't (*fam.*) buy that one (i.e. a shirt).
(ix) This yellow jumper is very warm.
(x) Have you (*pl.*) got a cold?
(xi) Is she able to come?
(xii) They must remember to come.
(xiii) You (*fam.*) don't have to eat the sweets now!
(xiv) Do I have to wear that one (i.e. a dress)?
(xv) Wear (*pl.*) a tie for dinner tonight, please.

13 Rydych chi'n dost. Galwch y meddyg!

Gwers 8　Roedden ni : We were

Gwrandewch / Listen

Mrs. Owen:	Rydych chi wedi dod 'nôl yn gynnar!
Mrs. Evans:	Ydyn.
Mrs. Owen:	Pryd?
Mrs. Evans:	Roedden ni yma'n hwyr neithiwr tua chwarter i ddeg.
Mrs. Owen:	Ond doeddech chi ddim yn bwriadu dod 'nôl tan heddiw!
Mrs. Evans:	Nac oedden. Ond roedden ni'n lwcus achos doedd dim rhaid i ni aros yn hir yn Ostend. Roedd digon o le ar y llong, ac roedden ni'n gallu croesi bron yn syth.
Mrs. Owen:	A beth am y gwyliau 'te?
Mrs. Evans:	Bendigedig! Doedd dim rhaid i fi lanhau, paratoi bwyd a golchi llestri. Roedd John a fi'n gallu ymlacio'n llwyr ac eistedd, sgwrsio, darllen, nofio, gwrando ar y radio, ymweld â lleoedd diddorol a chysgu a chysgu.
Mrs. Owen:	Oedd y gwesty'n dda?
Mrs. Evans:	Oedd, yn wir. Roedd ystafell wely dawel 'da ni yn edrych allan dros y llyn a'r mynyddoedd.
Mrs. Owen:	Oeddech chi'n hoffi'r bwyd?
Mrs. Evans:	Roeddwn i wrth fy modd â fe achos roedd e'n flasus ac yn amrywiol ac roedd digon o ffrwythau ffres.
Mrs. Owen:	Beth am y plant?
Mrs. Evans:	Roedd Gwyn wrth ei fodd achos mae e'n hoff iawn o fwyd tramor. Ond doedd Gwen ddim yn hoff o'r bwyd o gwbl.
Mrs. Owen:	Oeddech chi'n gallu mynd a dod fel roeddech chi eisiau?
Mrs. Evans:	Oedden, o fewn rheswm. Wrth gwrs, fel ym mhob gwesty roedd rhaid i ni fwyta ar amserau arbennig.
Mrs. Owen:	Ac am faint o'r gloch roedd y prydau bwyd?
Mrs. Evans:	Roedd brecwast am hanner awr wedi wyth, cinio rhwng hanner awr wedi deuddeg a chwarter i ddau, ac yna swper rhwng saith o'r gloch a chwarter wedi wyth.
Mrs. Owen:	Oedd hi'n dwym?
Mrs. Evans:	Oedd, yn wir. Roedd hi'n dwym bob dydd, bron yn wyth deg pum gradd yn ystod y dydd, ond yn oeri gyda'r nos, wrth gwrs. Mewn gwirionedd, roedd hi'n rhy dwym i fi ond mae John wrth ei fodd â'r tywydd twym bob amser. Ond edrychwch! Dewch i mewn am gwpanaid o goffi ymhen hanner awr. Ar hyn o bryd, mae rhaid i fi olchi llawer o ddillad brwnt—does dim digon o ddillad glân yn y tŷ.

Mrs. Owen:	You've come back early!	
Mrs. Evans:	Yes we have.	
Mrs. Owen:	When?	
Mrs. Evans:	We were here late last night about a quarter to ten.	
Mrs. Owen:	But you did not intend to come back until today!	
Mrs. Evans:	No. But we were lucky because we didn't have to wait long in Ostend. There was plenty of room on the ship and we were able to cross almost immediately.	
Mrs. Owen:	And what about the holidays then?	
Mrs. Evans:	Lovely! I didn't have to clean, prepare food and wash dishes. John and I could relax completely and sit, chat, read, swim, listen to the radio, visit interesting places and sleep and sleep.	
Mrs. Owen:	Was the hotel good?	
Mrs. Evans:	Yes, indeed. We had a quiet bedroom looking out over the lake and the mountains.	
Mrs. Owen:	Did you like the food?	
Mrs. Evans:	I was delighted with it because it was tasty and varied and there was plenty of fresh fruit.	
Mrs. Owen:	What about the children?	
Mrs. Evans:	Gwyn was in his element since he likes foreign food. But Gwen wasn't fond of the food at all.	
Mrs. Owen:	Were you able to come and go as you wanted?	
Mrs. Evans:	Yes, within reason. Of course, as in every hotel we had to eat at certain times.	
Mrs. Owen:	And at what time were the meals?	
Mrs. Evans:	Breakfast was at half past eight, lunch between half past twelve and quarter to two, and then supper between seven o'clock and quarter past eight.	
Mrs. Owen:	Was it hot?	
Mrs. Evans:	Yes, indeed. It was hot every day, almost eighty five degrees during the day, but cooling by night, of course. In fact, it was too hot for me, but John is always in his element in (*literally:* with) hot weather. But look! Come in for a cup of coffee within half an hour. At the moment, I must wash a lot of dirty clothes—there aren't enough clean clothes in the house.	

1 Enwau

amser-au (*m*)	— time
awr (oriau) (*f*)	— hour
cwpanaid (*m*)	— cup(ful)
ffrwythau	— fruit
gradd (*f*)	— degree
gwesty (gwestai) (*m*)	— hotel
gwyliau	— holidays
lle-oedd (*m*)	— place (also, room, space)
llong-au (*f*)	— ship
llyn-noedd (*m*)	— lake
munud-au (*m / f*)	— minute
mynydd-oedd (*m*)	— mountain
pryd-au bwyd (*m*)	— meal-time
tywydd (*m*)	— weather
ystafell wely (*f*)	— bedroom

2 Berfenwau

a)

aros	— to wait	nofio	— to swim
bwriadu	— to intend	oeri	— to cool, to get cold
cysgu	— to sleep	paratoi	— to prepare
eistedd	— to sit	sgwrsio	— to chat
glanhau	— to clean	ymlacio	— to relax
golchi	— to wash	ymweld (â)	— to visit
gwrando (ar)	— to listen (to)		

b) Note that many verb-nouns in Welsh are followed by particular prepositions, e.g.
Rydw i'n hoffi gwrando *ar* Syr Geraint. — I like to listen to Sir Geraint.
Ydych chi wedi ymweld *â'r* lle? — Have you visited the place?

c) Note also the command forms of some of the above verb-nouns, e.g.

clywch!	— hear!	eisteddwch!	— sit!
gwrandewch!	— listen!	arhosa!	— wait!
cyrhaeddwch!	— arrive!	ymwelwch â'r lle!	— visit the place!
glanhewch!	— clean!		

d) Give the familiar command form —*a* of the following verb-nouns and complete the sentence, e.g. aros — Arhosa yn y gwely!
(i) cysgu (ii) eistedd (iii) sgwrsio (iv) ymweld â (v) paratoi.

3 Ansoddeiriau

a)

amrywiol	— varied	ffres	— fresh
arbennig	— specific (*also*, special)	glân	— clean
bendigedig	— lovely (*literally:* blessed)	hwyr	— late
blasus	— tasty	lwcus	— lucky
brwnt	— dirty	llwyr	— completely, totally
cynnar	— early	syth	— immediately
diddorol	— interesting	tramor	— foreign
		twym	— hot

Remember: yn llwyr (**L1, N3c**).

b) 'Mae'r lle'n _____.' Complete the sentence with:
(i) bendigedig (ii) brwnt (iii) diddorol (iv) glân (v) tawel

4 Arddodiaid

a)

am (*s.m.*)	—	about, *also* at, for
dros (*s.m.*)	—	over
cyn	—	before (time)
i mewn	—	in
o (*s.m.*)	—	of (*also*, from)
tan (*s.m.*)	—	until
tua (*a.m.*)	—	about, approximate
gyda fe	—	with it, with him

b) *Tua:* about, approximate, changes to *tuag* when it is followed by a vowel, e.g. tuag awr, tuag amser cinio.

5 Amrywiol

â fe	—	with it
am faint o'r gloch?	—	at what time?
bron	—	almost
digon o (*s.m.*)	—	plenty of, enough
ddoe	—	yesterday
fel	—	as
gyda'r nos	—	by night
hoff o	—	fond of
i mewn	—	in, inside
mewn gwirionedd	—	in fact
neithiwr	—	last night
'nôl	—	back
o fewn rheswm	—	within reason
ond	—	except, but
pob	—	every
pryd?	—	when?
'te	—	then
wrth fy modd	—	delighted, in my element
wrth ei fodd	—	delighted, in his element
ymhen	—	within (time)
yn ystod	—	during

6 Dweud yr amser : Telling the time

a) on the hour

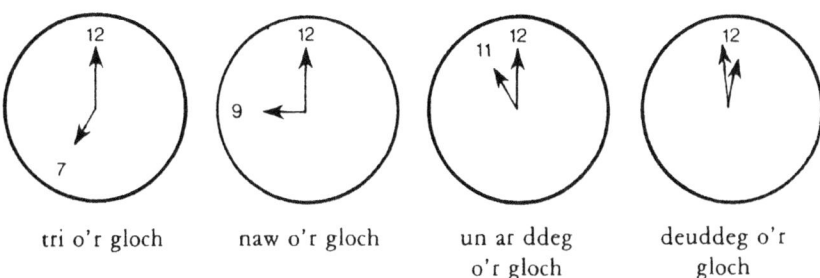

tri o'r gloch   naw o'r gloch   un ar ddeg o'r gloch   deuddeg o'r gloch

Note that we say:
Mae hi'n ddau o'r gloch.
Ydy hi'n dri o'r gloch?
Dydy hi ddim yn bedwar o'r gloch.
Mae hi'n bump o'r gloch.
Ydy hi'n ddeg o'r gloch?
Dydy hi ddim yn ddeuddeg o'r gloch.

As you can see *dau, tri, pedwar, pump, deg* and *deuddeg* undergo a soft mutation after the linking *yn('n)*.

b) quarter and half past the hour

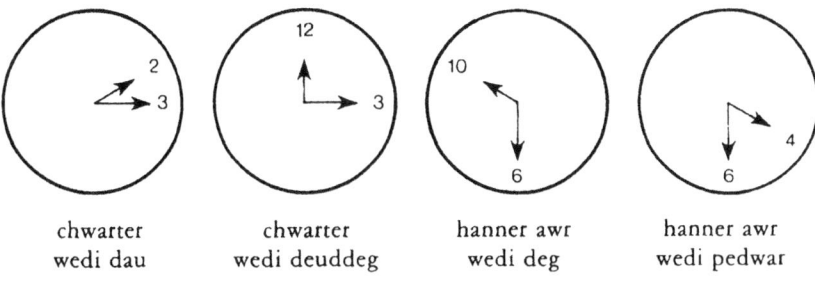

chwarter wedi dau   chwarter wedi deuddeg   hanner awr wedi deg   hanner awr wedi pedwar

Wedi is used to convey *past* and note that there's NO MUTATION after it.

c) quarter to the hour

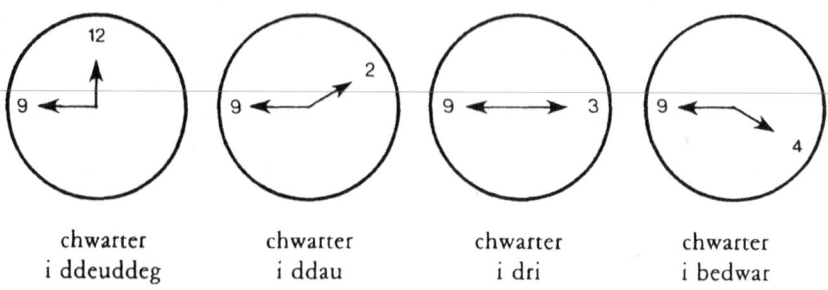

| chwarter | chwarter | chwarter | chwarter |
| i ddeuddeg | i ddau | i dri | i bedwar |

i is followed by a soft mutation, e.g.
chwarter i bump
chwarter i ddeg

d) minutes past and to

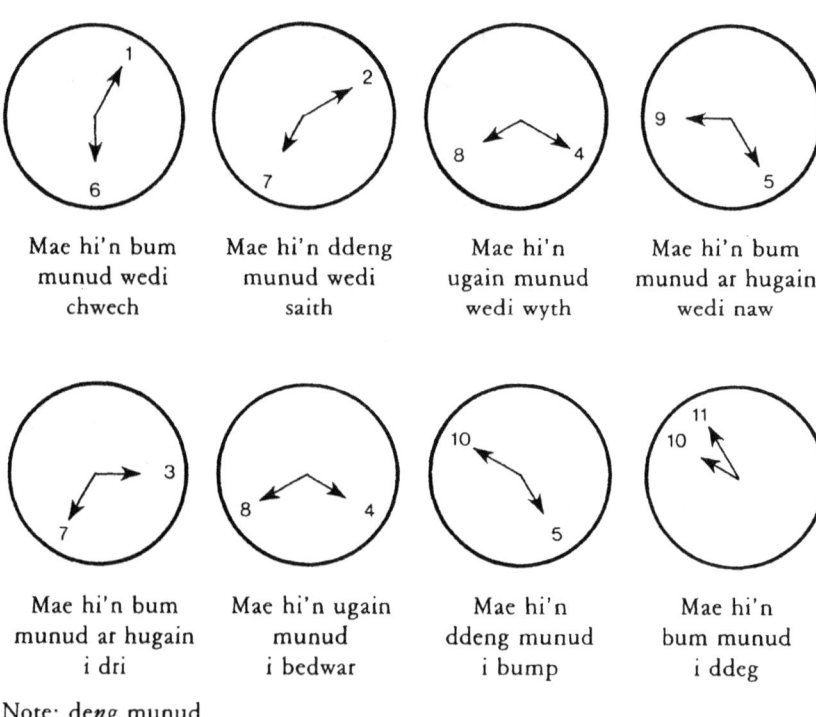

Mae hi'n bum munud wedi chwech

Mae hi'n ddeng munud wedi saith

Mae hi'n ugain munud wedi wyth

Mae hi'n bum munud ar hugain wedi naw

Mae hi'n bum munud ar hugain i dri

Mae hi'n ugain munud i bedwar

Mae hi'n ddeng munud i bump

Mae hi'n bum munud i ddeg

Note: de*ng* munud.

e) 'Dewch am _____.' (Come at _____):
(i) 2 o'clock (ii) 3.15 (iii) 9.50 (iv) 10.30 (v) 10.05 (vi) 11.55 (vii) 11.10
(viii) 11.35 (ix) 9.45 (x) 3.20

7 The Imperfect (was, were) Tense of Bod : To be

a) *Positive forms*

Roeddwn i	— I was	Roedden ni	— we were
Roeddet ti	— you were	Roeddech chi	— you were
Roedd	— was	Roedden nhw	— they were
Roedd e / hi	— he / she was		

e.g. Roedden nhw'n hwyr yn dod. — They were late coming.

b) *Negative forms*

To form the negative the consonant R changes to D and *ddim* is added, e.g.
Roedden nhw — Doedden nhw ddim
Doedden nhw ddim yn hwyr. — They were not late.

c) *Question forms*

To form the question, drop the consonant R, e.g. Roedden nhw — Oedden nhw?
Oedden nhw'n hwyr? — Were they late?

d) *Response forms*

The *yes* forms are *oeddwn, oeddet,* etc. and the *no* forms are *nac oeddwn, nac oeddet,* etc.

e) Respond *yes* (✓) or *no* (×) to the following sentences:
   (i) Oedd e'n ddiddorol? (✓)
   (ii) Oedden nhw'n dawel? (×)
   (iii) Ydy'r bwyd yn flasus? (✓)
   (iv) Oeddech chi'n gynnar? (×) (*pl.*)
   (v) Roeddwn i'n lwcus! (✓)
   (vi) Maen nhw'n gynnar. (×)
   (vii) Oes amser 'da chi? (✓)
   (viii) Oeddet ti'n gwrando ar y radio? (×)
   (ix) Does dim plant 'da nhw. (×)
   (x) Ydych chi'n gallu nofio? (✓) (*fam.*)

f) Change into the imperfect tense:
   (i) Rydw i'n lwcus.
   (ii) Mae rhaid i fi fynd.
   (iii) Does dim rhaid i chi wrando.
   (iv) Rydyn ni'n paratoi bwyd.
   (v) Ydych chi'n ymlacio ar eich gwyliau?
   (vi) Maen nhw'n hoffi ymweld â lleoedd diddorol.
   (vii) Ydyn nhw'n gwrando ar y radio?
   (viii) Dydw i ddim yn lân.
   (ix) Does dim annwyd arnaf i.
   (x) Am faint o'r gloch mae'r ffilm?

8   Digon o ... (s.m.) : Plenty of ... / Enough ...

a) *O* is followed by a soft mutation, and the noun which follows can either be singular or plural, e.g. digon o bapur, digon o fwyd

b) Complete the question: 'Oes digon o _____ 'da chi?' by following the pattern of the example:

Oes digon o laeth 'da chi?

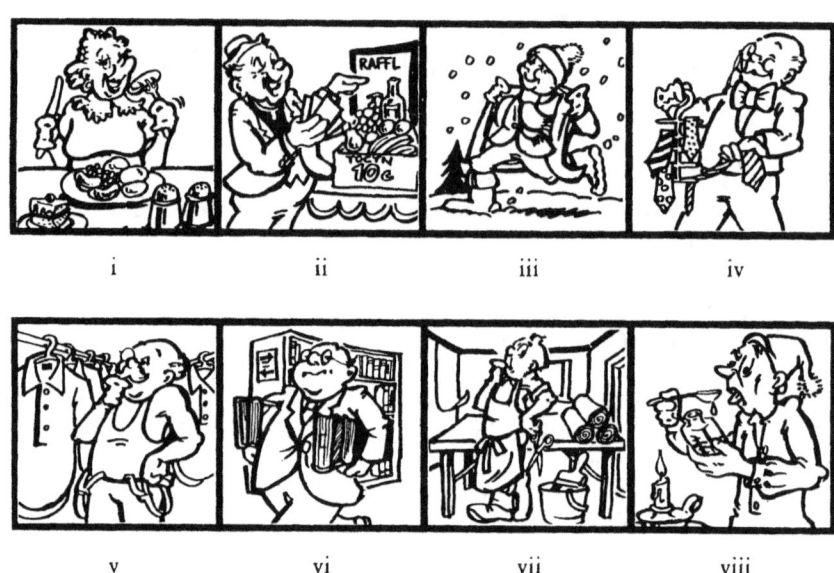

i   ii   iii   iv

v   vi   vii   viii

9   Bron yn ... : Almost ...

a) *Bron* is linked to the word which follows it by using the linking *yn* which is followed by a soft mutation (**L1, N3c**).

b) Complete the sentence: 'Roedd hi bron yn _____.' by using the following words:
(i) llawn   (ii) tri o'r gloch   (iii) du   (iv) gwyrdd   (v) newydd   (vi) £1   (vii) £4
(viii) 9.55   (ix) pump o'r gloch   (x) tywyll

10 Pob + time element

a) When *pob : every* is followed by a noun which conveys time in one form or another *p*ob undergoes a soft mutation and changes to *b*ob, e.g. bob munud, bob nos. (See **L7, N8a**.)

b) Link *pob* with the following and place in full sentences:
(i) time (ii) day (iii) morning (iv) afternoon (v) hour

11 Say in Welsh:

(i) When were you (*fam.*) intending to cross?
(ii) At what time was the film?
(iii) I had a headache yesterday.
(iv) They didn't have to buy that house.
(v) Do you (*fam.*) have enough money to buy that house?
(vi) Did she have enough clothes on the bed?
(vii) Arrive (*pl.*) at ten o'clock!
(viii) Come (*fam.*) about eleven o'clock!
(ix) The ship was in until 5.25.
(x) It was almost half past twelve.
(xi) Were they quite dirty?
(xii) We were intending to relax in the hotel.
(xiii) The meal wasn't over £5.
(xiv) They weren't too fond of the place.
(xv) Come (*pl.*) at 10.20 for a cup of tea.

12 Ask someone about his or her holiday.

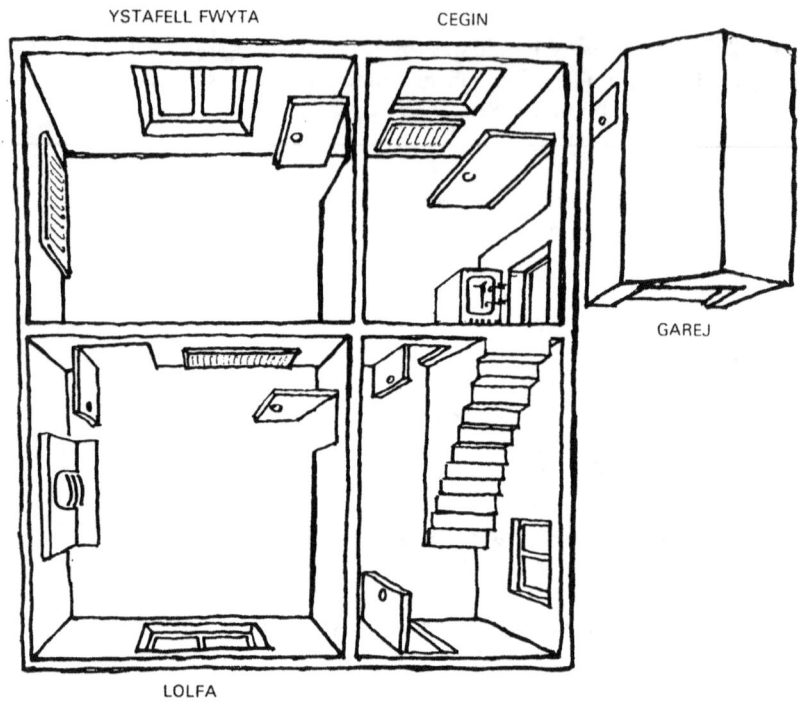

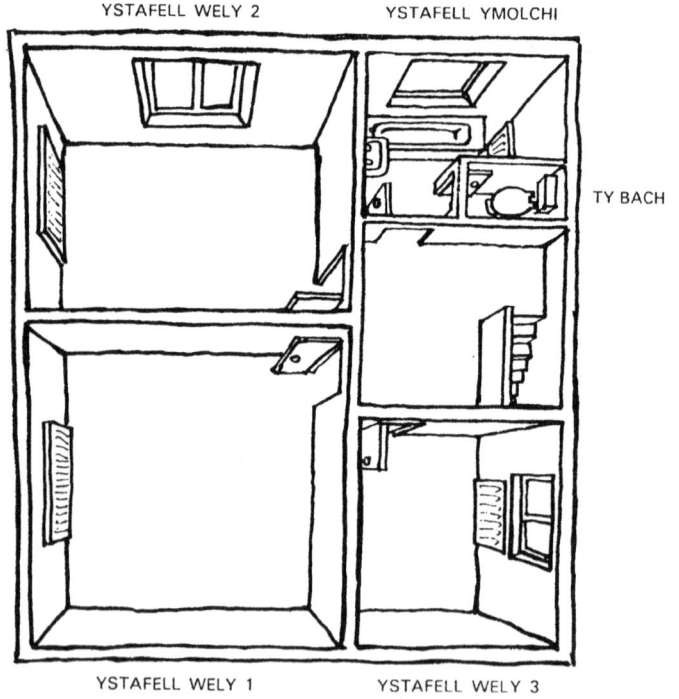

Gwers 9 Prynu tŷ : Buying a house

Gwrandewch

Mr. Roberts: (*yn ateb y ffôn*) Jones a Davies, Gwerthwyr Tai.
Owen Jones: Owen Jones ydw i. Rydw i'n chwilio am dŷ yn y dref 'ma.
Mr. Roberts: Pa fath o dŷ, syr?
Owen Jones: Tŷ ar ei ben ei hun ac rydyn ni eisiau pedair ystafell wely.
Mr. Roberts: Mae'n flin 'da fi, ond does dim tŷ ar ei ben ei hun ar gael ar hyn o bryd. Maen nhw'n brin iawn.
Owen Jones: Pa fath o dai sy 'da chi ar werth, 'te?
Mr. Roberts: Does dim un tŷ newydd. Wrth gwrs, mae nifer o dai teras 'da ni, ond hen dai ydyn nhw.
Owen Jones: Beth am dai un talcen?
Mr. Roberts: Mae un neu ddau 'da ni ar werth.
Owen Jones: Ond sawl ystafell wely sy 'da nhw?
Mr. Roberts: Tai tair ystafell wely ydyn nhw. Mae un 'da ni ar gyrion y dref. Mae lolfa, ystafell fwyta a chegin lawr llawr, a thair ystafell wely, ystafell ymolchi a thŷ bach ar wahân lan llofft.
Owen Jones: Pa mor ddrud ydy e?
Mr. Roberts: Mae'r perchennog eisiau tri deg mil o bunnoedd am y tŷ?
Owen Jones: Pwy ydy'r perchennog?
Mr. Roberts: Gweddw o'r enw Mrs. Ellis. Mae ei gŵr wedi marw ac mae ei phlant wedi tyfu. Nawr mae'r tŷ'n rhy fawr iddi hi.

Siân Jones: Rydw i eisau gwybod sut roedd y tŷ?
Owen Jones: Roedd e'n iawn, ac mewn cyflwr da, ar y cyfan. Ond doedd Mrs. Ellis ddim wedi paentio'r tu allan ers amser hir. Yn wir, roedd eisiau newid dwy o'r ffenestri, achos roedden nhw wedi pydru.
Siân Jones: Oedd gwres canolog yn y tŷ?
Owen Jones: Oedd, gwres canolog nwy ac roedd gwresogydd ym mhob ystafell. Ond roedd tân glo hefyd yn y lolfa.
Siân Jones: Pa mor fawr oedd y gegin?
Owen Jones: Roedd hi'n eithaf hir, ond doedd hi ddim yn llydan iawn. Roedd llawer o gypyrddau ar y waliau a digon o blygiau trydan.
Siân Jones: Sawl ystafell wely oedd?
Owen Jones: Tair. Roeddwn i'n hoffi'r tŷ i gyd achos roedd e'n olau iawn.
Siân Jones: Pa mor fawr oedd yr ardd?
Owen Jones: Roedd yn hir ac yn gul ac roedd digon o le i'r plant chwarae. Ac, yn y cefn roedd garej bren ond roedd eisiau trwsio'r drws.
Siân Jones: Ydy hi'n bosibl i fi weld y tŷ?
Owen Jones: Rydw i wedi trefnu ymweld â'r tŷ unwaith eto brynhawn yfory.

Mr. Roberts:	(*answering the telephone*) Jones and Davies, Estate Agents.
Owen Jones:	I'm Owen Jones. I'm looking for a house in this town.
Mr. Roberts:	What sort of house, sir?
Owen Jones:	A detached house and we want four bedrooms.
Mr. Roberts:	I'm sorry, but there isn't a detached house available at the moment. They're very scarce.
Owen Jones:	What sort of houses do you have for sale, then?
Mr. Roberts:	There isn't one new house. Of course, we have several terraced houses, but they're old houses.
Owen Jones:	What about semi-detached houses?
Mr. Roberts:	We have one or two for sale.
Owen Jones:	But how many bedrooms do they have?
Mr. Roberts:	They're three bedroomed houses. We have one on the outskirts of the town. There's a lounge, dining room and a kitchen downstairs, and three bedrooms, a bathroom and a separate toilet upstairs.
Owen Jones:	How expensive is it?
Mr. Roberts:	The owner wants thirty thousand pounds for the house.
Owen Jones:	Who is the owner?
Mr. Roberts:	A widow called Mrs. Ellis. Her husband has died and her children have grown up. Now the house is too big for her.

Siân Jones:	I want to know what the house was like?
Owen Jones:	It was all right, and in good condition, by and large. But Mrs. Ellis hadn't painted the outside for a long time. Indeed, two of the windows needed changing, because they were rotten.
Siân Jones:	Was there central heating in the house?
Owen Jones:	Yes, gas central heating and there was a radiator in every room. But there was a coal fire as well in the lounge.
Siân Jones:	How big was the kitchen?
Owen Jones:	It was quite long, but it wasn't very wide. There were many cupboards on the walls and plenty of electric plugs.
Siân Jones:	How many bedrooms were there?
Owen Jones:	Three. I liked the whole house because it was very light.
Siân Jones:	How big was the garden?
Owen Jones:	It was long and narrow and there was plenty of room for the children to play. And, in the back there was a wooden garage but the door needed repairing.
Siân Jones:	Is it possible for me to see the house?
Owen Jones:	I've arranged to visit the house once again tomorrow afternoon.

1 Enwau

ateb-ion (*m*)	— answer
cefn-au (*m*)	— back
cegin-au (*f*)	— kitchen
cwpwrdd (cypyrddau) (*m*)	— cupboard
cyflwr (*m*)	— condition
drws (drysau) (*m*)	— door
ffenestr-i (*f*)	— window
ffôn (*f*)	— telephone
gardd (gerddi) (*f*)	— garden
garej (*f*)	— garage
glo (*m*)	— coal
gweddw-on (*f*)	— widow
gwerthwr (gwerthwyr) (*m*)	— seller
gwerthwr tai (*m*)	— estate agent
gŵr (gwŷr) (*m*)	— husband (*also*, man)
gwres canolog (*m*)	— central heating
gwresogydd (*m*)	— radiator, (*also*, heater)
lolfa (*f*)	— lounge
mil-oedd (*f*)	— thousand
nwy (*m*)	— gas
perchennog (perchnogion) (*m*)	— owner
plwg (plygiau) (*m*)	— plug
tân (tanau) (*m*)	— fire
tref-i (*f*)	— town
trydan (*m*)	— electricity (*also*, electric)
tŷ ar ei ben ei hun (*m*)	— detached house
tŷ bach (*m*)	— toilet
tŷ teras (*m*)	— terraced house
tŷ un talcen (*m*)	— semi-detached house
wal-iau (*f*)	— wall
ystafell fwyta (*f*)	— dining room
ystafell ymolchi (*f*)	— bathroom

Note that we say: y garej (**L5, N1a**).

2 The emphatic forms of Rydw i, Roeddwn i, etc.

a) *Rydw i*, etc. (**L2, N1a**) have emphatic forms, which are: ydw i, wyt ti, ydy, ydy e / hi, ydyn ni, ydych chi, ydyn nhw. The emphatic forms of *Roeddwn i*, etc. (**L8, N7a**) do not begin with the letter *r*, e.g. oeddwn i. These forms are used when something is emphasised at the beginning of the sentence (i.e. when the sentence doesn't begin with a verb) and when these forms are either followed by a pronoun (i, ti, fe, etc.) or a noun, e.g.

Gareth ydw i. — I'm *Gareth*. (i.e. not John)
John Jones ydy'r dyn 'na. — That man is *John Jones*.
Dwy bunt oedden nhw. — They were *£2*.

You will note that in Welsh, unlike English, there is a difference in the shape of sentences which contain normal statements and those where there is emphasis.

b) *Pwy? : Who?* is followed by these emphatic forms when the subject is definite.
Pwy ydy'r dyn 'na? — Who is that man?
Pwy ydyn nhw? — Who are they?
Pwy oedd y dyn wrth y drws? — Who was the man by the door?

c) Note, however, that if the sentence begins with a preposition (e.g. *ar, dan,* etc.) or verb-noun (e.g. *canu, gweithio*) then the normal forms of the verbs are used, e.g.
Yn y tŷ mae e. — He's *in* the house.
Wrth y tân maen nhw. — They're *by* the fire.
Ar y cae roedden nhw. — They were *on* the field.
Canu mae e. — He's *singing*.

d) Fill in the blanks with the appropriate form of the present tense of *Bod : to be*:
 (i) Garej bren _____ hi.
 (ii) Gwerthwr tai _____ i.
 (iii) Pwy _____ e?
 (iv) Yn y lolfa _____ 'r ffôn.
 (v) Tŷ teras _____ e.
 (vi) Mr. a Mrs. Jones _____ 'r perchnogion.
 (vii) Tanau trydan _____ nhw.
 (viii) Dan y cwpwrdd _____ nhw.
 (ix) Pwy _____ ti?
 (x) Yng Nghonwy _____ chi'n byw?

e) Introduce yourself and other members of the group to other people, e.g. Dewi ydw i. / Mrs. Jones ydy hi.

3 Berfenwau

a)
chwilio am	— to search for	pydru	— to rot
gwybod	— to know (a fact)	trefnu	— to arrange
marw	— to die	trwsio	— to repair
newid	— to change	tyfu	— to grow
paentio	— to paint		

People also say and write *peintio*.

b) Give the familiar *—a* command form of the following and complete the sentence:
 (i) chwilio am (ii) newid (iii) paentio (iv) trefnu (v) trwsio (vi) tyfu

c) Using the verb-nouns listed in **(b)** complete each sentence after COFIWCH, e.g. Cofiwch / paentio: Cofiwch baentio eich ystafell wely heddiw.

4 Roedd etc. + wedi

a) To express the *had* and *had been* tense *wedi* follows *roeddwn i*, etc. (**L8, N7a**), e.g.
Roedd hi wedi marw. — She had died.
Roedden nhw wedi paentio'r ystafell fwyta. — They had painted the dining room.
Oedd hi wedi newid? — Had she changed?
Doeddwn i ddim wedi bod yno o'r blaen. — I hadn't been there before.

b) Change the following sentences according to the pattern of the example.
Mae John yn newid. — Roedd John wedi newid.
   (i) Rydw i'n glanhau'r ystafell ymolchi.
   (ii) Ydych chi'n paratoi'r bwyd?
   (iii) Dydyn nhw ddim yn golchi eich car.
   (iv) Wyt ti'n ymweld â'r dref?
   (v) Dydy e ddim yn hoffi'r gwyliau o gwbl.
   (vi) Mae hi'n dodi'r dillad yn y cwpwrdd.
   (vii) Ydyn nhw'n agor y drws?
   (viii) Rydyn ni'n trefnu mynd i'r dref.

5 Ansoddeiriau

a)
cul — narrow
llydan — wide
posibl — possible

pren — wooden (also, wood)
prin — scarce

b) Remember:
Doedd hi ddim yn bosibl i fi *fy*nd. — It wasn't possible for me to go.
Doedd hi ddim yn bosibl iddo fe *wy*bod. — It wasn't possible for him to know.

(**L7, N10a**).

c) Write 4 sentences in which the adjectives listed under (**a**) are preceded by the connecting *yn* (**L1, N3c**). Omit *pren*.

d) You've seen the word *hen* : *old* before in **L5**. As you know, adjectives usually follow the nouns that they describe (**L3, N5a**). However, there are some adjectives, which *precede* nouns, and the nouns undergo a soft mutation. Amongst such adjectives are: *hen* — old; *hoff* — favourite; *prif* — chief; *unrhyw* — any; *unig* — only (when *unig* follows the noun it means *lonely*.) e.g. hen dŷ — an old house; hoff fwyd — favourite food; prif dref — chief town; unrhyw beth — anything; unig ddrws — only door; unig blentyn — only child.

6 Amrywiol

a)

ar gyrion	—	on the outskirts of
ar gael	—	available
ar wahân	—	separate, apart
ar werth	—	for sale
ar y cyfan	—	on the whole, by and large
ei *(a.m.)* ... (hi)	—	her
ers	—	since, for
eto	—	again (also, yet)
i gyd	—	whole, all
lan llofft	—	upstairs
lawr llawr	—	downstairs
nifer o *(s.m.)*	—	several, a number of
o'r enw	—	called, named
prynhawn yfory	—	tomorrow afternoon
pwy?	—	who?
unwaith	—	once
y tu allan	—	outside

b) *i gyd : all*

The pattern to express *all the* houses, etc. is that *i gyd* is preceded by *the + noun*, e.g.

y tai i gyd	—	all the houses.
y moddion i gyd	—	all the medicine.

c) Say: Roedden nhw wedi paentio'r _____ i gyd, e.g.
house: Roedden nhw wedi paentio'r tŷ i gyd.
(i) kitchen　(ii) cupboards　(iii) doors　(iv) place　(v) library　(vi) doll　(vii) old house　(viii) station　(ix) walls　(x) ship

d) *ei : her*

Ei — her is followed by an aspirate mutation, e.g. ei phêl — her ball, ei thafod — her tongue, ei chot — her coat. *Ei* — her has a supporting pronoun *hi* which follows the noun, e.g. ei phêl hi. This *hi* can be omitted or pronounced with very little emphasis, unless the *hi* element demands emphasis, e.g. Mae eich plant chi'n ddrwg ond dydy ei phlant *hi* ddim. — *Your* children are naughty but *her* children aren't. You have already seen *eich* — your (**L7**). The supporting pronoun to use with *eich* is *chi*, e.g. Rydw i'n hoffi eich tŷ chi ond dydw i ddim yn hoffi ei thŷ *hi*. — I like your house but I don't like her house. If the noun which follows *ei* begins with a vowel then the vowel will have the letter *h* in front of it, e.g. ateb — ei hateb, esgidiau — ei hesgidiau, ysgol — ei hysgol.

e) Look at the following illustrations and ask:
Ydych chi wedi gweld ei _____ hi?

i   ii   iii   iv

v   vi   vii   viii

f) *Nifer + o (+ s.m.) : a number of* . . .

The plural noun that follows *o* undergoes a soft mutation. cf. *llawer o* (**L6, N10a**), e.g.

nifer o blant — a number of children
nifer o gypyrddau — a number of cupboards
nifer o dai — a number of houses

Nifer is used with nouns that can be counted.

g) Change the following sentences according to the pattern of the example:
Mae gwesty yn y dref. — Mae nifer o westai yn y dref.
  (i) Oes coleg yn y dref?
  (ii) Roedd doli 'da'r ferch.
  (iii) Mae cwpan yn y cwpwrdd.
  (iv) Roedd papur ar y bwrdd.
  (v) Rydw i eisiau plwg yn y gegin.
  (vi) Roedd hi wedi gweld castell ar ei gwyliau.
  (vii) Oes tafarn yma?
  (viii) Rydw i wedi bod i weld meddyg.
  (ix) Mae banc yn y dref.
  (x) Oes gwely yn yr ystafell?

7 Sydd

a) This is another form of *mae* : is. In this lesson *sydd*, which is often pronounced and written as *sy*, is followed by a phrase which begins with a preposition, e.g.

Pa fath o dai sydd *'da chi ar werth*? — What sort of houses do you have for sale?
Pa fath o dai sydd *ar gael*? — What sort of houses are available?
Pwy sydd *wrth y drws*? — Who's by the door?
Beth sydd *yn y cwpwrdd*? — What's in the cupboard?
Dydw i ddim yn gwybod
  beth sy *yn y cwpwrdd*. — I don't know what's in the cupboard.

Oedd is the *was / were* form of *sydd*.

b) Look at the following illustrations and ask:
Pwy sydd _____? or Beth sydd _____? as directed, e.g.
Pwy sydd wrth y drws?

Pwy?

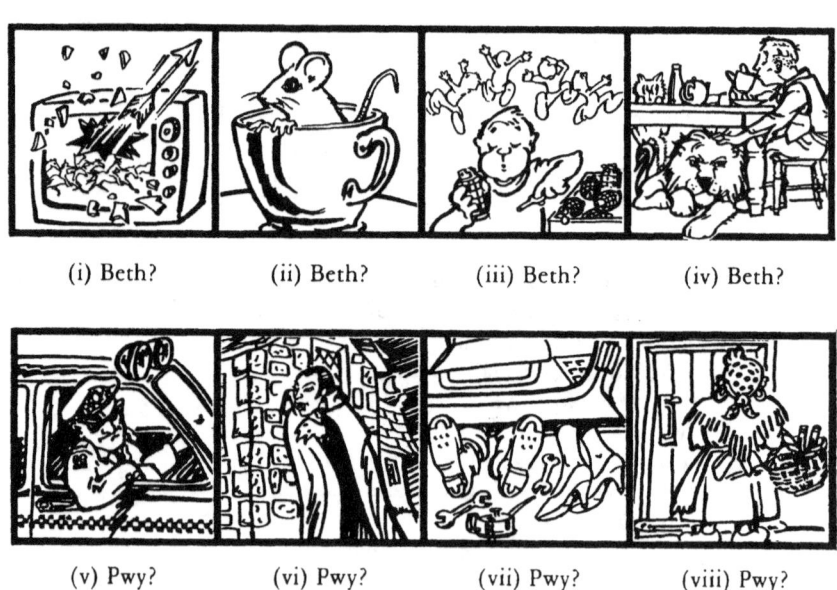

(i) Beth?   (ii) Beth?   (iii) Beth?   (iv) Beth?

(v) Pwy?   (vi) Pwy?   (vii) Pwy?   (viii) Pwy?

c) Ask 10 questions using the pattern:
Pa fath o (noun) sydd ('da / gyda pattern)? e.g.
Pa fath o gar sydd 'da ti?

8 Sawl? : How many?

a) *Sawl?* is followed by a singular noun and is only used to convey *how many?* (not *how much?*), e.g.

Sawl gwely sydd yn yr ystafell?	— How many beds are in the room?
Sawl cadair oedd yn y lolfa?	— How many chairs were in the lounge?
Sawl papur rydych chi ei eisiau? (**L2, N7a**)	— How many papers do you want?
Sawl plentyn sy 'da nhw?	— How many children do they have?

b) Use the question form *Sawl?* and link the cue word with an associated word, e.g.
llyfr — Sawl *llyfr* sydd yn y *llyfrgell?*
(i) afal   (ii) ystafell wely   (iii) cwpan   (iv) llong   (v) cot   (vi) car   (vii) ceiniog   (viii) doli   (ix) ffenestr   (x) tei

9 Pa mor + adjective . . . ?

a) *Pa mor . . . ?* asks *How . . . ?* but not in the sense of *in what manner?* As you know, *sut* is the appropriate word to use then. *Pa mor* is followed by an adjective and this adjective undergoes a soft mutation, e.g.

Pa mor ddrud ydy'r tŷ?	— How expensive is the house?
Pa mor fawr oedd y gegin?	— How big was the kitchen?
Pa mor drwm ydych chi?	— How heavy are you?

Note that the consonants *ll* and *rh* do not mutate after *Pa mor*, e.g.

Pa mor *ll*wyd ydy ei gwallt?	— How grey is her hair?
Pa mor *rh*ad oedd y dillad?	— How cheap were the clothes?

b) Change the statement into a *Pa mor* question, e.g.
Roedd yr heol yn gul. — Pa mor gul oedd yr heol?
  (i) Mae'r ardd yn llydan.
  (ii) Roedd tai pedair ystafell wely yn brin.
  (iii) Mae'r dŵr yn frwnt.
  (iv) Roedden nhw'n ddiddorol.
  (v) Rydw i'n gynnes.
  (vi) Roeddech chi'n dost.
  (vii) Mae ei phlant hi'n olau.
  (viii) Roedd eich ystafell yn dywyll.
  (ix) Mae eich plant yn fyr.
  (x) Mae'r gegin yn lân.

10 Number + o + plural noun

a) You already know one way of linking number with a noun (**L5, N3a**). Usually, if the number exceeds 10, another pattern can be used, namely by using a *number* which is followed by *o* followed by a *plural noun* which undergoes a soft mutation. Compare the *llawer o* pattern (**L6, N10a**), e.g.

tri deg mil o bunnoedd — thirty thousand pounds
hanner cant o drefi — fifty towns
un deg pump o dai — fifteen houses
cant o blant — one hundred children

b) Use this counting system to link the number and the noun. Finish the sentence as you wish, e.g.
15 dyn — Roedd un deg pump o ddynion yn edrych ar y gêm.
(i) 30 tŷ (ii) 250 llyfr (iii) 84 plentyn (iv) 100 ceiniog (v) 18 sgert (vi) 47 ystafell (vii) 25 tafarn (viii) 18 gwesty (ix) 60 munud (x) 14 crys

11 Eisiau : to need to

a) We've seen *eisiau* before in **L3, N3B**, e.g.
Rydw i eisiau prynu'r tŷ 'na. — I want to buy that house.

We can use *eisiau* in a more impersonal way also without referring to people, e.g.
Mae eisiau paentio'r drws. — The door needs painting.
(*literally*: There is a need to paint the door.)
Roedd eisiau trwsio'r ffenestri. — The windows needed repairing.
Oes eisiau paentio'r gegin? — Does the kitchen need painting?
Oedd eisiau newid y plygiau? — Did the plugs need changing?

b) Change the following sentences according to the pattern of the example:
Ydy e'n golchi'r car? — Oes eisiau golchi'r car?
  (i) Mae e'n paentio'r drysau.
  (ii) Oedd hi'n glanhau'r lolfa?
  (iii) Ydy hi'n trwsio'r dillad?
  (iv) Roedd e'n newid y plygiau.
  (v) Dydy hi ddim yn galw'r meddyg.
  (vi) Doedd e ddim yn agor y ffenestri.

12 Say the following sentences in Welsh:

(i) Who is your (*pl.*) favourite doctor?
(ii) John is *an only child*. (Emphasise!)
(iii) They are living apart.
(iv) He had read all the book.
(v) Who had arranged to go?
(vi) They had seen a number of houses but they didn't like one in particular (i.e. specially).
(vii) A number of windows had broken.
(viii) Her children have grown up by now.
(ix) Who's in the film?
(x) Do you (*fam.*) know what's on television tonight?
(xi) How many children have you (*pl.*) got?
(xii) How cold was it on your (*pl.*) holiday?
(xiii) How high is Everest?
(xiv) Are there two hundred children in the school?
(xv) There's no need to paint the house.

13 Enact the following with your partner:

(i) Ask an estate agent about a particular property that you're interested in.
(ii) Make arrangements to view the property with the owner.
(iii) Report back to your partner about the property that you've inspected. Refer to the plan at the beginning.
(iv) You and your partner have seen the same property; discuss its pros and cons, with one of you in favour of it and the other against it, e.g.
   a) Doeddwn i ddim yn hoffi'r tŷ achos doedd dim gwres canolog 'da fe.
   b) Ond roedd e mewn cyflwr da a doedd dim eisiau paentio.

Gwers 10   Siarad am y gorffennol : Talking about the past

Gwrandewch

Tom: Sut mae? Peint?
Gwyn: Diolch. Rwyt ti'n teimlo'n hael!
Tom: Wel, dwyt ti ddim wedi bod i mewn yma ers tipyn.
Gwyn: Nac ydw. Rydyn ni wedi bod ar ein gwyliau.
Tom: Gormod o arian eto! Ble est ti y tro 'ma?
Gwyn: Eleni fe aethon ni i Ogledd Cymru.
Tom: Aethoch chi ddim dros y môr, 'te!
Gwyn: Naddo. Eleni roedden ni eisiau newid, felly fe aethon ni i'r Gogledd.
Tom: Roedd hi'n hen bryd iti weld ychydig o'r wlad 'ma hefyd!
Gwyn: Rwyt ti'n eithaf iawn. Rydyn ni wedi bod yn lwcus iawn ac wedi bod i nifer o wledydd ar y cyfandir. Y llynedd, fel rwyt ti'n cofio, fe aethon ni i Wlad Belg.
Tom: I ble aethoch yn y Gogledd?
Gwyn: Fe arhoson ni mewn pentref ychydig o filltiroedd o Gaernarfon ond fe aethon ni i nifer o leoedd yng Ngwynedd.
Tom: Sut aethoch chi?
Gwyn: Fe aethon ni gyda ffrindiau—Olwen ac Owen—yn eu car nhw. Rwyt ti'n adnabod Owen, rydw i'n meddwl.
Tom: Ydw. Roedd e yn yr ysbyty y llynedd yr un pryd â fi. Am faint o amser aethoch chi ar eich gwyliau?
Gwyn: Am wythnos.
Tom: Aethoch chi i Lŷn?
Gwyn: Do a naddo! Fe aeth y wraig ac Olwen ac Owen ond es i ddim. Roedd annwyd trwm arnaf i, ac fe es i i'r gwely.
Tom: Aeth y plant gyda chi?
Gwyn: Naddo. Fe aethon nhw gyda'u ffrindiau i Ffrainc am bythefnos. Maen nhw'n hoff o wersylla.
Tom: Fe aethoch chi i fyny'r Wyddfa, siŵr o fod!
Gwyn: Do. Fe aeth y menywod ac Owen i fyny yn y trên bach, ond fe gerddais i i fyny ar hyd y llwybr wrth ochr y lein fach.
Tom: Oeddech chi'n gallu gweld rhywbeth o'r copa?
Gwyn: Nac oedden, yn anffodus. Roedd gormod o gymylau ac roedd gormod o niwl hefyd. Wyt ti wedi bod ar yr Wyddfa?
Tom: Ydw. Fe es i i'r Gogledd y llynedd.
Gwyn: Ble est ti eleni 'te?
Tom: Wel, roeddwn i eisiau newid eleni ac fe es i dros y môr i'r Eidal!
Gwyn: Roedd hi'n hen bryd iti weld ychydig o'r byd hefyd!

Tom:	How are things? A pint?	
Gwyn:	Thanks. You're feeling generous!	
Tom:	Well, you haven't been in here for a while.	
Gwyn:	No. We've been on our holidays.	
Tom:	Too much money again! Where did you go this time?	
Gwyn:	This year we went to North Wales.	
Tom:	You didn't go overseas then!	
Gwyn:	No. This year we wanted a change, so we went to the North (Wales).	
Tom:	It was high time for you to see a little of this country too.	
Gwyn:	You're quite right. We've been very fortunate and have been to a number of countries on the continent. Last year, as you remember, we went to Belgium.	
Tom:	Where did you go to in the North?	
Gwyn:	We stayed in a village a few miles from Caernarfon but we went to a number of places in Gwynedd.	
Tom:	How did you go?	
Gwyn:	We went with friends—Olwen and Owen—in their car. You know Owen, I think.	
Tom:	Yes. He was in hospital last year the same time as me. For how long did you go on your holidays?	
Gwyn:	For a week.	
Tom:	Did you go to Lleyn?	
Gwyn:	Yes and no! The wife and Olwen and Owen went but I didn't go. I had a heavy cold, and I went to bed.	
Tom:	Did the children go with you?	
Gwyn:	No. They went with their friends to France for a fortnight. They're fond of camping.	
Tom:	You went up Snowdon, surely!	
Gwyn:	Yes. The women and Owen went up in the narrow gauge train, but I walked up along the path by the side of the narrow gauge railway.	
Tom:	Were you able to see something from the summit?	
Gwyn:	No, unfortunately. There were too many clouds and there was too much mist also. Have you been on Snowdon?	
Tom:	Yes. I went to the North last year.	
Gwyn:	Where did you go this year then?	
Tom:	Well, I wanted a change this year and I went overseas to Italy!	
Gwyn:	It was high time for you to see a little of the world too!	

1 Enwau

a)
byd (*m*)	—	world
copa-on (*m*)	—	summit
cwmwl (cymylau) (*m*)	—	cloud
cyfandir (*m*)	—	continent
ffrind-iau (*m*)	—	friend
gogledd (*g*)	—	north
gwlad (gwledydd) (*f*)	—	country, *also* countryside
gwraig (gwragedd) (*f*)	—	wife, (*also*, woman)

lein fach (f)	—	narrow gauge railway
llwybr-au (m)	—	path
menyw-od (f)	—	woman
milltir-oedd (f)	—	mile
môr-oedd (m)	—	sea
niwl (m)	—	mist
peint-iau (m)	—	pint
pentref-i (m)	—	village
pryd (m)	—	time
pythefnos (m)	—	fortnight
rhywbeth (m)	—	something
trên-au (m)	—	train
trên bach (m)	—	narrow gauge train
wythnos-au (f)	—	week
yr Wyddfa	—	Snowdon
ysbyty (ysbytai) (m)	—	hospital

Lein fach means literally: a small line and *trên bach* means literally: a small train.

b) You have already noted that we place the definite article *y* (or *yr*) in front of some nouns in Welsh where one wouldn't do so in English, e.g.

i'r gwaith	—	to work	Note also:		
i'r dref	—	to town	yn yr ysbyty	—	in hospital
yn yr eglwys	—	in church	i'r ysbyty	—	to hospital
yn y capel	—	in chapel	yn y gwely	—	in bed
i'r ysgol	—	to school	ar y teledu	—	on television

2 Nifer o wledydd

a)
Cymru	—	Wales	Note the use of *Y / Yr*		
Ffrainc	—	France	with these four countries:		
Gwlad Belg	—	Belgium	Yr Alban	—	Scotland
Iwerddon	—	Ireland	Yr Almaen	—	Germany
Lloegr	—	England	Yr Eidal	—	Italy
Rwsia	—	Russia	Y Swistir	—	Switzerland
Sbaen	—	Spain			

b) You have noted that *i* : to is followed by a soft mutation (**L4, N6a**). Say: Rydw i wedi bod i _____.
(i) Cymru   (ii) Gwlad Belg   (iii) Lloegr   (iv) Yr Alban   (v) Y Swistir

3 Berfenwau a berfau

a)
adnabod — to know (a person), to recognise
fe arhoson ni — we stayed (from *aros*)
fe gerddais i — I walked (from *cerdded*)
gwersylla — to camp
meddwl — to think

The stem of *meddwl* is *meddyli* — e.g. meddylia! meddyliwch!

b) The difference between *adnabod* and *gwybod* (**L9, N3a**) should be carefully noted. *Adnabod* means: to know a person or to recognise a person or a place; *gwybod* means: to know a fact and to know of people or places, e.g.
Ydych chi'n adnabod Alun? — Do you know Alun?
Rydw i'n gwybod am Alun. — I know of (*literally* about) Alun.
Dydw i ddim yn adnabod y lle yn y papur. — I don't recognise the place in the paper.
Doeddwn i ddim yn gallu adnabod Alun achos roedd e wedi newid. — I couldn't recognise Alun because he had changed.
Mae hi'n gwybod llawer am y dref. — She knows a lot about the town.
Doedd hi ddim yn gwybod y ffordd. — She didn't know the way.

Adnabod is often pronounced *'nabod*.

c) Fill in the blanks with either *adnabod* or *gwybod*.
   (i) Doeddwn i ddim yn _____ y dyn.
   (ii) Doedd y plentyn yn yr ysgol ddim yn _____ y gwaith.
   (iii) Ydych chi'n _____ y bachgen wrth y drws?
   (iv) Ydy hi'n _____ am y gêm?
   (v) Doedden nhw ddim yn _____ Megan achos roedd hi wedi tyfu.
   (vi) Mae e'n _____ llawer am rygbi.

4   The past tense of Mynd : To go

Mynd is an irregular verb in the sense that it doesn't conform to the pattern of other verbs which form various tenses in a uniform way.

a) *Positive form*

Fe es i	— I went		
Fe est ti	— You went	Fe aethon ni	— We went
Fe aeth e / hi	— He / She went	Fe aethoch chi	— You went
Fe aeth y ferch	— The girl went	Fe aethon nhw	— They went

The word *Fe* has no meaning as such and one could say: Es i — I went. But it does signify a positive statement and is extensively used in spoken Welsh. (Note that we say *ac fe*.)

b) *Negative form*

To form the negative the word *Fe* is dropped and the word *ddim* is added, e.g.
Es i ddim neithiwr.   — I didn't go last night.
Aeth y ferch ddim ar ei gwyliau. — The girl didn't go on her holidays.

c) *Question form*

To ask a question using the forms in (a) we leave out *Fe*, e.g.
Aeth e ddoe?   — Did he go yesterday?
Aethoch chi i'r sinema?   — Did you go to the cinema?

Note that the word *Fe* is also omitted after question forms like *Pryd?* — Where?, *Ble?* — Where?, *Sut?* — How?, e.g.
Ble est ti? — Where did you go?

d) Change the following sentences into the past tense of *mynd*, changing *heddiw* to *ddoe* in each instance, e.g.
Rydw i'n mynd i'r sinema heddiw. — Fe es i i'r sinema ddoe.
  (i)   Maen nhw'n mynd i'r llyfrgell heddiw.
  (ii)   Mae'r plant yn mynd i'r ysgol heddiw.
  (iii) Ydych chi'n mynd i'r eglwys heddiw?
  (iv)   Pryd maen nhw'n mynd ar y llong heddiw?
  (v)   Sut mae e'n mynd i'r dref heddiw?
  (vi)   I ble rwyt ti'n mynd heddiw?
  (vii) Dydyn ni ddim yn mynd allan heddiw.
  (viii) Dydy e ddim yn mynd i'r ardd heddiw.
  (ix)   Ydy hi'n mynd yno heddiw?
  (x)   Dydy'r menywod ddim yn mynd i'r banc heddiw.

e) Fill in the blanks in the following sentences with the appropriate form of the past tense of *mynd*.
   (i) Pryd _____ chi i'r gwely neithiwr?
   (ii) _____ i i'r dref am ddeg o'r gloch.
   (iii) _____ ti ddim i'r siop ffrwythau.
   (iv) _____ nhw ar y cyfandir eleni?
   (v) _____ hi ddim ar ei gwyliau i'r Gogledd y llynedd.

f) The *yes* and *no* responses in Welsh to questions which refer to the past are *do* and *naddo* respectively. In fact, they are straightforward responses in that the response does not vary according to the person as you have already seen, e.g. ydw, nac ydy, oedden, nac oeddech. Here are some examples of *do* and *naddo*.
   Aethoch chi i'r sinema neithiwr? (×) — Naddo.
   Aeth hi yn y car? (✓) — Do.
   Est ti i'r Gogledd? (×) — Naddo.

g) Respond either yes (✓) or no (×) to the following statements and questions.
   (i) Wyt ti wedi gweld y ffilm 'na? (×)
   (ii) Mae gwyliau 'da nhw. (✓)
   (iii) Oedden nhw yno? (✓)
   (iv) Aethoch chi allan neithiwr? (×)
   (v) Maen nhw'n hwyr. (✓)
   (vi) Oedd llawer o arian 'da'i gŵr? (×)
   (vii) Mae annwyd arni hi. (×)
   (viii) Does dim dyled arnyn nhw. (×)
   (ix) Est ti i'r orsaf? (✓)
   (x) Mae hi wedi rhewi heno. (✓)

h) You have already seen that if the subject of a verb is a plural noun then the verb will be the 3rd person singular (**L4, N4c**), e.g.
   Mae'r plant allan. *But:* Maen nhw allan.
   Ydy'r bechgyn yma heddiw? *But:* Ydyn nhw yma heddiw?
   Aeth y menywod i'r dref. *But:* Aethon nhw i'r dref.

5 Amrywiol

â (*a.m.*)	— as	gyda (*a.m.*)	— with, in the company of
am (*s.m.*)	— for (time)		
am faint o (*s.m.*)	— for how much	gyda chi	— with you
anffodus	— unfortunate	hael	— generous
dros y môr	— overseas	i fyny	— up
ein . . . (ni)	— our	(y) llynedd	— last year
eleni	— this year	siŵr o fod	— surely, sure to be
ers tipyn	— for a while		
eu . . . (nhw)	— their	wrth ochr	— by the side of
felly	— so	ychydig o (*s.m.*)	— a little, a few
gormod o (*s.m.*)	— too much / too many	yn hen bryd i (*s.m.*)	— high time for
		yr un	— the same

Note that *llynedd* can be preceded by *y*, although in spoken Welsh it is very often omitted.

6 Am : For

a) *Am* has many meanings in Welsh. So far, you have seen that *am* can convey *at* when it's linked with specific times. (**L8, N5** and **N6e**). When it's linked with lengths of time it means *for*, and as always is followed by a soft mutation, e.g.

am bythefnos	— for a fortnight
am wythnos	— for a week
am funud	— for a minute
am awr	— for an hour
am amser hir	— for a long time
am amser byr	— for a short time
am faint o amser?	— for how much time? (i.e. for how long?)

b) Place the above examples in sentences in conjunction with the past tense of *mynd : to go*, e.g. Fe aethon ni i Wlad Belg am bythefnos.

7 Ein ... ni : Our and Eu ... nhw : Their

a) *Ein* and *Eu* are not followed by a mutation, as such. However, if the word following *ein* and *eu* begins with a vowel that particular word will attach the letter *h* to the start of the word. e.g. ein *h*adeiladau : our buildings, eu *h*esgidiau : their shoes. cf. ei hysgol — her school.

The supporting pronouns *ni* and *nhw* have the same function as *hi* and *chi* (**L9, N6d**).

Ei, ein, eich, and eu (the pronouns that we've done so far) can shorten to *'i, 'n, 'ch,* and *'u,* after *'da / gyda,* â (as) *a, i,* and *o,* e.g.
gyda'i phlant, â'i gŵr, a'n llyfrau, i'ch gwaith; o'u tŷ. If the preceding word is *i* : to, then it affects 2 pronouns in particular, namely, *ei* and *eu* which change to *i'w* : *to her* or *to their*. No confusion need arise since the supporting pronouns *hi* and *nhw*, besides the aspirate mutation that might follow *ei*, will distinguish whether it's *ei* or *eu*, e.g.
Fe es i i'w thŷ hi.   — I went to her house.
Fe es i i'w tŷ nhw.   — I went to their house.

b) Fill in the blanks with the appropriate personal pronoun and with the correct form of the noun (if one is given).
   (i) Ydych chi'n adnabod ____ _____ hi? (plentyn)
   (ii) Dydyn nhw ddim eisiau newid ____ _____. (ystafelloedd)
   (iii) Doeddwn i ddim yn gwybod am _____ llyfr chi.
   (iv) Fe es i i'____ _____ hi neithiwr. (tŷ)
   (v) Fe arhoson ni gyda' _____ plant ni y llynedd.
   (vi) Aethon nhw i'____ _____? (ysgolion)
   (vii) Oedd ____ _____ goch hi'n frwnt? (cot)
   (viii) Roedd _____ trên ni'n hwyr ddoe.

8 Gormod o : Too much, Too many

a) To convey *too much* or *too many* we use the pattern : gormod + o. The word following *o* is a noun which has undergone a soft mutation. More often than not, however, the noun is plural. Here are some examples:
gormod o blant : too many children
gormod o lyfrau : too many books
gormod o wres : too much heat
gormod o arian : too much money
gormod o waith : too much work

One could use the pattern like this:
Mae hi'n ormod o ardd i fi. — It's too much of a garden for me.

b) Look at the illustrations and ask:
'Oes gormod o _____ 'da ti?'

i　　　　　　ii　　　　　　iii　　　　　　iv

v　　　　　　vi　　　　　　vii　　　　　　viii

9 Ychydig o : A little / a few

a) A plural noun which has undergone a soft mutation follows *ychydig o* when one wants to express : *a few*, e.g.
ychydig o fechgyn　　— a few boys
ychydig o dai　　　　— a few houses
ychydig o gapeli　　　— a few chapels

As with *too much* (**N8a**), to express *a little* the noun used has no plural form, e.g.
ychydig o arian　　　— a little money
ychydig o amser　　　— a little time
ychydig o bellter　　　— a little distance

b) Use the pattern *ychydig o* in the following sentences, e.g.
Oes amser 'da chi? — Oes ychydig o amser 'da chi?
　(i)　Mae gwres arnaf i.
　(ii)　Rydw i'n hoffi glas ar y waliau.
　(iii)　Oes llongau yn y porthladd?
　(iv)　Mae papurau 'n dod i'n tŷ ni bob dydd.
　(v)　Oedd tafarnau yno?
　(vi)　Aeth ceir ar hyd yr heol.
　(vii)　Roedd rhaid iddi hi gymryd moddion bob bore.
　(viii)　Pwy oedd y plant ar y cae?
　(ix)　Oes pethau 'da chi yn y cwpwrdd?
　(x)　Roedd hi eisiau newid yn y banc.

10 Yr un _____ : the same _____

a) By placing a noun after *yr un* we can express: the same, e.g.
yr un pryd : the same time (i.e. simultaneous)
yr un ysgol : the same school
yr un ffilmiau : the same films.

The noun can be either singular or plural. Note that a feminine singular noun undergoes a soft mutation after *un* e.g.
yr un ferch : the same girl
un ferch : one girl

b) Link the following words with the pattern *yr un : the same* and place them in sentences, e.g.
amser — Rydyn ni'n mynd i'r gwaith yr un amser bob dydd.
(i) menyw (ii) trên (iii) llyfrgell (iv) coleg (v) ffordd (vi) meddyg (vii) dydd (viii) lle (ix) banc (x) awyren

11 Yn (hen) bryd i : (High) time to

a) We have already had one idiom based on *i*, that of: mae rhaid i fi, etc. (**L7, N10a**). *Yn hen bryd i* is another expression based on *i*. However, note the full form: Mae *hi'n* hen bryd i fi + verb-noun undergoing a soft mutation. We could also say: Mae'n hen bryd i . . . with *hi* being understood.

Another important variation is omitting the word *hen*, which conveys the *'high'* element in English. When this occurs it means: It's time . . . Such a variation is particularly applied in the negative and question forms of this pattern, which, by the way, are different from the *rhaid* construction, e.g.
Mae'n hen bryd i fi fynd. — It's high time for me to go.
Ydy hi'n bryd iddo fe godi? — Is it time for him to get up?
Dydy hi ddim yn bryd iddyn — It isn't time for them
nhw wneud yr ardd eto. to do the garden yet.

b) Use the pattern *yn hen bryd i* or *yn bryd i* (in the negative and question forms) according to the pattern of this example:
Roedden nhw'n codi. — Roedd hi'n hen bryd iddyn nhw godi.
 (i) Rydyn ni'n cerdded i'r ysgol.
 (ii) Maen nhw'n gwybod y gwaith.
 (iii) Ydych chi'n dysgu'r gwaith?
 (iv) Dydy Mair ddim yn gwneud te eto.
 (v) Roedd y bechgyn yn glanhau'r ystafell.
 (vi) Mae John yn trwsio'r drws.
 (vii) Doedden nhw ddim yn dod.
 (viii) Ydy e'n paentio'r tŷ?
 (ix) Rydw i'n prynu car newydd.
 (x) Roeddet ti'n gwerthu'r hen gar 'na.

12 Say in Welsh:

   (i)   The path by the house needed repairing.
   (ii)   We went on our holiday to Italy for a fortnight.
   (iii) *England* is next door to Wales. (emphasise)
   (iv)   No, they didn't go on the continent this year.
   (v)   I walked up Snowdon last year.
   (vi)   I'm sorry, I don't know the man at all.
   (vii) When did you (*fam.*) come in last night?
   (viii) We stayed there with our children for a week.
   (ix)   Do you (*pl.*) know where their house is, then?
   (x)   There's too much heat in this room for me.
   (xi)   May I have a few biscuits, please?
   (xii) She doesn't like the same films as her husband.
   (xiii) It was high time for them to paint the hospital.
   (xiv) Are there a number of women working in the hospital?
   (xv)   For how long did you (*fam.*) go to Belgium?

13 a) Using the past tense of *mynd*, ask your partner as many questions as you can, relating to specific times in the past, e.g. y bore 'ma, neithiwr, ddoe, y llynedd. Remember such question forms as: Ble? Sut? Pryd? Am faint o amser?

   b) You can tell your partner where you went at specific times, e.g.
   Fe es i i'r sinema neithiwr am hanner awr wedi saith.
   Fe es i Ogledd Cymru eleni am wythnos.

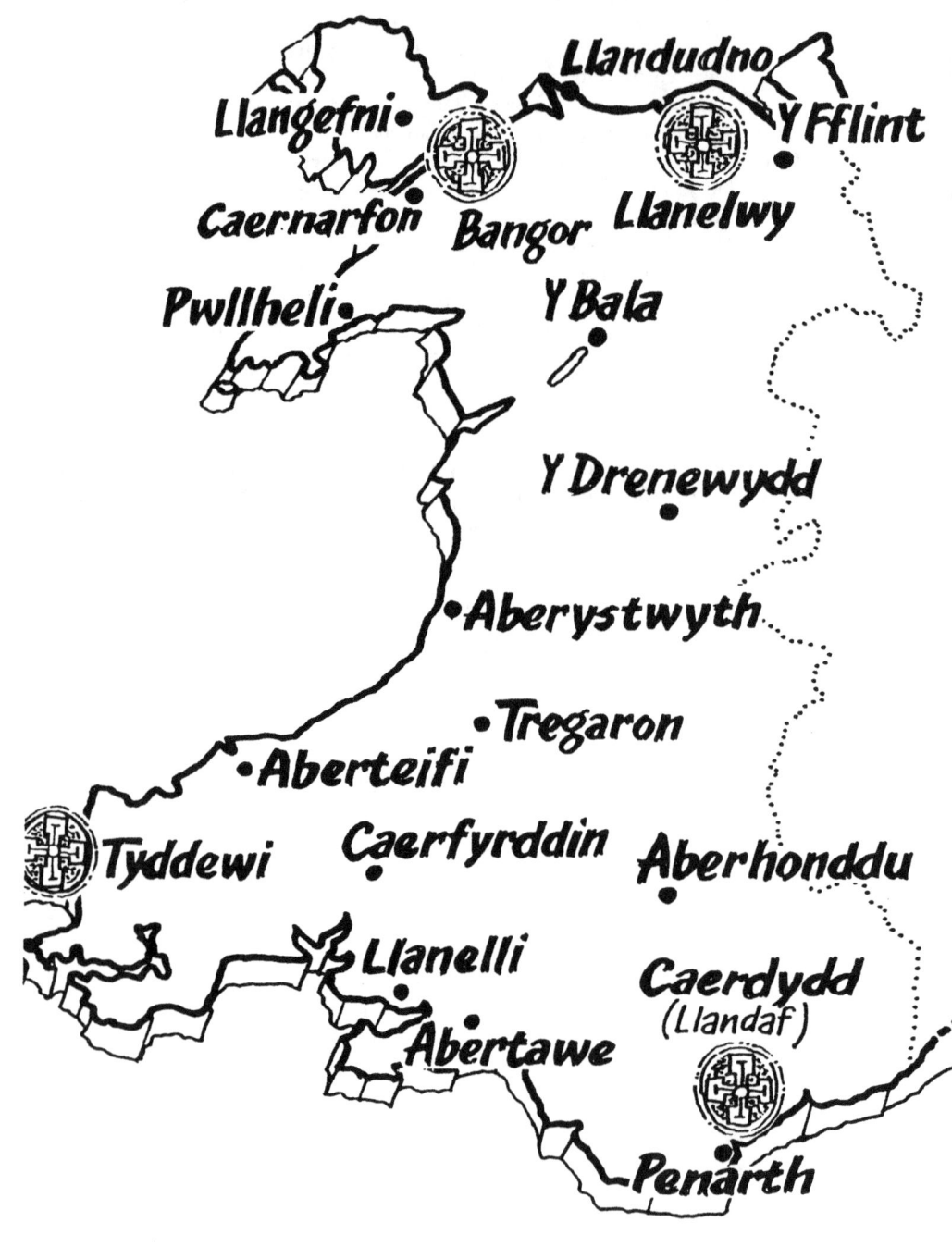

Gwers 11 Dewi Sant : St. David

Gwrandewch

Mae pedair eglwys gadeiriol yng Nghymru. Ydych chi wedi bod ynddyn nhw i gyd? Maen nhw'n hardd ac yn hen iawn, on'd ydyn nhw? Mae eglwys gadeiriol yn Llandaf yn y de-ddwyrain; mae un yn Llanelwy yn y gogledd-ddwyrain; mae un ym Mangor yn y gogledd-orllewin ac un yn Nhyddewi yn y de-orllewin.

Ydych chi wedi bod yn Nhyddewi? Rydyn ni'n cysylltu'r eglwys gadeiriol yno â Dewi Sant. Fe ydy nawddsant Cymru ac mae llawer iawn o storïau wedi tyfu am y sant.

Yn ôl y storïau yma Sant, brenin Ceredigion, oedd ei dad e, a Non oedd ei fam e. Fe aeth Dewi i'r ysgol yn Henfynyw, ger Aberaeron, a'i athro yno oedd Paulinus. Roedd Dewi'n byw yng Nglyn Rhosyn lle mae eglwys gadeiriol Tyddewi yn sefyll heddiw. Fe deithiodd Dewi lawer, a phregethu ymhob lle ac mae nifer o eglwysi yn dwyn enw Dewi yn Ne Cymru, Llydaw, Cernyw a De-Orllewin Lloegr.

Mae un stori enwog am Dewi'n gysylltiedig â phentref bach o'r enw Llanddewibrefi. Yn Nyfed mae Llanddewibrefi yn agos i Dregaron. Un tro fe aeth Dewi Sant yno i bregethu mewn cyfarfod pwysig. Roedd llawer iawn o bobl yn y cyfarfod a doedd y dyrfa fawr ddim yn gallu gweld na chlywed Dewi pan ddechreuodd e bregethu. Yn ôl y stori, fe ddododd Dewi hances ar y llawr ac fe safodd e ar yr hances. Yna fe gododd y ddaear dan ei draed ac roedd pawb yn gallu gweld a chlywed Dewi'n pregethu. Ar y bryn 'na heddiw mae eglwys Llanddewibrefi yn sefyll.

Yn ôl traddodiad bu farw Dewi Sant ar y cyntaf o Fawrth yn y flwyddyn 588 ac rydyn ni'n dal i alw'r cyntaf o Fawrth bob blwyddyn yn Ddydd Gŵyl Ddewi.

There are four cathedrals in Wales. Have you been in all of them? They are very beautiful and old, aren't they? There is a cathedral in Llandaf in the south-east; there's one in St. Asaph in the north-east; there's one in Bangor in the north-west and there's one in St. David's in the south-west.

Have you been in St. David's? We associate the cathedral there with St. David. He is the patron saint of Wales and very many stories have grown up about the saint.

According to these stories his father was Sant, the king of Ceredigion, and his mother was Non. Dewi went to school in Henfynyw, near Aberaeron, and his teacher there was Paulinus. David lived in Glyn Rhosyn where St. David's cathedral stands today. David travelled a lot and preached in every place and there are a number of churches bearing David's name in South Wales, Brittany, Cornwall and South-West England.

There is one famous story about David associated with a small village called Llanddewibrefi. Llanddewibrefi is in Dyfed near Tregaron. Once St. David went there to preach in an important meeting. There were very many people in the meeting and the large crowd couldn't see or hear David when he started to preach. According to the story, David placed a handkerchief on the floor and he stood on the handkerchief. Then, the earth rose under his feet and everyone could see and hear David preach. On that hill today stands the church of Llanddewibrefi.

According to tradition St. David died on the first of March in the year 588 and we continue to call the first of March every year St. David's Day.

1 Enwau

a)
athro (athrawon) (*m*)	— teacher
blwyddyn (blynyddoedd) (*f*)	— year
brenin (brenhinoedd) (*m*)	— king
bryn-iau (*m*)	— hill
cyfarfod-ydd (*m*)	— meeting
daear (*f*)	— ground, earth
dydd Gŵyl Ddewi (*m*)	— Saint David's day
eglwys gadeiriol (*f*)	— cathedral
enw-au (*m*)	— name
hances-i (*f*)	— handkerchief
llawr (lloriau) (*m*)	— floor
mam-au (*f*)	— mother
(mis) Mawrth (*m*)	— (the month of) March
nawddsant (*m*)	— patron saint
pawb (*m*)	— every one
pobl (*f*)	— people
sant (seintiau) (*m*)	— saint
stori (storïau) (*f*)	— story
tad-au (*m*)	— father
traddodiad-au (*m*)	— tradition
troed (traed) (*f*)	— foot
tyrfa-oedd (*f*)	— crowd

b) Note that *pobl* is a feminine singular noun and so we say: *y bobl* : the people, and *pobl dda* : good people.

c) Link the listed words with either statement: 'Dydw i ddim yn gwybod (y).' *or* 'Dydw i ddim yn adnabod (y).':
(i) blwyddyn   (ii) mam   (iii) pawb   (iv) pobl   (v) amser

2 Directions

a)

Directions are masculine and so we say: y de, y gogledd, etc.

b) Look at the map of Wales and locate the following places by saying, for example: Mae Pwllheli yn y gogledd-orllewin.
(i) Caerdydd   (ii) Llandudno   (iii) Y Fflint   (iv) Llangefni   (v) Abertawe
(vi) Tyddewi   (vii) Penarth   (viii) Llanelli   (ix) Bangor   (x) Aberystwyth

3 Y gwledydd Celtaidd : The Celtic countries

Llydaw	—	Brittany	Ynys Manaw	—	Isle of Man
Cernyw	—	Cornwall	Yr Alban	—	Scotland
Iwerddon	—	Ireland			

4 Berfenwau a berfau

a)
bu farw...	—	... died
clywed	—	to hear
codi	—	to rise, to lift
cysylltu â	—	to associate with
dal i (*s.m.*)	—	to continue to
dechrau	—	to start
dwyn	—	to bear (*also*, to steal)
pregethu	—	to preach
sefyll	—	to stand
teithio	—	to travel

b) Note how we say: *bu farw* or *fe fu farw* to convey . . . *died*, e.g.
Bu farw David Lloyd George yn 1945. — David Lloyd George died in 1945.
Fe fu farw William Shakespeare yn 1616. — William Shakespeare died in 1616.

Incidentally, 1606 in Welsh is: mil (a thousand) chwech dim chwech.

c) Use the pattern in (**b**) to record when the following people died:
(i) Jane Austen 1817 (ii) Beethoven 1827 (iii) Winston Churchill 1965
(iv) Daniel Owen 1895 (v) Elvis Presley 1977 (vi) Inigo Jones 1652 (vii) Samuel Johnson 1784 (viii) Leonardo da Vinci 1519 (ix) R. Williams-Parry 1956

d) Note the stem of:
clywed	— clyw—	e.g. clywch : listen
dal	— dali—	e.g. daliwch i : continue to
dechrau	— dechreu—	e.g. dechreuwch : start
sefyll	— sef—	e.g. sefwch : stand

e) In Welsh, one method of expressing that a person is *still* doing something, or *continuing* to do something is to use *dal i* followed by a verb-noun, e.g.
Ydych chi'n dal i fyw ym Mangor? — Do you still live in Bangor?
Mae hi'n dal i fod yn dost. — She continues to be ill.

As you know, *i* is followed by a soft mutation.

f) Change the following sentences according to the pattern of the example:
Ydych chi'n byw ym Mangor? — Ydych chi'n dal i fyw ym Mangor?
   (i) Rydw i'n dysgu Cymraeg.
  (ii) Roedd e'n gweithio yn y dref.
 (iii) Ydy hi'n sefyll wrth y drws?
  (iv) Ydych chi'n cerdded i'r gwaith bob bore?
   (v) Dydyn nhw ddim yn byw yno.
  (vi) Roedden nhw'n paentio'r tŷ.
 (vii) Wyt ti'n rhedeg bob nos?
(viii) Mae Mair yn glanhau'r tŷ.
  (ix) Oeddech chi'n galw?
   (x) Ydy e'n newid y car bob blwyddyn?

5 How to say: he heard, she started, it changed, etc.

a) You know how to say: he went — fe aeth e. *Mynd : to go* is an irregular verb-noun, and its various verb forms do not follow a particular pattern. Nevertheless, most verb-nouns in Welsh are regular and their tenses and persons are formed in a regular pattern, e.g. To say that he, Gwyn, she, Mair, it, DID something or other, the ending —*odd* is added to the stem of the verb-noun, e.g.
clywed : clywodd e : he heard
dechrau : dechreuodd Gwyn : Gwyn started
sefyll : safodd hi : she stood
gweld : gwelodd Mari : Mari saw
dal i : daliodd hi i fwrw : it continued to rain

In spoken Welsh the word *fe* has a tendency to precede the verb itself and this *fe* causes a soft mutation, e.g. fe glywodd e; fe ddechreuodd Gwyn; fe welodd Mari; fe ddaliodd hi i fwrw. The word *fe* is not absolutely essential, but it is a feature of spoken Welsh and it denotes an affirmative statement.

b) Give the Welsh for the following and complete the sentence:
(i) he searched / looked for   (ii) John changed   (iii) she painted   (iv) the man painted   (v) the girl tidied up   (vi) the boys arranged   (vii) he waited   (viii) Gwyn arrived   (ix) Mair slept   (x) it got cold

c) Change the following sentences into the past tense form, according to the pattern of the example:
Mae hi'n cysgu'n dda heno. : Fe gysgodd hi'n dda neithiwr.
   (i) Mae Mair yn dawnsio heno.
  (ii) Mae Alun yn dringo'r mynydd heno.
 (iii) Mae'r plant yn eistedd wrth y tân heno.
 (iv) Mae hi'n glanhau'r lolfa heno.
  (v) Mae'r bechgyn yn golchi'r car heno.
 (vi) Mae'r plentyn yn gwrando ar y radio heno.
 (vii) Mae'r fenyw'n paratoi'r bwyd heno.
(viii) Mae'r dynion yn ymweld â'r lle heno.
 (ix) Mae'r merched yn darllen y llyfr heno.
  (x) Mae e'n meddwl am y peth heno.

6 The direct object of a verb

a) In a sentence like: Fe brynodd e gar. : He bought a car. *Car* is the *object* that is referred to, and it follows the verb *fe brynodd e* directly. In Welsh, the direct object of a verb undergoes a soft mutation (cf. **L7, N9a**), e.g.
Fe ddechreuodd Dewi *b*regethu. : Dewi started preaching.
Fe deithiodd e *l*awer. : He travelled a lot.
Fe ddododd y ferch *f*isgedi ar y bwrdd. — The girl placed biscuits on the table.

In the above sentences *Dewi, e,* and *y ferch*, are the people who do the actions, and such a person is known as the *subject* of a verb.

Note again: Fe ddododd y ferch y bisgedi ar y bwrdd. *Bisgedi* has not mutated because it does *not* follow the verb (*fe ddododd*) or the subject (*y ferch*) directly. The word *y : the* has separated them (i.e. the direct object is definite).

b) Form sentences from the following words according to the pattern of this example:
clywed / Mair / plentyn — Fe glywodd Mair blentyn.
  (i)   yfed / Gwen / coffi.
  (ii)   gwisgo / fe / tei.
  (iii) cymryd / y bechgyn / bisgedi.
  (iv)   estyn / hi / cwpan.
  (v)   benthyca / Alun / dwy bunt.
  (vi)   cerdded / y plant / milltir.
  (vii) prynu / y fam / y dillad.
  (viii) dysgu / y plentyn / darllen.
  (ix)   dechrau / hi / meddwl.
  (x)   bwyta / ei thad / y bwyd.

7 Amrywiol

am (*s.m.*)	— about	lle	— where
cyntaf	— first	mewn	— in a
cysylltiedig â (*a.m.*)	— associated with	na (*a.m.*)	— nor
ei (*s.m.*) ... e / fe	— his	on'd ydyn nhw?	— aren't they?
enwog	— famous	pwysig	— important
fe	— he	pan (*s.m.*)	— when
ger	— by	yn ôl	— according to
llawer	— many, a lot	ynddyn nhw	— in them

8 Ei : His

a) We have already seen *ei : her*, which is followed by an aspirate mutation (**L9, N6d**). *Ei* meaning *his* is followed by a soft mutation and the supporting pronoun is *fe* (after a vowel) or *e* (after a consonant), e.g.
ei bethau fe : his things
ei wraig e: his wife

Ei : his shortens to *'i* and *'w*, like *ei : her* (**L10, N7a**).

b) Look at the following figure and say, for example:
(i) Mae ei ben e'n dost. — His head is aching.

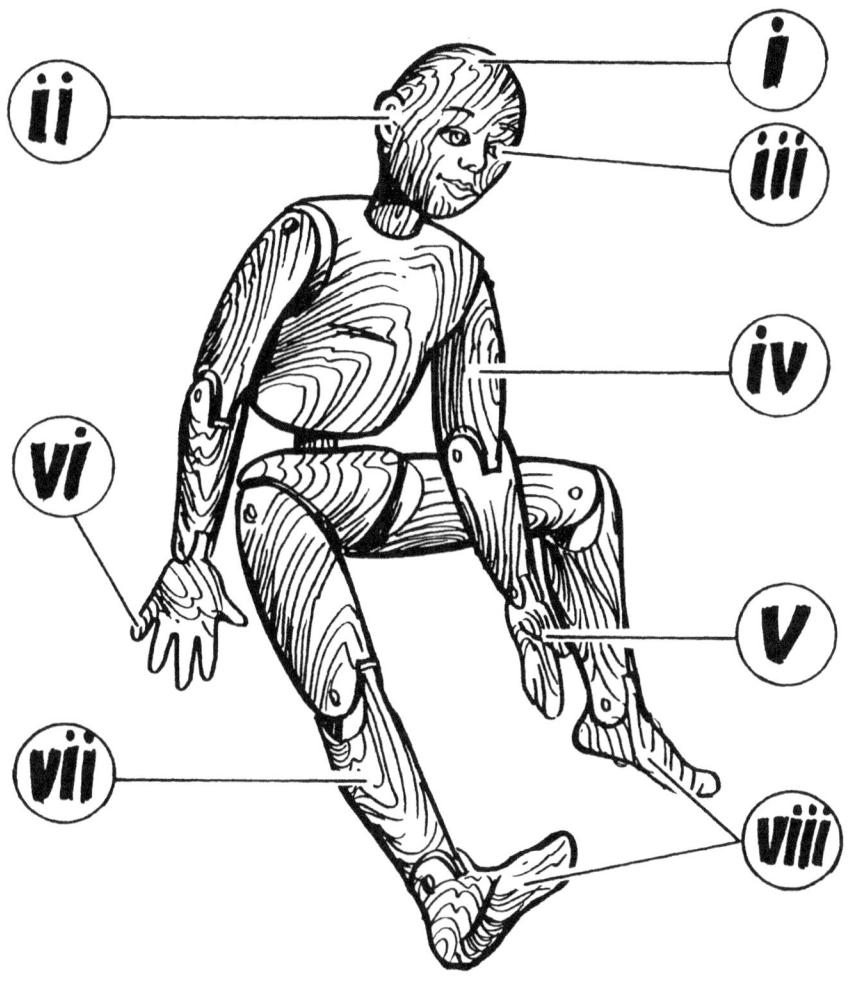

9 Fe ydy / Fe oedd, etc.

a) We have already seen how a sentence in Welsh can change in order to convey emphasis (**L9, N2a**), e.g. *Gareth* ydw i. — I'm *Gareth*. We might want to emphasise the word *he*, so we say:

Fe ydy Gareth.   — *He's* Gareth.
Fe ydy nawddsant Cymru. — *He's* the patron saint of Wales.

The various pronouns are: fi, ti, fe, hi, ni, chi, nhw, e.g.
Fi ydy'r fam.   — *I'm* the mother.
Ti oedd wrth y drws? — Was it *you* by the door?
Hi ydy'r meddyg.   — *She* is the doctor.
Chi ydy'r meddyg? — Are *you* the doctor?
Nhw oedd yn darllen? — Was it *them* reading?

Note that the emphatic verb is always in the third person (*ydy, oedd*) when pronouns are emphasised.

b) Change the following sentences so that the pronoun is emphasised, according to the pattern of this example:
John ydw i. (fi) — Fi ydy John.
   (i) Gwerthwr tai ydw i. (fi)
  (ii) Ei fam e ydy hi. (hi)
 (iii) Roedden nhw wrth y drws. (nhw)
 (iv) Roeddech chi'n dost. (chi)
  (v) Fe aeth e i'r ardd. (fe)
 (vi) Oeddet ti'n darllen? (ti)
(vii) Ydych chi ar y teledu? (chi)
(viii) Oedd hi'n gwneud bwyd? (hi)
 (ix) Y brenin oedd e. (fe)
  (x) Rwyt ti wrth y drws. (ti)

10 Lle : Where

a) We have seen *ble* being used to ask: *where? Lle* is used to link parts of a sentence, e.g.
Rydw i'n gwybod lle rydych chi'n byw. Dydy hi ddim yn cofio lle clywodd hi'r stori.

In the above example note that *clywodd* is not preceded by *fe* after *lle*.

b) Complete the following after: Dydw i ddim yn gwybod lle . . . according to the pattern of this example:
Dydw i ddim yn gwybod lle . . . golchi . . . — Dydw i ddim yn gwybod lle *golchodd e* ei ddillad.
(i) prynu (ii) gweld (iii) dysgu (iv) cysgu (v) eistedd (vi) mynd (vii) gwersylla (viii) newid (ix) bwyta (x) gwerthu

11 Yn ôl : According to

You should note that *yn ôl* is *not* followed by *i* to convey the *to* which occurs in English, e.g.

yn ôl y bachgen	—	according to the boy
yn ôl ei fam	—	according to his mother
yn ôl ei meddyg hi	—	according to her doctor
yn ôl Mr. Jones	—	according to Mr. Jones
yn ôl hwn	—	according to this
yn ôl y llyfr 'ma	—	according to this book

12 Possession

a) Look at the following examples:

nawddsant Cymru	—	the patron saint of Wales
brenin Ceredigion	—	the king of Ceredigion
enw Dewi	—	the name of Dewi (Dewi's name)
eglwys Llanddewibrefi	—	the church of Llanddewibrefi

You will note that the thing possessed comes first, followed by the possessor. Unlike English, we don't use *the* or *of*.

But if the possessor is definite then we use the definite article (*the*) like this:

the boy's coat	—	cot y bachgen
the girl's dress	—	cot y ferch
the woman's husband	—	gŵr y fenyw
the child's toys	—	teganau'r plentyn
BUT		
a woman's clothes	—	dillad menyw
a man's tie	—	tei dyn

b) Change the following sentences according to the pattern of this example:
Oes siop yn y pentref? — Ble mae siop y pentref?
- (i) Oes bwrdd yn y gegin?
- (ii) Oes brenin yn y wlad?
- (iii) Oes dillad 'da'r ferch?
- (iv) Oes car 'da Mr. Jones?
- (v) Oes tad 'da'r plentyn?
- (vi) Oes enw 'da'r tŷ?
- (vii) Oes llyfrau 'da'r plant?
- (viii) Oes ysbyty yn y dref?
- (ix) Oes arian 'da Mr. a Mrs. Jones?
- (x) Oes awyren 'da John?

13 Pan (s.m.) : When

a) *Pryd?* asks *when?* The word to use to convey *when* as a linking word is *pan* and it's followed by a soft mutation. *Pan* should not be followed by the word *fe*, e.g.
Roedd John yn y gwely pan oedd e'n dost. — John was in bed when he was ill.
Pan welodd John fi roeddwn i yn y gwely. — When John saw me I was in bed.
Roeddwn i yn y gwely pan oedd ffliw arnaf i. — I was in bed when I had influenza.

You will note that *pan* (i) can be used at the beginning or in the middle of the sentence, and (ii) its followed by *oedd, ydw,* etc. (and not *r*oedd, *r*ydw, etc.).

b) Change the given verb-noun into an —*odd e* verb and complete each sentence after: Roeddwn i yno, e.g.
clywed — Roeddwn i yno pan glywodd e'r ffôn.
(i) paentio (ii) dringo (iii) rhifo (iv) trefnu (v) trwsio (vi) cyrraedd (vii) bwyta (viii) golchi (ix) benthyca (x) meddwl

14 Mynd i bregethu, etc.

a) You've already seen that a verb-noun can follow another verb-noun directly in Welsh without using *i* or *yn* to link them (**L3, N3c**). *Mynd* and all the verb forms that derive from it (like, *fe es i, fe aeth e*, etc.) need the preposition *i* to link them to the following verb-noun, e.g.
Rydw i'n mynd i gysgu nawr. — I'm going to sleep now.
Fe es i i eistedd yn y lolfa. — I went to sit in the lounge.
Fe aeth Dewi yno i bregethu. — Dewi went there to preach.

You will remember about the soft mutation after *i*, of course.

b) Link the given verb-noun to *i* and complete the sentence, e.g.
Rydw i'n mynd i (prynu) _____. Rydw i'n mynd i brynu dillad newydd.
 (i) Es i ddim i (gweld) _____.
 (ii) Fe aethon nhw i (dechrau) _____.
 (iii) Dydy e ddim yn mynd i (teithio) _____.
 (iv) Ydych chi'n mynd i (cyrraedd) _____?
 (v) Aethon ni i (dringo) _____.
 (vi) Mae hi'n mynd i (golchi) _____.
 (vii) Ydy'r plant yn mynd i (paratoi) _____?
 (viii) Aethon nhw ddim i (gwrando ar) _____.
 (ix) Wyt ti'n mynd i (trefnu) _____?
 (x) Dydyn ni ddim yn mynd i (bwyta) _____.

15 Dywedwch yn Gymraeg:

(i) Do the people of the country know of their traditions?
(ii) I haven't been in the south-west at all.
(iii) When did the woman die?
(iv) The king died in 1952.
(v) She continued to go to her work.
(vi) He thought about the game.
(vii) Her husband travelled a lot last year.
(viii) Have you (*fam.*) seen his new car?
(ix) *He's* the owner. (*emphasise*)
(x) They didn't know where I lived (= I was living).
(xi) I don't know where he bought his clothes.
(xii) Was it *you* (*pl.*) on television last night? (*emphasise*)
(xiii) According to his doctor, the child was very ill.
(xiv) I was listening to the radio when Dafydd called.
(xv) The people didn't go to town to see the film afterwards.

16 Atebwch y cwestiynau 'ma : Answer these questions:

(i) Sawl eglwys gadeiriol sy yng Nghymru?
(ii) Ydych chi wedi bod yn yr eglwysi cadeiriol i gyd?
(iii) Ydy eglwys gadeiriol Llanelwy yn y de-orllewin?
(iv) Oes eglwys gadeiriol yn y gogledd-orllewin?
(v) Pwy ydy Dewi Sant?
(vi) Beth oedd Sant, ei dad?
(vii) Aeth Dewi i'r ysgol yn Llanelli?
(viii) Pwy oedd ei athro?
(ix) Ble mae'r eglwys gadeiriol yn Nhyddewi?
(x) Beth oedd yn Llanddewibrefi pan aeth Dewi yno?
(xi) Oedd y bobl yn Llanddewibrefi yn gallu gweld Dewi'n pregethu?
(xii) Sut roedd pawb yn gallu gweld Dewi yn y cyfarfod?
(xiii) Beth sy ar y bryn 'na heddiw?
(xiv) Pryd bu farw Dewi Sant?
(xv) Ydych chi'n mynd i ginio Gŵyl Ddewi bob blwyddyn?

Gwers 12   Siarad am y gorffennol eto : Talking about the past again

Gwrandewch

Dihangodd tri phlentyn yn ddianaf o dân yn eu cartref yng Ngorllewin Cymru yn hwyr neithiwr. Mae eu mam yn yr ysbyty yn dioddef o losgiadau. Dyma adroddiad ein gohebydd yn y Gorllewin, John Puw:

Neithiwr, tua deg o'r gloch, roedd dau ddyn ar eu ffordd adref o ffatri leol pan welon nhw fwg yn dod o dŷ teras yn Heol yr Orsaf, Llanaber. Fe siaradais i ag un o'r dynion, Mr. Alun Roberts, ac fe ofynnais i iddo fe:
—Beth ddigwyddodd yn hollol?—
'Roedd Elwyn a minnau ar y ffordd adref o'r gwaith pan welon ni fwg yn dod o'r tŷ.'
—Beth wnaethoch chi?—
'Fe redodd Elwyn i dŷ gerllaw a ffonio'r frigâd dân. Roeddwn i'n gallu clywed plant wrth y drws yn sgrechian ac yn peswch. Felly, fe dorrais i'r drws ffrynt i lawr er mwyn mynd i mewn.'
—A sut roedden nhw?—
'Roedd y tri'n peswch yn ofnadwy ac roedd ofn ofnadwy arnyn nhw, wrth gwrs.'
—Oedd eu mam gyda nhw?—
'Nac oedd. Fe ddywedodd y plant fod eu mam lan llofft.'
—Aethoch chi lan llofft?—
'Naddo. Yn anffodus, roedd y mwg yn rhy drwchus i fi a doeddwn i ddim yn gallu gweld dim o gwbl. Yn anffodus, roedd rhaid i fi roi'r gorau iddi hi.'

Fe gyrhaeddodd y frigâd dân yn fuan wedyn ac fe ffeindiodd y diffoddwyr tân y fam yn anymwybodol lan llofft. Fe ddywedodd llefarydd ar ran yr ysbyty'n ddiweddarach fod Mrs. Gwen Lewis yn dioddef o sioc a mân losgiadau ond bod ei chyflwr yn gyffordus.

Fe dreuliodd y plant y nos yn nhŷ eu mam-gu sy'n byw gerllaw. Gyrrwr lori ydy tad y plant a doedd e ddim gartref pan ddigwyddodd y tân.

Fe achosodd y tân lawer o ddifrod lan llofft a dywedodd llefarydd ar ran y gwasanaeth tân fod y tân wedi dechrau mewn ystafell wely, ond hyd yn hyn doedden nhw ddim yn gwybod yr achos.

Three children escaped uninjured from a fire in their home in North Wales late last night. Their mother is in hospital suffering from burns. Here's the report of our correspondent in the North, John Puw:

Last night, about ten o'clock, two men were on their way home from a local factory when they saw smoke coming from a terraced house in Station Road, Llanaber. I spoke to one of the men, Mr. Alun Roberts, and I asked him:
—What happened exactly?—
'Elwyn and I were on the way home from work when we saw smoke coming from the house.'
—What did you do?—
'Elwyn ran to a house nearby and telephoned the fire brigade. I could hear children by the door screaming and coughing. So I tore the front door down in order to go in.'
—And how were they?—
'The three were coughing terribly and they were terribly frightened, of course.'
—Was their mother with them?—
'No. The children said that their mother was upstairs.'
—Did you go upstairs?—
'No unfortunately, the smoke was too thick for me and I couldn't see anything at all. Unfortunately, I had to give up.'

The fire brigade arrived soon afterwards and the firemen found the mother unconscious upstairs. A spokesman on behalf of the hospital said later that Mrs. Gwen Lewis was suffering from shock and minor burns but that her condition is comfortable.

The children spent the night in the house of their grandmother who lives nearby. The children's father is a lorry driver and he was away from home when the fire occurred.

The fire caused a lot of damage upstairs and a spokesman on behalf of the fire service said that the fire had started in a bedroom, but up till now they didn't know the cause.

1 **Enwau**

a)
achos-ion (*m*)	—	cause
adroddiad-au (*m*)	—	report
brigâd dân (*f*)	—	fire brigade
cartref-i (*m*)	—	home
difrod (*m*)	—	damage
diffoddwr (diffoddwyr) tân (*m*)	—	fireman
dim (*m*)	—	nothing
dyn-ion (*m*)	—	man
ffatri (ffatrïoedd) (*f*)	—	factory
ffordd (ffyrdd) (*f*)	—	way
gohebydd-ion (*m*)	—	reporter, correspondent
gwasanaeth-au (*m*)	—	service
gyrrwr (gyrwyr) (*m*)	—	driver
llefarydd (llefarwyr) (*m*)	—	spokesman
llosgiad-au (*m* / *f*)	—	burn
mam-gu (*f*)	—	grandmother
mwg (*m*)	—	smoke
ofn-au (*m*)	—	fear
sioc (*f*)	—	shock

b) In **L11, N12a** we referred to the way we convey possession, like: bag merch — a girl's bag, bag y ferch — the girl's bag. Note the following, as used in the passage:

adroddiad ein gohebydd	—	the report of our correspondent
tŷ eu mamgu	—	their grandmother's house
tad y plant	—	the children's father
achos y tân	—	the cause of the fire

c) Change the following sentences so that you will use the pattern of **L11, N12a**, e.g.
Sut roedd ei gyflwr e?   —   Sut roedd cyflwr *y dyn*?
Ble mae ei chartref hi?   —   Ble mae cartref *y fenyw*?

   (i) Dydw i ddim wedi darllen ei adroddiad e.
   (ii) Ble mae ei gartref e?
   (iii) Beth ydy ei chyflwr hi?
   (iv) Doedd e ddim yn hoffi ei ffordd hi.
   (v) Roedd ei losgiadau e'n ddrwg.
   (vi) Dydw i ddim yn adnabod ei thad hi.
   (vii) Ydy ei wres e'n uchel?
   (viii) Pa mor hen ydy ei mam hi?
   (ix) Roedd ei draed e'n dost.
   (x) Ydy ei gwallt hi'n hir?

2 Berfenwau

a)

achosi	—	to cause	ffonio	—	to telephone
cyrraedd	—	to arrive	gofyn i	—	to ask ...
dianc	—	to escape	rhoi'r gorau i	—	to give up
digwydd	—	to happen, to occur	sgrechian	—	to scream
dioddef	—	to suffer	torri	—	to break, to tear
dweud	—	to say	treulio	—	to spend (time)
ffeindio	—	to find			

b) Note the following:
  (i) If we add a syllable to *dianc* you should note that it changes to: dihang—. e.g. fe ddihangodd hi — she escaped.
  (ii) The stem of *sgrechian* is *sgrechi*—. e.g. sgrechiwch! — scream!
  (iii) We say *treulio amser* — to spend time but *gwario arian* — to spend money. Learn the difference between them.
  (iv) *Rhoi'r gorau i* is an idiom conveying: to give up / pack in, e.g. Rydw i wedi rhoi'r gorau i yfed cwrw. — I have given up drinking beer. But note: Rydw i wedi rhoi'r gorau *iddi hi*. — I have given *it* up, or *her* up. (if the object is feminine)
  (v) The stem of dweud: to say is *dywed*—, e.g. dywedwch! — say! You will often hear people saying: *dwed*— as in *dwedwch!* — say!
  (vi) Add a syllable to *cyrraedd* and you'll get the form: cy*rh*aedd—, e.g. cyrhaeddwch! cf. aros — ar*h*oswch!

c) As you know, some verb-nouns are followed by prepositions (**L8, N2b**). Fill in the blanks with the correct prepositions.
  (i) Rydw i wedi bod yn meddwl _____ y gwaith.
  (ii) Roeddwn i'n siarad _____ John neithiwr.
  (iii) Oes bai _____ y plentyn?
  (iv) Roeddwn i'n gwrando _____ y radio pan welodd e fi.
  (v) Ydy hi'n gwybod _____ y llyfr?
  (vi) Dydyn nhw ddim wedi ymweld _____ Ffrainc.
  (vii) Chwiliwch _____ ei chot hi, os gwelwch yn dda.
  (viii) Rydyn ni'n cysylltu Dewi Sant _____ Thyddewi.
  (ix) Maen nhw'n dal _____ fyw yn yr hen dŷ.
  (x) Wyt ti'n mynd i roi'r gorau _____ gwrw?

d) The verb-noun *gofyn : to ask* is followed by the preposition *i*, e.g. Gofynnwch i John! — Ask John! You have seen the various personal forms of the preposition *i* in connection with the expression: Mae rhaid i fi . . . (**L7, N10a**), e.g.
Gofynnwch iddo fe!   —   Ask him!
Fe ofynnais i iddyn nhw.   —   I asked them.

e) Place the appropriate form of *i* after *fe ofynnais i* and complete the sentence as you wish after *ble*, e.g.
Fe ofynnais i (fe) ble . . . — Fe ofynnais i iddo fe ble roedd tad y plant.
  (i) ti (ii) nhw (iii) chi (iv) John (v) hi (vi) y plant (vii) y ferch

3 Past tense verb

a) You already know how to say: he / she saw, etc. (**L11, N5a**). Note the other persons of the past tense, with *gweld : to see* being used as a pattern.

fe wel*ais i*	—	I saw
fe wel*aist ti*	—	you saw (*fam.*)
fe wel*odd* e / hi / John / y plant etc.	—	he, she, etc. saw
fe wel*on ni*	—	we saw
fe wel*och chi*	—	you saw
fe wel*on nhw*	—	they saw

e.g.
fe ddihangodd John	—	John escaped
fe siaradaist ti	—	you spoke
fe ofynnais i	—	I asked
fe welon ni	—	we saw
fe ddywedodd e	—	he said

b) Fill in the blanks with the appropriate form of the verb, e.g.
Fe *ddigwyddodd* y tân neithiwr. (digwydd)
- (i) Fe _____ i'r arian yn y cwpwrdd. (ffeindio)
- (ii) Fe _____ y ferch pan oedd hi'n cysgu. (sgrechian)
- (iii) Fe _____ nhw'r ffenestr pan oedden nhw'n chwarae ddoe. (torri)
- (iv) Fe _____ ni'r amser yn edrych ar y teledu. (treulio)
- (v) Fe _____ i chi y bore 'ma. (ffonio)
- (vi) Fe _____ chi'r gorau i yfed cwrw! (rhoi)
- (vii) Fe _____ John y bws am naw o'r gloch. (dal)
- (viii) Fe _____ y bechgyn y dyn yn dod. (clywed)
- (ix) Fe _____ i ddoe am ddau o'r gloch. (cyrraedd)
- (x) Fe _____ ni yn y Gogledd am wythnos. (aros)

c) *Beth?* : what? and *pwy?* : who? are always followed directly by the verb. Therefore, they are not followed by *fe* which might precede the verb in a statement. It should also be emphasised that *beth* and *pwy* are followed by a soft mutation, e.g.
Beth *dd*igwyddodd? — What happened?
Pwy *w*elodd y tân? — Who saw the fire?

d) Place the following in complete sentences, in accordance with this example:
Pwy, gweld, tân? — Pwy welodd y tân?
- (i) Beth, achosi, tân?
- (ii) Pwy, dechrau, tân?
- (iii) Beth, digwydd, neithiwr?
- (iv) Pwy, ffonio, brigâd dân?
- (v) Pwy, torri, ffenestr?
- (vi) Beth, clywed, merch?
- (vii) Pwy, prynu, car?
- (viii) Beth, glanhau, menyw?
- (ix) Pwy, paentio, lolfa?
- (x) Beth, gwerthu, dyn?

4 Amrywiol

a)

adref	—	home(wards)	gartref	—	at home
anymwybodol	—	unconscious	gerllaw	—	nearby
ar ran	—	on behalf of	hyd yn hyn	—	up till now
bod	—	that	i lawr	—	down
buan	—	soon	lleol	—	local
cyfforddus	—	comfortable	mân	—	minor
dianaf	—	uninjured	(a) minnau	—	(and) I also
diweddarach	—	later	sy	—	who is
er mwyn	—	in order to	trwchus	—	thick
ffrynt	—	front	yn hollol	—	exactly

b) Note carefully the difference between:

cartref — home (where one lives),
adref — home(wards) (towards home),
gartref — at home

e.g. Ble mae eich cartref? — Where's your home?
    Fe es i adref yn gynnar. — I went home(wards) early.
    Oedd rhywun gartref neithiwr? — Was there someone (at) home last night?

Of course, the final 'f' is seldom pronounced in spoken Welsh. Note that *cartref* can change its form to *gartref* when it undergoes a soft mutation, e.g.
Ble mae ei gartref e? — Where's his home?

On the other hand, *gartref* — *at home* does not undergo a soft mutation even when it's in a position to do so, e.g.
Fe arhoson ni gartref neithiwr. **(L11, N6a)**

c) Fill in the blanks with either *cartref*, *adref* or *gartref*.
  (i) Mae ein _____ ni yn y Gogledd.
  (ii) Pryd rwyt ti'n mynd _____?
  (iii) Oeddet ti _____ ddoe?
  (iv) Dydyn nhw ddim wedi dod _____ eto!
  (v) Fe arhoson ni _____ neithiwr.
  (vi) Oes rhywun yn byw yn yr hen _____?
  (vii) Dydy hi ddim yn hoffi bod _____ bob nos.
  (viii) Wyt ti wedi bod yn ei _____ hi?
  (ix) Mae rhaid i fi ddechrau _____ am ddeg o'r gloch.
  (x) Pam rydych chi'n aros _____ heddiw?

d) When *mân* means *minor* it precedes the noun. As you know, when adjectives precede nouns they cause the noun to undergo a soft mutation **(L9, N5d)**.
Thus: mân losgiadau : minor burns
cf.   mân anafiadau : minor injuries
      mân ddamweiniau : minor accidents

However, *mân* can also mean *small* or *fine* when it follows nouns but it is only used in connection with particular nouns. Learn these:
glaw mân : fine rain
arian mân : small change (*literally:* small money)
oriau mân y bore : the small hours of the morning
glo mân : small coal

e) *Er mwyn* means *in order to* when it's directly followed by a verb-noun.
   e.g. er mwyn mynd : in order to go
        er mwyn prynu car : in order to buy a car
        er mwyn gweld John : in order to see John

5 Bod : That

a) *Bod* connects two parts of a sentence and it follows patterns like:
   Rydw i'n meddwl . . .   Roeddwn i'n meddwl . . .   Fe feddyliais i . . .
   It should be very carefully noted that *bod* assumes the tense of the verb in the main part of the sentence. Therefore, it is incorrect to say things like: *bod mae* or *bod roedd*, etc. After a short form verb like *fe glywais i*, *bod* undergoes a soft mutation to *fod*. Study the following examples very carefully:

   Rydw i'n meddwl bod y bachgen yn dda. — I think that the boy is good.
   Dydy hi ddim yn meddwl bod Mari — She doesn't think that Mari
   wedi gwneud y gwaith. has done the work.
   Roedden ni'n gwybod bod Alun yn dod. — We knew that Alun was coming.
   Oeddech chi wedi clywed bod y plant — Had you heard that the children
   yn dost? were ill?
   Fe ddywedon nhw fod cyflwr y fam yn — They said that the condition of
   gyfforddus. the mother was comfortable.

   (In **L16, N8a** you will learn how to say: *that I am, that we are, etc.*)

b) Note carefully the meaning of the following symbols:

   1    2    3    4 👄

   — clywed;   — gweld;   — meddwl;   — dweud.
   Connect two parts of a sentence using *bod*, e.g.
   Fi   (1)   Mae'r plant wedi dod. — Rydw i'n clywed bod y plant wedi dod.
   (i)   Fi   (1)   Mae'r dyn wedi ysgrifennu llyfr.
   (ii) Fe   (4)   Mae John yn dost.
   (iii) Nhw (3)   Roedd y ffilm yn dda.
   (iv) Ni   (2)   Roedd y fenyw yn hen.
   (v)   Ti   (1)   Oedd ffliw arnaf i?
   (vi) Chi (4)   Roedd bai arnyn nhw.
   (vii) Hi   (3)   Mae rhaid iddi hi fynd.
   (viii) Chi (1)   Oes tân wedi bod yn y tŷ?

c) Complete the following sentences by using *bod* (or *fod*).
- (i) Rydw i wedi clywed . . .
- (ii) Fe ddywedodd hi . . .
- (iii) Roedden nhw'n meddwl . . .
- (iv) Fe glywon ni . . .
- (v) Doedden ni ddim yn gwybod . . .
- (vi) Dydy hi ddim yn meddwl . . .
- (vii) Roedd hi'n dweud . . .
- (viii) Fe feddyliais i . . .
- (ix) Fe glywodd hi . . .
- (x) Roedden nhw wedi meddwl . . .

6 Sy(dd) : Who is

a) We have seen *sy(dd)* already in **L9, N7a** where it was followed by a preposition. *Sy(dd)* also has the function of being a linking word meaning *who / which / that is / are*. In this lesson we saw *sy* being followed by *yn + verb-noun*, e.g.
Rydw i'n adnabod y dyn sy'n byw drws nesaf. — I know the man who lives (*literally:* who is living) next door.
Pa fath o blant sy'n mynd yno? — What sort of children go there?

Sy also links *Pwy* with a verb-noun, e.g.
Pwy sy'n gwybod ble mae John? — Who knows where John is?
Pwy sy eisiau bwyd? — (no *yn* in front of *eisiau!*) Who wants food?

b) Connect the following sentences by using *sy*, e.g.
Mae'r dyn yn byw yn y tŷ. Mae'r tŷ gyferbyn â'r llyfrgell. — Mae'r dyn yn byw yn y tŷ sy gyferbyn â'r llyfrgell.
- (i) Ydych chi wedi bod yn siarad â'r bobl? Maen nhw wedi prynu eich tŷ.
- (ii) Mae llyfr y ferch yn y cwpwrdd. Mae e'n llawn.
- (iii) Maen nhw'n siarad yn yr ystafell. Mae hi ar y dde.
- (iv) Ydy'r bobl yn symud i'r tŷ? Mae e wedi bod yn wag am flwyddyn.
- (v) Rydw i'n adnabod merch o'r enw Mair. Mae hi'n byw gerllaw.
- (vi) Ydyn nhw'n paentio'r tŷ? Mae e ar werth.
- (vii) Mae'r siop yn gwerthu ffrwythau. Maen nhw'n rhad iawn.
- (viii) Mae'r menywod yn y bore coffi. Mae e yn neuadd yr eglwys.
- (ix) Rydw i eisiau prynu car newydd. Mae e'n gallu mynd yn gyflym.
- (x) Wyt ti'n adnabod y fenyw? Mae hi'n dod yma i lanhau.

c) Ask 10 questions, all starting with: Pwy sy . . . ?

7   **Dywedwch yn Gymraeg:**

   (i) I heard that the child's grandmother has come home from hospital.
   (ii) Say (*pl.*): What caused the fire?
   (iii) Where did you (*pl.*) spend your time on (your) holiday?
   (iv) Sugar isn't good for you (*pl.*). I want to give it up.
   (v) He asked me where was John's home.
   (vi) Who started the fire?
   (vii) I think that the driver is home tonight.
   (viii) We went home in the early hours of the morning.
   (ix) He borrowed money from the bank in order to buy a new car.
   (x) Many minor accidents occur on that road.
   (xi) They said that the woman's condition was bad.
   (xii) Do you know the people who live opposite to you?
   (xiii) Who wants coffee?
   (xiv) When did you telephone yesterday?
   (xv) I'm sorry but I haven't got small change.

8   (i) Give an account of a fire.
   (ii) Let Mr. Alun Richards give his version of the story.
   (iii) (a) Mr. Alun Richards and his friend, Elwyn, are conversing as they travel home from work.
       (b) Elwyn telephones the fire service.
       (c) The fire investigator talks to the eldest child in order to get all the details about the background of the fire.

Gwers 13   Siarad am y dyfodol : Talking about the future

Gwrandewch

(i)

Iolo: Alwodd Owen heddiw?
Mair: Do. Pam?
Iolo: Fe ddywedodd e, pan welais i fe nos Lun, fod tocyn 'da fe i fi. Adawodd e un?
Mair: Naddo.
Iolo: Beth? Wel, ddywedodd e rywbeth am docyn?
Mair: Dim ond bod y tocynnau i gyd wedi mynd!
Iolo: Wedi mynd! Ond fe fydd rhaid i fi gael tocyn! Fyddaf i ddim yn gallu gweld y gêm heb un!
Mair: Paid gofidio. Fe fydd rhagor o docynnau 'da fe nos Iau.
Iolo: Diolch byth!

(ii)

Dafydd: Rydw i eisiau dy help di. Fyddi di gartref ddydd Sadwrn, Iolo?
Iolo: Na fyddaf. Fe fyddaf i yn Llundain.
Dafydd: Wrth gwrs. Roeddwn i wedi anghofio popeth am y gêm. Sut byddi di'n mynd?
Iolo: Fe fyddaf i'n mynd gyda'r clwb rygbi. Oes awydd dod arnat ti a'r wraig?
Dafydd: Nac oes, dim diolch. Mae'n gas 'da ni fod mewn tyrfa. Fe fyddwn ni wrth ein bodd yn gwylio'r gêm ar y teledu. Pryd bydd y bws yn mynd?
Iolo: Fe fydd e'n dechrau o sgwâr y pentref am chwech o'r gloch nos Wener.
Dafydd: A ble byddwch chi'n aros?
Iolo: Nos Wener a nos Sadwrn fe fyddwn ni'n aros mewn gwesty y tu allan i'r brifddinas.
Dafydd: Fydd dy wraig yn mynd gyda ti?
Iolo: Bydd, ond fydd hi ddim yn mynd i'r gêm. Does dim eisiau gwastraffu tocyn, oes e?
Dafydd: Beth fydd yn digwydd nos Sadwrn?
Iolo: Fe fyddwn ni'n mynd i sioe, a chael peint neu ddau—os bydd Cymru wedi ennill!

(iii)

Dyma benawdau'r newyddion:
Y prynhawn yma, yn Nhwickenham, fe gollodd Cymru yn erbyn Lloegr yn y gêm rygbi ryngwladol. Dyma'r tro cyntaf i Loegr guro Cymru mewn wyth gêm rhwng y ddwy wlad.
Y sgôr terfynol oedd — Lloegr deg pwynt, Cymru pedwar pwynt . . .

(i)

Iolo: Did Owen call today?
Mair: Yes. Why?
Iolo: He said, when I saw him Monday night, that he had a ticket for me. Did he leave one?
Mair: No.
Iolo: What? Well, did he say something about a ticket?
Mair: Just that all the tickets have gone!
Iolo: Have gone! But I'll have to get a ticket! I won't be able to see the game without one!
Mair: Don't worry. He'll have more tickets Thursday night.
Iolo: Thank goodness!

(ii)

Dafydd: I want your help. Will you be at home on Saturday, Iolo?
Iolo: No, I'll be in London.
Dafydd: Of course, I had forgotten entirely about the game. How will you be going?
Iolo: I'll be going with the rugby club. Do you and your wife feel like coming with us?
Dafydd: No, no thanks. We dislike being in a crowd. We'll be in our element watching the game on television. When will the bus be going?
Iolo: It will be starting from the village square at six o'clock Friday night.
Dafydd: And where will you be staying?
Iolo: Friday night and Saturday night we'll be staying in a hotel outside the capital.
Dafydd: Will your wife be going with you?
Iolo: Yes, but she won't be going to the game. There's no need to waste a ticket, is there?
Dafydd: What will be happening on Saturday night?
Iolo: We'll be going to a show, and have a pint or two—if Wales (will) have won!

(iii)

Here are the news headlines:
This afternoon, in Twickenham, Wales lost against England in the international rugby match. This is the first time for England to beat Wales in eight games between the two countries.
The final score was — England 10 points, Wales 4 points . . .

1 Enwau

a)
awydd (*m*)	— desire, eagerness
bws (-iau) (*m*)	— bus
clwb (clybiau) (*m*)	— club
gêm (gemau) (*f*)	— match
help (*m*)	— help

newyddion (*m*)	—	news
pennawd (penawdau) (*m*)	—	headline
popeth (*m*)	—	everything
prifddinas (*f*)	—	capital city
pwynt-iau (*m*)	—	point
sgôr (*m*)	—	score
sgwâr (*m*)	—	square
sioe-au (*f*)	—	show
teledu (*m*)	—	television

See *awydd* **L7, N5b**.

b) Change the singular nouns in the following sentences into the plural.
  (i) Ble mae cartref y plentyn?
  (ii) Oes car ar y ffordd?
  (iii) Roedd clwb yn y dref.
  (iv) Fe welon ni ein hathro yn yr ysgol.
  (v) Beth oedd enw'r bachgen?
  (vi) Dydy hi ddim yn hoffi tyrfa.
  (vii) Beth sy'n bod ar eich troed?
  (viii) Roedd y ferch yn hoffi gwrando ar stori.
  (ix) Wyt ti wedi darllen y papur?
  (x) Roedd y gyrrwr yn mynd yn gyflym ar hyd yr heol.

2 Did you / he / she, etc. . . . ?

a) In **L12** you saw how you could convey actions that had occurred in the past. To form a question using these past tense forms all you have to do is to drop the word *fe* and use a questioning tone of voice, e.g.

Fe alwodd Owen.	—	Owen called.
Alwodd Owen?	—	Did Owen call?
Fe ddywedodd e rywbeth.	—	He said something.
Ddywedodd e rywbeth?	—	Did he say something?

You will note that the question form keeps the soft mutation although the word *fe* is dropped. You will recall that the answer to such questions is either *do* (yes) or *naddo* (no) (**L10, N4f**).

b) Form past tense questions from the following sequence of words, e.g.
  colli — nhw   rhywbeth — Gollon nhw rywbeth?
  (i) dioddef — ti o gwbl
  (ii) gofyn — chi i'r plant
  (iii) torri — e'r cwpan
  (iv) dechrau — hi'r car
  (v) cerdded — nhw i'r gwaith
  (vi) bwriadu — ti dod
  (vii) paratoi — chi'r bwyd
  (viii) golchi — hi'r llestri
  (ix) meddwl — hi am y plant
  (x) rhedeg — nhw i'r ysgol

3 Berfenwau

a)

anghofio	—	to forget	gadael	—	to leave
colli	—	to lose	gofidio	—	to worry
curo	—	to beat	gwastraffu	—	to waste
ennill	—	to win	gwylio	—	to watch

Note that the stem of *gadael* — to leave is *gadaw*—, e.g. adawodd e? — did he leave? You will also see that when a syllable is added to *ennill* — to win, only one *n* is required in the word, e.g. e*n*illoch chi? — did you win? Fe e*n*illais i gwpan. — I won a cup.

b) Use the following verb-nouns to ask an —*aist ti* question and complete the sentence as you wish, e.g.
anghofio — Anghofiaist ti brynu petrol?
(i) colli   (ii) curo   (iii) ennill   (iv) gadael   (v) gwastraffu

4 How to say : I will be, she won't be, will they be? etc.

a) Learn these future forms of *bod : to be*.

fe fyddaf i	—	I will be
fe fyddi di	—	you (*fam.*) will be
fe fydd e / hi / Alun / y plant etc.	—	he / she / Alun / the children will be
fe fyddwn ni	—	we will be
fe fyddwch chi	—	you will be
fe fyddan nhw	—	they will be

e.g. Fe fyddaf i'n mynd i Lundain. — I'll be going to London.
Fe fyddwn ni'n gwylio'r gêm. — We'll be watching the game.
Fe fydd rhaid i fi gael tocyn. — I'll have to get a ticket.

b) To ask a question drop the word *Fe*, e.g.
Fyddi di gartref? — Will you be home?
Fyddan nhw'n gallu gwylio'r gêm? — Will they be able to watch the game?

c) To form the negative drop the word *Fe* and add the word *ddim* after the supporting pronoun, e.g.
Fydd hi ddim yn mynd i'r gêm. — She won't be going to the game.
Fyddaf i ddim yno! — I won't be there!

N.B. Fydd dim plant yno! — There won't be (any) children there.
Fydd dim rhaid iti ddod! — You won't have to come.

d) This tense has specific *yes* and *no* responses for each person. Learn these *yes* and *no* replies:

Byddaf	— Yes (I will be)	Na fyddaf	— No (I won't be)
Byddi	— Yes (you will be)	Na fyddi	— No (you won't be)
Bydd	— Yes (he, she, it will be)	Na fydd	— No (he, she, it won't be)
Byddwn	— Yes (we will be)	Na fyddwn	— No (we won't be)
Byddwch	— Yes (you will be)	Na fyddwch	— No (you won't be)
Byddan	— Yes (they will be)	Na fyddan	— No (they won't be)

e) Change the following sentences into the future tense:
   (i) Mae rhaid i chi fynd.
   (ii) Rydw i eisiau ennill.
   (iii) Roedd annwyd ar y plant.
   (iv) Ydy Cymru'n ennill?
   (v) Roedden nhw ar y sgwâr.
   (vi) Dydyn ni ddim yn gofidio.
   (vii) Ydych chi'n gwylio'r gêm?
   (viii) Wyt ti'n cerdded yno?
   (ix) Dydy hi ddim yn anghofio.
   (x) Ydyn nhw eisiau help?

f) Answer these questions based on the passage:
   (i) Fydd tocyn 'da Iolo?
   (ii) Fydd Iolo gartref ddydd Sadwrn?
   (iii) Fydd e yn Llundain?
   (iv) Fydd Dafydd a'r wraig yn Llundain?
   (v) Fyddan nhw'n gwylio'r gêm?

g) *Fydd* takes the place of *sy(dd)* and *ydy*, e.g.
   (i) Dydw i ddim yn adnabod y fenyw fydd yn dod yma. (*sydd*)
   (ii) Dydw i ddim yn gwybod beth fydd ar y teledu. (*sydd*)
   (iii) Gyrrwr lori fydd Iwan. (*ydy*)
   (iv) Pwy fydd yn canu? (*sydd*)
   (v) Pa fath o fwyd fydd yn y gwesty? (*sydd*)

h) When do verbs like *bydd*, etc. mutate after question forms? Verbs do not mutate after: *sut?* — how?, *ble?* — where?, *pryd?* — when?, *pam?* — why?, e.g.
Sut byddi di'n mynd?
Ble bydd hi'n aros?
Pryd byddwch chi'n dechrau?
Pam byddan nhw'n hwyr?

On the other hand *pwy?* — who?, *faint?* — how much?, *beth?* — what? cause the verbs that follow them to undergo a soft mutation, e.g.
Pwy fydd yma?
Beth fydd ar y teledu heno?
Faint fydd y car?

5 Amrywiol

a)

dim ond	—	only, just
dy ... di (*s.m.*)	—	your (*fam.*)
Llundain	—	London
oes e?	—	is there?
os	—	if
pam?	—	why?
rhyngwladol	—	international
terfynol	—	final
wrth ein bodd	—	in our element
yn erbyn	—	against
yn gas 'da	—	to dislike
y tu allan i	—	outside

b) You have already seen the pronouns *ei (masc.* and *fem.), ein, eich* and *eu.* In this lesson note the use of *dy — your (fam.)* and the soft mutation it causes, e.g.

dy wraig	—	your wife
dy dŷ	—	your house
dy gartref	—	your home

The supporting pronoun is *di.*

c) Complete: Ble bydd dy _____ di? by using the following words:
(i) tocyn (ii) car (iii) plant (iv) tad (v) dillad (vi) gŵr (vii) llyfrau
(viii) mam (ix) bwyd (x) cyfarfod

d) *os : if*

In the present tense *os* is followed by *ydw, ydy, ydyn, etc.* (See **L9, N2a**) and *oes* (when the noun is indefinite), e.g.
Os ydy John yn mynd rydw i'n mynd hefyd.
Os oes lle ar y bws maen nhw eisiau dod.
Rydyn ni'n bwriadu mynd os oes tocyn 'da chi i ni.

In the imperfect tense *os* is followed by *oeddwn, oedd, etc.* (See **L9, N2a**), e.g.
Roedd e'n dod os oedd amser 'da fe.
Roedden nhw'n bwriadu prynu'r car os oedden nhw'n gallu benthyca digon o arian.

In the future tense *os* is followed by *bydd, byddwch, etc.,* e.g.
Fe fyddwn ni'n cael peint neu ddau os bydd Cymru wedi ennill.
Os byddwch chi eisiau dod, dewch â chroeso!

e) Fill in the blanks with the appropriate forms of *bod : to be*, e.g.
    Os (*ydych*) chi'n dost heddiw (*mae*) rhaid ichi gymryd moddion.
    (i)   Os _____ di yma yfory _____ rhaid iti weithio.
    (ii) Os _____ John yn dost ddoe _____ e ddim yn edrych yn dost.
    (iii) Os _____ hi yn y tŷ heddiw _____ i eisiau siarad â hi.
    (iv) Os _____ ffliw arnyn nhw heddiw _____ rhaid iddyn nhw aros yn y gwely.
    (v)   Os _____ Cymru'n ennill yfory _____ ni i gyd wrth ein bodd.

f) *yn gas 'da : to dislike; to hate*

    Look carefully at the following examples:
    Mae'n (or Mae hi'n) gas 'da fi ffliw.   — I dislike influenza.
    Ydy hi'n gas 'da chi'r papur?   — Do you dislike the paper?
    Roedd hi'n gas 'da hi fynd i'r ysgol.   — She disliked going to school.
    Fydd hi ddim yn gas 'da nhw gael gwyliau!   — They won't dislike having holidays!

g) Use the above pattern with the present tense of the verb to convey the following illustrations. Remember that ✓ = a statement, ? = a question, and × = a negative.

i   ii   iii   iv

v   vi   vii   viii

6 Dyddiau'r wythnos : Days of the week

a) *Learn these:*

dydd Sul	—	Sunday
dydd Llun	—	Monday
dydd Mawrth	—	Tuesday
dydd Mercher	—	Wednesday
dydd Iau	—	Thursday
dydd Gwener	—	Friday
dydd Sadwrn	—	Saturday

When we want to say that we are doing something on a fixed day then *dydd* changes to *ddydd*, e.g.

   (i)   Rydw i'n mynd yno ddydd Sadwrn.   — I'm going there on Saturday.
                                                (i.e. the coming Saturday)
   (ii) Fe es i yno ddydd Mawrth.   — I went there on Tuesday.
                                                (i.e. last Tuesday)
   (iii) Dydw i ddim yn hoffi dydd Llun.   — I don't like Monday.
                                                 (i.e. any Monday)

You noticed in examples (i) and (ii) that the word *ar : on* isn't used in Welsh when we are thinking of a fixed day.

b) When we refer to Sundays or Mondays, etc. in general *ar : on* is used and we say: ar ddydd Sul, ar ddydd Llun, etc.
Rydw i'n mynd yno ar ddydd Mercher.   — I go there on Wednesdays.
Ydych mynd i'r clwb ar ddydd Gwener?   — Do you go to the club on Fridays?

c) To convey nights of the week, we say:
nos Sul, nos Lun, nos Fawrth, nos Fercher, nos Iau, nos Wener, nos Sadwrn. Note how Llun, Mawrth, Mercher, and Gwener have changed after *nos*. Again, when we say: *ar* nos Wener, we are referring to Friday nights in general. cf. **N6b**, e.g.
Fydd hi ddim yn dod nos Fercher.   — She will not be coming on Wednesday night. (i.e. the coming Wednesday night)
Fyddan nhw ddim yn dod ar nos Iau.   — They will not be coming on Thursday nights.

d) Reply to these questions and change *(d)dydd* to *nos* and *vice versa*, e.g.
Ydych chi'n mynd ar ddydd Llun? *(singl.)* — Nac ydw, ond rydw i'n mynd ar nos Lun.
    (i)   Fydd e'n dod ddydd Mawrth?
    (ii) Oeddet ti yno nos Wener?
    (iii) Ydyn nhw'n hoffi dydd Llun?
    (iv) Fyddwn ni'n gallu mynd ar nos Sadwrn?
    (v)   Oeddwn i yn yr ysgol ddydd Mercher?
    (vi) Wyt ti'n hoffi nos Iau?
    (vii) Fydd y plant yn y parti ddydd Gwener?
    (viii) Oeddech chi yn y gêm nos Iau? *(pl.)*
    (ix) Ydych chi'n gallu dod ar nos Sul? *(singl.)*
    (x)   Fyddi di'n chwarae ar ddydd Sadwrn?

7   **Dywedwch yn Gymraeg:**

   (i) Do you (*fam.*) feel like watching the game?
   (ii) Did they win? — Yes.
   (iii) Did she leave early? — No.
   (iv) I won't be able to sing in school on Friday.
   (v) Who will be seeing Megan on Monday night?
   (vi) I like your (*fam.*) new car.
   (vii) She won't be able to go to the north on her holidays if she has influenza.
   (viii) I'll be delighted if you (*pl.*) will be staying with us.
   (ix) He disliked Welsh when he was in school.
   (x) Did you (*pl.*) go to the international match on Saturday? — Yes.
   (xi) They wasted time when they forgot to put petrol in the car.
   (xii) We will have to go home when it will be dark.
   (xiii) Who will be reading in the service?
   (xiv) She won't have to do the work.
   (xv) John will be a *fireman*. (*emphasise*)

8   (i) Ask people about their routine, e.g. Beth rydych chi'n ei wneud ar nos Lun?
   (ii) Ask people about activities during the week that's gone by just giving a particular day (e.g. dydd Sul) or night (e.g. nos Sadwrn) as a stimulus.
   (iii) Tell someone about your own and your family's plans for the week (or months) ahead.
   (iv) Tell someone about a game (not necessarily rugby!) that you went to.

Gwers 14 Disgrifio pobl : Describing people

Gwrandewch

(i)

Torrodd lladron i mewn i swyddfa yn Heol y Parc, Llanelli rywbryd dros y Sul a dwyn dwy fil o bunnau. Digwyddodd y lladrad rhwng un o'r gloch brynhawn dydd Sadwrn a naw o'r gloch fore dydd Llun pan agorodd y rheolwr y swyddfa.

"Roeddwn i'n gwybod ar unwaith bod rhywbeth o'i le pan welais i fod ffenestr y cefn wedi torri," meddai'r rheolwr, Mr. Edwards.

Dywedodd un tyst wrth yr heddlu fod car golau y tu allan i'r swyddfa yn gynnar nos Sul, ac mae'r heddlu'n awyddus i holi dau ddyn a menyw oedd yn sefyll wrth y car.

Dywedodd yr heddlu fod un o'r dynion yn dal ac yn denau a bod wyneb crwn a gwallt cyrliog tywyll 'da fe. Roedd y dyn arall yn fyr ac yn dew ac roedd wyneb hir a gwallt syth 'da fe. Fe ddywedon nhw fod y fenyw yn eithaf tal a bod ei gwallt yn hir ac yn syth.

Thieves broke into an office in Park Road, Llanelli, sometime over the weekend and stole two thousand pounds. The theft occurred between one o'clock Saturday afternoon and nine o'clock Monday morning when the manager opened the office.

"I knew immediately that something was wrong when I saw that the back window was broken," said the manager, Mr. Edwards.

One witness told the police that there was a light-coloured car outside the office early Sunday night, and the police are eager to question two men and a woman who were standing by the car.

The police said that one of the men was tall and thin and that he had a round face and dark curly hair. The other man was short and fat and he had a long face and straight hair. They said that the woman was quite tall and that her hair was long and straight.

(ii)

> Y Bwthyn,
> Glanaber,
> Powys.
> 10 Medi, 1980.

Annwyl Glenys,

Diolch iti am dy lythyr diddorol. Paid disgwyl llythyr hir a diddorol 'nôl. Fel rwyt ti'n gwybod, mae'n gas 'da fi ysgrifennu llythyron. Mae'n hen bryd iti gael ffôn! Beth bynnag, mae amser mor brin y dyddiau 'ma a'r plant mor brysur!

Erbyn hyn, maen nhw yn y gwely ac felly mae'r lle'n dawel, diolch byth. Maen nhw'n gallu bod mor swnllyd a does dim cyfle i ysgrifennu llythyr os ydyn nhw o gwmpas.

Fe ofynnaist am Siôn. Fe aeth Siôn i'w ysgol newydd ddydd Llun diwethaf yn hapus iawn ond fe ddaeth e adref yn eithaf trist a swrth. Roedd y plant eraill yn gas, meddai fe. Ond fe anghofiodd e'n fuan pan ddaeth yr un plant i'r tŷ yn ddiweddarach i chwarae gyda fe. Does dim cof hir 'da phlant! Fe gwrddais i ag athrawes a phrifathro Siôn ddydd Llun ac roedden nhw'n ddymunol ac yn garedig iawn.

Fe fydd croeso cynnes i chi yma dros y Sul, ac rydyn ni i gyd yn edrych ymlaen at ddydd Sadwrn. Cofiwch ddod erbyn amser cinio.

Cofion cynnes iawn,

> Gwen a'r teulu.

> The Cottage,
> Glanaber,
> Powys.
> 10 September, 1980.

Dear Glenys,

Thanks for your interesting letter. Don't expect a long and interesting letter back. As you know, I hate writing letters. It's high time you got a telephone! However, time is so scarce these days and the children so busy!

By now, they're in bed and so the place is quiet, thank goodness. They can be so noisy and there's no opportunity to write a letter if they're around.

You asked about Siôn. Siôn went to his new school last Monday very happy but he came home quite sad and sullen. The other children were nasty, he said. But he soon forgot when the same children came to the house later to play with him. Children don't have long memories! I met Siôn's teacher and headteacher on Monday and they were very pleasant and kind.

There will be a warm welcome for you here at the weekend and all of us are looking forward to Saturday. Remember to come by lunchtime.

Very warm regards,

> Gwen and the family.

1 Enwau

a)
athrawes-au (*f*)	— a (female) teacher
bwthyn (bythynnod) (*m*)	— cottage
cof (*m*)	— memory
cofion (*m*)	— regards
croeso (*m*)	— welcome
cyfle (*m*)	— chance, opportunity
gwallt (*m*)	— hair
heddlu (*m*)	— police
lladrad (*m*)	— theft
lle-oedd (*m*)	— place
lleidr (lladron) (*m*)	— thief
llythyr-on (*m*)	— letter
prifathro (prifathrawon) (*m*)	— headteacher
rheolwr (rheolwyr) (*m*)	— manager
teulu-oedd (*m*)	— family
tyst-ion (*m*)	— witness
wyneb-au (*m*)	— face

b) Say what the following people do:
e.g. athro — Mae athro yn dysgu plant yn yr ysgol.
(i) gyrrwr (ii) gohebydd (iii) gwerthwr tai (iv) meddyg (v) llefarydd
(vi) athrawes (vii) rheolwr (viii) lleidr (ix) prifathro (x) tyst

2 Berfenwau

a)
cwrdd (â) (*a.m.*)	— to meet
diolch (i) (*s.m.*)	— to thank
disgwyl	— to expect
dweud (wrth) (*s.m.*)	— to tell
dwyn	— to steal
edrych ymlaen (at) (*s.m.*)	— to look forward (to)
gofyn (am) (*s.m.*)	— to ask (for)
holi	— to question (also, to ask)
meddai	— said
torri	— to break
ysgrifennu	— to write

(i) In South Wales the spoken form of the stem of *dwyn* is *dwg—*, so people say: *fe ddwgais i* — I stole, etc. In North Wales people say: *fe ddygais i*.
(ii) *Meddai* means *said*, e.g. meddai fe — he said, meddai hi — she said. It has no verb-noun and, as such, it isn't a complete verb, but it does have short forms in the present and imperfect tense (e.g. medd e — he says).
(iii) We say: *diolch i* : to thank (a person), e.g. Diolchwch iddi hi! — Thank her!
(iv) *Cwrdd â* : *â* changes to *ag* before a vowel.

b) Fill in the blanks with the appropriate preposition:
(i) Fe gwrddais i _____ phrifathro Siôn ddoe.
(ii) Diolchwch _____ hi am ei llythyr!
(iii) Dyweda _____ yr heddlu am y lladrad!
(iv) Rydw i'n edrych ymlaen _____ ddydd Sadwrn.
(v) Ofynnoch chi _____ goffi?

3 The Past Tense of dod : to come

a) *Dod* like *mynd : to go* is an irregular verb-noun. Nevertheless, it forms its past tense forms almost like *mynd* (**L10, N4**) but by preceding *mynd* forms with *dd*, e.g.
fe ddes i — I came
ddes i ddim — I didn't come
ddaethoch chi? — did you come?

b) Use the past tense forms of *dod* in association with either *ddoe* or *neithiwr*. Remember: (?) = ask a question; (N) = use a negative verb, e.g.
nhw / 6.00 p.m. — Fe ddaethon nhw neithiwr am chwech o'r gloch.
(i) fi / 3.00 p.m.   (ii) ti / 7.20 p.m. (?)   (iii) nhw / 2.40 a.m. (N)
(iv) ni / 8.10 p.m.   (v) chi / 9.45 a.m. (?)

c) Use the past tense forms of *dod* in association with the various question words (see **L13, N4h**), and complete each sentence with: yma neithiwr, e.g.
Sut / nhw — Sut daethon nhw yma neithiwr?
(i) Sut / ti   (ii) Pryd / chi   (iii) Pam / nhw   (iv) Pam / y plant   (v) Pwy / —
(vi) Beth / —   (vii) Faint / —   (viii) Pryd / hi

4 Ansoddeiriau

a)
annwyl	— dear	hapus	— happy
arall (eraill pl.)	— other (also, else)	hir	— long
awyddus	— eager	prysur	— busy
buan	— soon	swnllyd	— noisy
caredig	— kind	swrth	— sullen, abrupt
cas	— nasty	syth	— straight
crwn	— round	tal	— tall
cyrliog	— curly	tenau	— thin
diwethaf	— last	tew	— fat
dymunol	— pleasant	trist	— sad
golau	— light (coloured)	tywyll	— dark

Annwyl — dear, usually follows the noun which it describes. But it precedes the noun when addressing someone, as at the beginning of a letter (**L9, N5d**).

b) Look at the illustrations and say:
Mae wyneb _____ 'da fe (*or* hi).

c) Look at the illustrations and say:
Roedd ei gwallt (*or* ei wallt) yn _____.

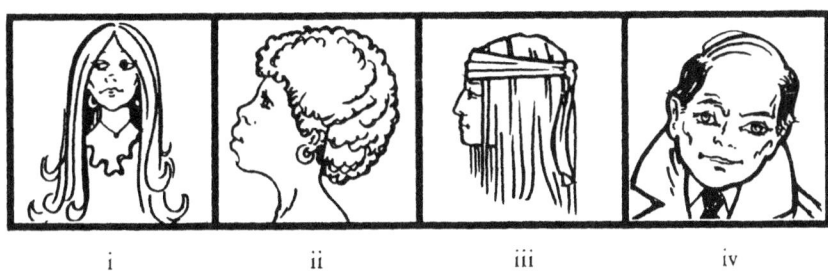

d) Look at the illustrations and say:
Ydy mab Mrs. Jones yn _____?

e) *Arall* — *other* follows a singular noun, e.g.
Pwy ydy'r fenyw arall? — Who is the other woman?
Ddaeth y llythyr arall? — Did the other letter come?

Note that it can also follow words like: Ble? Pwy? Beth? to convey: else, e.g.
I ble arall aethon nhw? — Where else did they go to?
Beth arall ddwedoch chi? — What else did you say?
Pwy arall sy yn y ffilm? — Who else is in the film?

Eraill is the plural form of *arall* and can only follow plural nouns, e.g.
Ysgrifennaist ti'r llythyron eraill? — Did you write the other letters?
Fe ddalion nhw'r lladron eraill. — They caught the other thieves.

f) Fill in the blanks with either *arall* or *eraill:*
(i) Pwy _____ oedd yn y bwthyn?
(ii) Doeddwn i ddim yn adnabod yr athrawesau _____.
(iii) Fe holodd yr heddlu'r tyst _____.
(iv) Oedd y plant _____ yn gas?
(v) Oes rhywbeth _____ i ginio?

g) These useful words were not used in the passage:
pert — pretty   tonnog — wavy
golygus — handsome   moel — bald

5 Amrywiol

a)
ar unwaith — at once
diolch byth — thank goodness
dros y Sul — over the weekend
erbyn — by
felly — so, therefore
i mewn i (*s.m.*) — into
mor (*s.m.*) — so
o gwmpas — around
rhywbeth o'i le — something wrong / amiss
rhywbryd — sometime
ymlaen (at) — forward (to)

b) Note that we say: *ac* felly — and so / therefore, and that we say: edrych ymlaen *at* : to look forward to *a time* or *an occasion*, or *an action*, e.g.
Rydw i'n edrych ymlaen *at* ddydd Sadwrn. — I'm looking forward to Saturday.
Ydych chi'n edrych ymlaen *at* y gwyliau? — Are you looking forward to the holiday?
Rydyn ni'n edrych ymlaen at fynd ar ein gwyliau. — We are looking to going on (our) holiday(s).

c) One of the meanings of *mor* is *so*. You have already seen it in the pattern: *Pa mor* + *adjective* **L9, N9a**. The adjective after *mor* undergoes a soft mutation with the exception of *ll* and *rh*. It is very important to note that *mor* is *not* preceded by the connecting *yn*, e.g.

Mae amser mor brin. — Time is so scarce.
Maen nhw mor swnllyd! — They are so noisy!
Roedden nhw mor brysur! — They were so busy!

d) Look at exercise **4b, c** and **d**, and say:
   (b) Mae ei wyneb / ei hwyneb mor _____.
   (c) Roedd ei wallt / ei gwallt mor _____.
   (d) Ydy mab Mrs. Jones mor _____?

6 I as a linking word

a) In **L11, N14a** you saw how *mynd* (and all personal forms of *mynd*) is linked to another verb-noun by using *i*. The same applies to the verb-noun *dod* (and all personal forms of *dod*), e.g.

Fe ddaeth y plant i chwarae. — The children came to play.
Ddaethoch chi i siarad? — Did you come to talk?
Ddes i ddim yma i weithio! — I didn't come here to work!

b) The passage also includes two other examples of this linking *i*. *Awyddus* is followed by the linking *i*, and so is *cyfle*, e.g.

Mae'r heddlu'n awyddus i holi . . . — The police are eager to question . . .
Does dim cyfle i ysgrifennu . . . — There's no opportunity to write . . .

Awyddus and *cyfle* are not isolated examples and you'll come across many examples of other words which are followed by *i* in order to link to the verb-noun.

c) Complete the following sentences in any way you wish, e.g.
Fe fyddaf i'n dod i (trwsio) . . . — Fe fyddaf i'n dod i drwsio'r drws ddydd Sadwrn.
   (i) Roedden nhw'n awyddus i (ymweld â) . . .
   (ii) Does dim cyfle i (prynu) . . .
   (iii) Ddaeth hi i'r dref i (gweld) . . . ?
   (iv) Rydw i'n gobeithio cael y cyfle i (darllen) . . .
   (v) Ydych chi'n awyddus i (cael y cyfle) i . . . ?
   (vi) Fe ddaeth e i'r tŷ i (gofyn am) . . .
   (vii) Mae e wedi dod i (cwrdd â) . . .
   (viii) Oes cyfle i (cael) . . . ?

7 **Misoedd y flwyddyn : Months of the year**
mis-oedd (*m*) — month

a)
mis Ionawr	— January
mis Chwefror	— February
mis Mawrth	— March
mis Ebrill	— April
mis Mai	— May
mis Mehefin	— June
mis Gorffennaf	— July
mis Awst	— August
mis Medi	— September
mis Hydref	— October
mis Tachwedd	— November
mis Rhagfyr	— December

In Welsh we use the word *mis* when we refer to the month, e.g.
Fe ddes i ym mis Mawrth. — I came in March.

b) Write one sentence for each month of the year that has gone by, e.g.
Fe ddaeth John i aros gyda ni ym mis Ionawr ac roedd hi'n oer iawn pan oedd e yma.

c) Write about some of the things that you have planned for the months ahead, e.g.
Fe fyddaf i'n mynd i Lundain gyda'r teulu ym mis Mai.

8 **Dywedwch yn Gymraeg:**

(i)   I'm looking forward to meeting your (*pl.*) family.
(ii) When did she come to see the children?
(iii) Why did the family come to live in that cottage?
(iv) Ask (*fam.*) for tea!
(v)   The short boy is kind but the tall boy is nasty.
(vi) Do you (*fam.*) like curly hair?
(vii) He was fat but because he doesn't eat a lot now he's quite thin.
(viii) Is there something else?
(ix) Do you (*pl.*) want something else?
(x)   I don't know the other families.
(xi) Are the children looking forward to July?
(xii) How tall is Peter by now?
(xiii) I've been so busy during the weekend.
(xiv) Do you (*pl.*) get an opportunity to speak Welsh every day?
(xv) We went on our holidays in July, and, thank goodness, the weather was sunny and warm.

9 a) Look at the pictures below and describe each person in detail.

i

ii

iii

iv

b) Describe your family and friends to your partner concentrating on their main features.

Gwers 15 Cymharu pethau : Comparing things

Gwrandewch:

Mr. Williams: Rydw i'n chwilio am gar ail-law ond rydw i eisiau gwerthu car hefyd.
Gwerthwr Ceir: Faint ydy oed eich car?
Mr. Williams: Mae e'n dair blwydd oed. Mae hi'n bryd i fi gael car llai achos bod petrol mor ddrud.
Gwerthwr Ceir: Pa fath o gar rydych chi ei eisiau?
Mr. Williams: Dydw i ddim eisiau car mawr — dim ond car sy'n gallu cario fy ngwraig, fy mam yng nghyfraith a minnau o gwmpas.
Gwerthwr Ceir: Beth am y car gwyn 'ma?
Mr. Williams: Rydw i'n gyfarwydd â'r math 'ma achos bod car fel hwn 'da fy nghefnder. Mae fy nghefnder yn dweud ei fod e'n fwy trwm ar betrol na fy nghar i. Rydw i eisiau car sy'n fwy ysgafn ar betrol na hwn.
Gwerthwr Ceir: O'r gorau. Beth am y car coch 'ma? Mae e'n llai na'r lleill a dydy e ddim mor drwm ar betrol chwaith. Ond mae e'n fwy drud—dydy e ddim mor hen!
Mr. Williams: Mae car fel hwn wedi bod 'da fy mrawd. Pa mor gyfforddus ydy e?
Gwerthwr Ceir: Eisteddwch ynddo fe!
Mr. Williams: Mae e'n fwy cyfforddus na char fy mrawd ond mae hwn wedi gwneud gormod o filltiroedd. Oes rhywbeth arall yma?
Gwerthwr Ceir: Oes. Beth am y car gwyrdd 'ma? Hwn ydy'r car mwyaf ysgafn ar betrol. Yn bendant, mae e'n fwy ysgafn ar betrol na'r llall, a dyma'r car mwyaf rhad hefyd. Ond ydych chi'n mynd yn bell yn y car?
Mr. Williams: Dydyn ni ddim yn mynd yn bell iawn fel arfer, er fe aethon ni mor bell â Chaernarfon yn ystod yr haf.
Gwerthwr Ceir: Wel, dydy hwn ddim mor gryf â'r lleill. Mewn gwirionedd, dyma'r car mwyaf gwan a'r mwyaf rhad sy ar gael. Dydy e ddim cystal â'r ceir eraill, yn fy marn i. Maen nhw'n well mewn gwlad mor fynyddig â Chymru. Ond dewch i weld y car 'ma ...
Mr. Williams: Pa mor gryf ydy e?
Gwerthwr Ceir: Dydy e ddim mor gryf â'ch car chi ond mae e'n ddigon cryf i gario'r teulu. Hefyd, mae e'n fwy newydd na'ch car chi. Dyma'r car gorau i chi, rydw i'n siŵr ...

Mr. Williams:	I'm looking for a second hand car but I want to sell a car as well.
Car Salesman:	How old is your car?
Mr. Williams:	It's three years old. It's time for me to get a smaller car since petrol is so expensive.
Car Salesman:	What sort of car do you want?
Mr. Williams:	I don't want a big car — only a car which can carry my wife, my mother-in-law and myself.
Car Salesman:	What about this white car?
Mr. Williams:	I am used to this make as my cousin has a car like this. My cousin says that it's heavier on petrol than my car. I want a car which is lighter on petrol than this.
Car Salesman:	Very well. What about this red car? It's smaller than the others and it isn't as heavy on petrol either. But it is more expensive — it isn't as old!
Mr. Williams:	My brother has had a car like this. How comfortable is it?
Car Salesman:	Sit in it!
Mr. Williams:	It's more comfortable than my brother's car but this one has done too many miles. Is there something else here?
Car Salesman:	Yes. What about this green car? This is the lightest car on petrol. It's definitely lighter on petrol than the other, and this is the cheapest car too. Do you go far in the car?
Mr. Williams:	We don't go very far usually, although we went as far as Caernarfon during the summer.
Car Salesman:	Well, this isn't as strong as the others. In fact, this is the weakest and the cheapest which is available. It isn't as good as the other cars, in my opinion. They are better in a country as mountainous as Wales. But come and see this car . . .
Mr. Williams:	How strong is it?
Car Salesman:	It isn't as strong as your car but it's strong enough to carry the family. Also, it's newer than your car. This is the best car for you, I'm sure.

1 Geirfa / Vocabulary

ail-law	—	second-hand
barn (*m*)	—	opinion
blwydd (*f*)	—	year
brawd (brodyr) (*m*)	—	brother

cario	—	to carry
cefnder-oedd (*m*)	—	cousin (male)
cyfarwydd â	—	used to
cymharu	—	to compare
cystal â	—	as good as
ei fod e	—	that it (he) is
er	—	although, despite
fel arfer	—	usually
fy (*n.m.*) . . . i	—	my
gwerthwr (gwerthwyr) ceir (*m*)	—	car salesman
haf-au (*m*)	—	summer
llai	—	less
(y) llall (lleill)	—	(the) other
mam-au yng nghyfraith (*f*)	—	mother-in-law
math-au (*m*)	—	sort, (*also* make)
mynyddig	—	mountainous
oed	—	age
pell	—	far
petrol (*m*)	—	petrol
yn bendant	—	definitely
yn siŵr	—	to be sure
ynddo fe	—	in it (him)

2 Fy / My

a) *Fy : my* is followed by a nasal mutation. cf. *yn : in*, e.g.

fy mhlant	—	my children	p	—	mh
fy nhŷ	—	my house	t	—	nh
fy nghefnder	—	my cousin (*m*)	c	—	ngh
fy mwyd	—	my food	b	—	m
fy nillad	—	my clothes	d	—	n
fy ngwraig	—	my wife	g	—	ng

People rarely say *fy*. What you will hear in speech (and on your record) is *'y* and the nasal mutation, or even only the mutation denotes the existence of *fy*. (You will also hear *'yn* (or *'n*) in front of words which begin with letters other than p, t, c, b, d, g.), e.g.

Ble mae 'nhad?	—	Where's father?
Mae 'mhlant yn yr ysgol.	—	My children are in school.
Mae'n llyfr i yma.	—	My book is here.

The supporting pronoun used with *fy* is *i*.

b) Ask: 'Ble mae fy _____ i?'
(i) papur   (ii) te   (iii) coffi   (iv) brawd   (v) dol   (vi) gŵr   (vii) gwraig
(viii) car   (ix) pethau   (x) brecwast

3 Perthnasau / Relations

a) The passage referred to some relations but here is a fuller list. The male counterparts are noted in the right hand column:

hen famgu	— great grandmother	hen dadcu
mamgu	— grandmother	tadcu
mam	— mother	tad
chwaer	— sister	brawd
merch	— daughter	mab
modryb	— aunt	ewythr
cyfnither (*f*)	— cousin (*f*)	cefnder (*m*)
nith	— niece	nai
wyres	— grand-daughter	ŵyr
gor-wyres	— great grand-daughter	gor-ŵyr
mam yng nghyfraith	— mother-in-law	tad yng nghyfraith
rhieni	— parents	

Ewythr is very often pronounced ewyrth.

b) Complete as you wish: 'Ydy fy _____?' e.g.
chwaer — Ydy fy chwaer yn gweithio heddiw?'
(i) cyfnither   (ii) tadcu   (iii) cefnder   (iv) brawd   (v) tad

c) *Sut mae e'n perthyn i Gwen?* — *How is he related to Gwen?*

We could answer such a question in two ways:
  (i)   Gŵr Gwen ydy e.   — He's Gwen's husband.
           Tadcu Gwen ydy e.   — He's Gwen's grandfather.
           Mab Gwen ydy e.   — He's Gwen's son.
This sort of sentence is of an emphatic nature since the information at the beginning of the sentence is emphasised.

  (ii)   Mae e'n ŵr i Gwen.   — He's a husband to Gwen. (literally translated)
           Mae e'n dadcu i Gwen.   — He's a grandfather to Gwen.
There is no emphasis intended in this sort of sentence. Note the use of the connecting *yn ('n)*.

d) Look at this family tree:

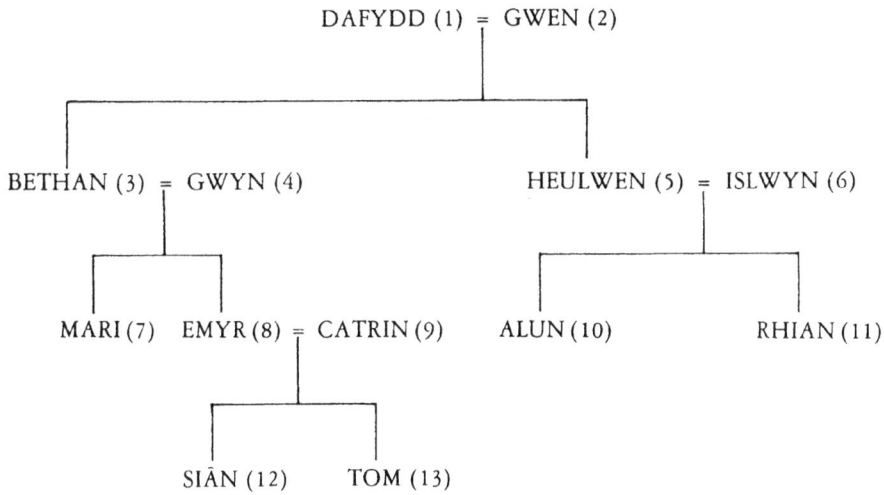

Answer according to the pattern of this example:
'Pwy ydy Gwyn (4)?' / 5 — Brawd Heulwen ydy Gwyn.
- (i) Pwy ydy Mari (7) ? / 8
- (ii) Pwy ydy Gwen (2) ? / 1
- (iii) Pwy ydy Islwyn (6) ? / 5
- (iv) Pwy ydy Alun (10) ? / 6
- (v) Pwy ydy Rhian (11) ? / 5 a 6
- (vi) Pwy ydy Heulwen (5) ? / 7
- (vii) Pwy ydy Gwyn (4) ? / 10
- (viii) Pwy ydy Dafydd (1) ? / 8
- (ix) Pwy ydy Siân (12) ? / 3
- (x) Pwy ydy Bethan (3) ? / 9

e) Use the family tree and answer the question: 'Sut mae — yn perthyn i — ?' like this: 3 / 4 — Mae Bethan yn wraig i Gwyn.
- (i) 1 / 12
- (ii) 4 / 9
- (iii) 4 / 10
- (iv) 8 / 11
- (v) 11 / 8
- (vi) 13 / 3
- (vii) 7 / 5
- (viii) 8 / 5
- (ix) 5 / 1 a 2
- (x) 4 / 12

f) Ask another person: 'Oes modryb, etc. 'da chi?' and find out as many things as you can about each relation.

g) Compile your own family tree and use the two patterns listed in (c) to identify relationships.

4 Faint ydy oed y car? — What is the age of the car? (or How old is the car?)

a) You will recall the pattern:

oed y car — the age of the car (**L11, N12a**)
oed eich car — the age of your car
oed fy nhad — the age of my father (my father's age)
oed dy blant — your children's age

We can answer such a question like this:
Mae'r car yn dair blwydd oed. — The car is three years of age (or old).

Blwydd is a variation on *blwyddyn* and is used when it is linked with age. It should be noted, however, that people often omit the word *blwydd* and say:
Mae'r car yn dair oed.

Blwydd is a feminine noun so we say:
yn flwydd (1) oed,
yn ddwy (2) flwydd oed,
yn dair (3) blwydd oed,
yn bedair (4) blwydd oed,

After pum (5), saith (7), wyth (8), naw (9) *blwydd* changes to *mlwydd*. Note also:
yn ddeng (10) mlwydd oed.

b) Complete the question: 'Faint ydy oed _____?' with the information given, and answer according to the pattern of this example:
dy gar? 4 — Mae fy nghar yn bedair blwydd oed.
  (i) eich (*pl.*) plentyn? 1   (ii) dy fab? 2   (iii) eu merch? 3
  (iv) ei chefnder? 4   (v) dy gyfnither? 5   (vi) ei nith? 6
  (vii) ein nai? 8   (viii) dy chwaer? 8   (ix) ei brawd? 9
  (x) dy gar? 10

5 Comparing adjectives

Just as some verbs (like *mynd* and *dod*) form various tenses irregularly, so some adjectives form comparisons irregularly, as you will see in **N6**. Most adjectives can form comparisons like this:

a) (i) mor _____ â / as _____ as

Look at these examples:
Rydw i mor dal â Tom. — I'm as tall as Tom.
Dydy'r car ddim mor ddrud â char Tom. — The car isn't as expensive as Tom's car.
Dydw i ddim mor dal â thad Tom. — I'm not as tall as Tom's father.

You note that (i) *mor* is not preceded by the connecting *yn*; (ii) *mor* is followed by a soft mutation except for *ll* and *rh*; (iii) *â* is followed by an aspirate mutation. *Â* becomes *ag* before a vowel.

(ii) Your friend tells you, for example: 'Mae dy dad yn fyr.' Respond, using the mor _____ â pattern like this:
'Rydw i mor fyr â fy nhad.'
  (i) Mae dy gefnder yn dal.
  (ii) Roedd dy gyfnither yn drwm.
  (iii) Mae gwallt dy frawd yn olau.
  (iv) Mae dy nai yn dew.
  (v) Fe fydd dy fab yn gryf.
  (vi) Fe fydd dy chwaer yn fyr.
  (vii) Roedd dy dad yn wan.
  (viii) Roedd gwallt dy fam yn dywyll.
  (ix) Mae dy ewythr yn hapus.
  (x) Mae dy fam yng nghyfraith yn drist.

b) (i) *yn fwy* _____ *na* / _____ *er than* (i.e. *more — than*)

Here are some examples:
Mae ein plant ni'n fwy trwm na phlant Tom. — Our children are heavier than Tom's children.
Dydy te ddim yn fwy cryf na chwrw. — Tea isn't stronger than beer.
Ydy te'n fwy drud na choffi? — Is tea more expensive than coffee?

Yn fwy precedes the adjective and it should be noted that the adjective does not undergo a soft mutation. *Na*, like *â* causes an aspirate mutation, and changes to *nag* before a vowel.

(ii) Respond to the sentences in **5a(ii)** by using the *yn fwy* _____ *na* pattern, e.g. 'Rydw i'n fwy byr na fy nhad.'

(iii) Look at the following illustrations and compare each pair by using the pattern: *yn fwy* _____ *na(g)*

(iv) Compare these illustrations by saying:
'Dydy'r _____ ddim mor _____ â(ag) _____.'

c) (i) *y . . . mwyaf (or y fwyaf)* _____ / *the* _____ *est* (i.e. *the most—*)

Look at these illustrations:

Billy ydy'r bachgen mwyaf tew.	— Billy is the fattest boy.
Sam oedd y bachgen mwyaf tenau.	— Sam was the thinnest boy.
Alun ydy'r bachgen mwyaf tal.	— Alun is the tallest boy.
Tom oedd y bachgen mwyaf byr.	— Tom was the shortest boy.
Fe oedd y mwyaf hapus.	— He was the happiest.

You will note that the verb cannot come first in the sentence when the *—est* (or the superlative) form of the adjective is used. Also *ydy* and not *mae* is the form for the English verb *is*. The negative can be expressed by placing *nid* in front of the subject, e.g.

Nid Billy oedd y bachgen mwyaf tenau.	— Billy wasn't the thinnest boy.
Nid Tom ydy'r mwyaf byr.	— Tom isn't the shortest.

No mutation follows *mwyaf*, but *mwyaf* becomes *fwyaf* if we refer to a feminine singular noun, e.g.

Dyma'r ferch fwyaf golau.	— Here's the fairest girl.
Nid hi oedd y fenyw fwyaf tenau.	— She wasn't the thinnest woman.
Nhw ydy'r merched mwyaf byr.	— They are the shortest girls.
Nid hi oedd y fwyaf trwm.	— She wasn't the heaviest.

Unlike English, the superlative degree is used in Welsh when two things are being compared and one is superior to the other, e.g.

Y Rolls Royce ydy'r mwyaf drud o'r ddau gar.	— The Rolls Royce is the more expensive of the two.
Siân ydy'r fwyaf golau o'r ddwy.	— Siân is the fairer of the two.
Y bachgen ydy'r mwyaf tal o'r ddau blentyn.	— The boy is the taller of the two children.

(ii) Using the pattern *mwyaf* _____ complete the following after: *Dyma* _____, according to the pattern of this example:
bwyd blasus — Dyma'r bwyd mwyaf blasus.

(i) merch dywyll   (ii) bachgen cryf   (iii) car drud   (iv) plentyn swnllyd
(v) pentref pert   (vi) ystafell lân   (vii) menywod tenau   (viii) trowsus llac
(ix) cot dynn   (x) chwaer garedig

(iii) Fill in the blanks with either *mor, fwy* or *mwyaf / fwyaf*.
   (i) Hon ydy'r siwt _____ drud.
   (ii) Dydy hi ddim _____ gynnes heddiw â ddoe.
   (iii) Roedd dydd Sul yn _____ stormus na dydd Llun.
   (iv) Ydy hi'n _____ cas na fe?
   (v) Hi ydy'r ferch _____ pert yn yr ysgol.
   (vi) Yr Wyddfa ydy'r mynydd _____ uchel yng Nghymru.
   (vii) Dydy'r Wyddfa ddim _____ uchel ag Everest.
   (viii) Nid Sara oedd y ferch _____ tal yn y teulu.
   (ix) Roedd Owen yn _____ brwnt na'r bechgyn eraill.
   (x) Dyma'r ffordd _____ mynyddig yn y wlad.

6 Comparing irregular adjectives

a) There are some adjectives which form comparisons in an irregular way. Your attention in this lesson is drawn to four adjectives in particular. Note carefully the following:

da — good

Mae John *cystal* â Peter.	— John is *as good as* Peter.
Roedd e'*n well na* fi.	— He was *better than* me.
Nhw ydy'*r gorau!*	— They are *the best!*
Nid hi fydd *yr orau!*	— She won't be *the best!*

drwg — bad, naughty

Mae John *cynddrwg* â Peter.	— John is *as bad as* Peter.
Roedd e'*n waeth na* fi.	— He was *worse than* me.
Nhw ydy'*r gwaethaf!*	— They are the worst!
Nid hi fydd y *waethaf!*	— She won't be the worst!

mawr — big, large

Mae John cymaint â Peter.	— John is *as big as* Peter.
Roedd e'*n fwy na* fi.	— He was *bigger than* me.
Nhw ydy'*r mwyaf!*	— They are *the biggest!*
Nid hi fydd y *fwyaf!*	— She won't be *the biggest!*

bach — small

Mae John *cyn lleied* â Peter.	— John is *as small as* Peter.
Roedd e'*n llai na* fi.	— He was *smaller than* me.
Nhw ydy'*r lleiaf!*	— They are *the smallest!*
Nid hi fydd y *lleiaf!*	— She won't be *the smallest!*

b) Use the *as* forms of *da, drwg, mawr* and *bach* so that your sentence always ends: â Siôn, e.g.
Rydw i'n gallu chwarae rygbi'n dda, ond _____. . . . ond dydw i ddim yn gallu chwarae rygbi cystal â Siôn.
   (i) Roeddwn i'n fawr ond . . .
   (ii) Roedd John yn ddrwg ond . . .
   (iii) Rwyt ti'n gallu ysgrifennu'n dda ond . . .
   (iv) Mae Elwyn yn fach . . .
   (v) Fe fyddi di'n fawr ond . . .

c) Use *y gorau, y gwaethaf, etc.*, according to the pattern of this example:
Roedd Alun yn dda iawn. — Alun oedd y gorau.
   (i) Rwyt ti'n ddrwg iawn.
   (ii) Roedden nhw'n fach iawn.
   (iii) Fe fydd Tom yn fawr iawn.
   (iv) Oedd hi'n dda iawn?
   (v) Doedd Gwen ddim yn fach.
   (vi) Mae e'n dda iawn.
   (vii) Doedden nhw ddim yn ddrwg iawn.
   (viii) Maen nhw'n fawr iawn.

d) Respond to the sentences in (c) by using *yn well, yn waeth, etc.* according to the pattern of this example:
Roedd Alun yn dda iawn. — Roedd Alun yn well.

7 Achos bod / Because or since

a) It is good practice to say: *achos bod*, rather than *achos mae / roedd*. As noted in **L12, N5a**, it is important to remember that it's incorrect to say: *achos bod mae / roedd*, e.g.
Dydw i ddim eisiau car achos bod petrol mor ddrud. — I don't want a car since petrol is so expensive.
Dydy hi ddim yn gallu dod achos bod John yn dost. — She can't come since John is ill.

b) Link the following sentences using *achos bod*, e.g.
Dydw i ddim eisiau car. Mae petrol mor ddrud. — Dydw i ddim eisiau car achos bod petrol mor ddrud.
   (i) Rydyn ni'n mynd i'r gêm. Mae Bill Jones yn chwarae.
   (ii) Doedden nhw ddim yn aros mewn gwestai. Roedd gwestai mor ddrud.
   (iii) Ydyn nhw wedi mynd ar eu gwyliau i Ffrainc? Mae Eleri'n hoffi'r wlad.
   (iv) Fe agorodd e'r ffenestr. Roedd yr ystafell yn boeth iawn.
   (v) Dydy e ddim wedi gwneud y gwaith. Mae rhaid iddo helpu ei dad.

8 Ei fod e / That he, or that it (*m*) is / was

a) *Bod*: that, as in **L12, N5a**, is followed by a noun. But *bod* has *fi, fe, hi,* etc. forms which you will see in **L16, N8a**. *That it (m) / he is / was* in Welsh is *ei fod e*, and it works like *bod*, e.g.
Roeddwn i'n gwybod ei fod e'n dost. — I knew that he was ill.
Fe ddywedodd e ei fod e'n (i.e. car) ddrud. — He said that it was expensive.
Rydw i'n gwybod ei fod e'n dew. — I know that he's fat.
Dydw i ddim yn gallu mynd achos ei fod e'n hwyr. — I can't go since he's late.

b) Complete: 'Mae e'n dweud ei fod e _____ na fi.' according to the pattern of this example:
tost — Mae e'n dweud ei fod e'n fwy tost na fi.
(i) tenau (ii) bach (iii) mawr (iv) da (v) cryf (vi) ysgafn (vii) drwg (viii) tal (ix) caredig (x) byr

9 Y llall / y lleill

a) In **L14, N4e** you saw *arall* and its plural *eraill* following nouns. *Y llall* and its plural *y lleill* do away with the noun and can stand independently, e.g.
Mae e'n llai na'r llall. — It's smaller than the other.
Dydy hwn ddim mor gryf â'r lleill. — This isn't as strong as the others.
Ydych chi'n hoffi'r lleill? — Do you like the others?

b) Use *y llall* or *y lleill* according to the pattern of this example:
Fydd y bachgen arall yn dod? — Fydd y llall yn dod?
   (i) Fydd y merched eraill ddim yn canu.
   (ii) Oedd y llyfrau eraill yn dda?
   (iii) Ydy'r tŷ arall ar werth?
   (iv) Doedd y plant eraill ddim cystal.
   (v) Fe ddywedais i fod y brawd arall yn well.

10 Sy + yn + adjective

a) You have seen *sy* being followed by a preposition (**L9, N7a**) and a verb-noun (**L12, N6a**). It can be followed by an adjective using *yn* to link the two, e.g.
Rydw i eisiau car sy'n fwy cyflym. — I want a car which is faster.
Dydw i ddim eisiau dillad sy'n ddrud. — I don't want clothes which are costly.

Oedd and *fydd* are the *was* and the *will be* forms of *sy*, e.g.
Dyma'r car oedd yn ddrud. — This is the car which was expensive.
Fe fyddwn ni'n mynd ar ein gwyliau i wlad fydd yn oer. — We will be going on our holidays to a country which will be cold.

b) Complete the following sentences with *sy / oedd / fydd* + *yn* + adjective, e.g. Roeddwn i eisiau dillad *oedd yn rhad*.
  (i) Rydw i eisiau llyfr . . .
  (ii) Dydy e ddim eisiau car . . .
  (iii) Roedd hi eisiau afalau . . .
  (iv) Doedden nhw ddim eisiau tŷ . . .
  (v) Fe fyddwn ni eisiau ystafell . . .
  (vi) Fydd hi ddim eisiau bwyd . . .
  (vii) Mae hi eisiau sgert . . .
  (viii) Fyddwch chi eisiau cot . . .
  (ix) Doedd e ddim eisiau crys . . .
  (x) Rydyn ni eisiau gwesty . . .

11 Yn ddigon + i + verb-noun

a) *Digon — enough* is linked to the verb-noun by *i*. cf. **L14, N6a** and **b**. Very often, *digon* is followed by an adjective, e.g.
Mae'r car yn ddigon cryf i gario Dad. — The car is strong enough to carry Dad.
Ydy e'n ddigon hen i fynd i dafarn? — Is he old enough to go to a pub?
Ydyn ni'n ddigon cynnar i ddal y trên? — Are we early enough to catch the train?

b) Ask: 'Ydy . . . yn ddigon . . . ?' and complete the question according to the pattern of this example:
hen, mynd i dafarn — Ydy e'n ddigon hen i fynd i dafarn?
  (i) cynnar, dal y trên
  (ii) cryf, codi'r bag
  (iii) pert, ennill 'Miss World'
  (iv) sych, chwarae allan
  (v) tenau, gwisgo'r sgert 'na
  (vi) cynnes, gweithio yn yr ardd heddiw
  (vii) cul, mynd i mewn i'r garej
  (viii) oer, rhewi heno
  (ix) tal, gweld dros y wal
  (x) prin, bod yn yr amgueddfa

c) Reject the offer of a car by saying, for example: Dydy e ddim yn ddigon cryf. Make 5 statements.

12 Dywedwch yn Gymraeg:

(i) Is my cousin *(fem.)* coming with me?
(ii) How are we related to Owen's uncle?
(iii) He's *your (fam.) nephew. (emphasise)*
(iv) How old is your *(pl.)* grand-daughter?
(v) Catrin isn't two years of age yet.
(vi) Your *(pl.)* children aren't as tall as my children.
(vii) Their house isn't more expensive than your *(fam.)* house.
(viii) This is the most comfortable chair in the room.
(ix) He was the best on the field.
(x) They said that he was worse today.
(xi) I didn't know that Eleri was better than her brother.
(xii) We didn't go on our holiday since the summer was so wet.
(xiii) Did you *(fam.)* know that he was ill?
(xiv) I saw the others which are good enough for us.
(xv) Is it smaller than the other?

13

(i) You are buying a second hand car. Discuss with your partner the cars that you inspect.
(ii) As a car salesman, impress upon a potential customer the good points of a particular car.
(iii) . . . the biggest, . . . the smallest, . . . the longest, etc. List things which merit such a title in a book of records, e.g. Everest ydy'r mynydd mwyaf uchel yn y byd. Y Pacific ydy'r môr mwyaf yn y byd.

Gwers 16　Siopa : Shopping

Gwrandewch

Mrs. Evans:	Mae pris bwyd wedi codi yr wythnos 'ma eto, siŵr o fod!
Siopwr:	Fel popeth arall! Fe brynodd fy ngwraig bâr o esgidiau i fy mab ddoe—un deg pum punt. Meddyliwch!
Mrs. Evans:	Arhoswch funud. Mae rhestr siopa 'da fi yn rhywle . . . Dyma hi. Faint y pwys ydy'r menyn 'na?
Siopwr:	Mae hwnna'n bunt a dau ddeg ceiniog y pwys.
Mrs. Evans:	Mae'n ddrud. Oes rhywbeth mwy rhad 'da chi?
Siopwr:	Oes. Hwn. Punt y pwys ydy hwn.
Mrs. Evans:	Hanner pwys o hwnna, 'te. Nawr, gaf i chwarter pwys o de, os gwelwch yn dda?
Siopwr:	P'un?
Mrs. Evans:	Yr un un ag arfer. Hwnna!
Siopwr:	Hwn?
Mrs. Evans:	Ie . . . Nesaf, ffrwythau.
Siopwr:	Pa fath o ffrwythau?
Mrs. Evans:	Mae fy ngŵr yn hoffi orennau'n arbennig.
Siopwr:	Pa orennau? Mae dewis 'da ni.
Mrs. Evans:	Faint yr un ydy'r rhai mawr 'na?
Siopwr:	Mae'r rheina'n ddeg ceiniog yr un a'r lleill yn chwe cheiniog yr un.
Mrs. Evans:	Maen nhw'n rhy fach. Fe gaf i bump o'r rhai mwyaf . . . Kilo o siwgr nesaf . . . Mae'n well i fi gael peint ychwanegol o laeth hefyd achos fy mod i'n bwriadu gwneud pwdin reis.
Siopwr:	Rhywbeth arall?
Mrs. Evans:	Faint y dwsin ydy'r wyau?
Siopwr:	Pa rai? Mae'n dibynnu ar eu maint!
Mrs. Evans:	Fe gaf i ddwsin o'r rhai mwyaf rhad. Fe fyddan nhw'n ddigon da i goginio . . . Mae'n well i fi gael tunaid o gig hefyd.
Siopwr:	Ham?
Mrs. Evans:	Nage, porc, os gwelwch yn dda. Mae eisiau potelaid o finegr arnaf i hefyd . . . Mae'n well i fi brynu chwarter o losin i'r plant, sbo.
Siopwr:	Pa rai?
Mrs. Evans:	Losin siocled meddal. Faint y chwarter ydy'r rheina?
Siopwr:	Y rhain?
Mrs. Evans:	Nage, y rhai yn y botel fach.
Siopwr:	Dau ddeg pum ceiniog y chwarter.
Mrs. Evans:	Ond mae rhaid i fi ddweud fy mod i'n hoff iawn o losin siocled er eu bod nhw'n ddrud . . . A dyna ni! Rydw i wedi gwario gormod eto!

Mrs. Evans:	The price of food has risen this week again, I expect!
Shopkeeper:	Like everything else! My wife bought a pair of shoes for my son yesterday—£15. Think of it!
Mrs. Evans:	Wait a minute. I have a shopping list somewhere . . . Here it is. How much a lb. is that butter?
Shopkeeper:	That's £1.20 a lb.
Mrs. Evans:	It's expensive. Do you have something cheaper?
Shopkeeper:	Yes. This. This is £1 a lb.
Mrs. Evans:	Half a lb. of that, then. Now, may I have a quarter lb. of tea, please?
Shopkeeper:	Which one?
Mrs. Evans:	The same one as usual. That one!
Shopkeeper:	This one?
Mrs. Evans:	Yes . . . Next, fruit.
Shopkeeper:	What sort of fruit?
Mrs. Evans:	My husband likes oranges in particular.
Shopkeeper:	Which oranges? We have a selection.
Mrs. Evans:	How much (each) are those big ones?
Shopkeeper:	Those are 10p. each and the others are 6p. each.
Mrs. Evans:	They're too small. I'll have five of the biggest ones . . . A kilo of sugar next . . . I'd better have an extra pint of milk too since I intend making a rice pudding.
Shopkeeper:	Something else?
Mrs. Evans:	How much a dozen are the eggs?
Shopkeeper:	Which ones? It depends on their size.
Mrs. Evans:	I'll have a dozen of the cheapest ones. They'll be good enough to cook . . . I'd better get a tin of meat too.
Shopkeeper:	Ham?
Mrs. Evans:	No, pork, please . . . I also want a bottle of vinegar . . . I'd better buy a quarter lb. of sweets for the children, I suppose.
Shopkeeper:	Which ones?
Mrs. Evans:	Soft chocolate sweets. How much per quarter are those?
Shopkeeper:	These?
Mrs. Evans:	No, the ones in the small bottle.
Shopkeeper:	25p. a quarter.
Mrs. Evans:	But I must say that I'm very fond of chocolate sweets although they're expensive . . . And there we are! I've spent too much again!

1 Enwau

a)

cig (*m*)	—	meat
finegr (*m*)	—	vinegar
ffrwyth-au (*m*)	—	fruit
ham (*m*)	—	ham
losin (*f*)	—	sweets
maint (*m*)	—	size
menyn (*m*)	—	butter
oren-nau (*m*/*f*)	—	an orange
porc (*m*)	—	pork
potel-i (*f*)	—	bottle
potelaid (*f*)	—	bottleful
pris-iau (*m*)	—	price
pwdin (*m*)	—	pudding
reis (*m*)	—	rice
rhestr-i (*f*)	—	list
siocled (*m*)	—	chocolate
tunaid (*m*)	—	tinful
wŷ (wyau) (*m*)	—	egg

b) You will also see the form *ymenyn* for *menyn : butter*.

c) Note the words: *potelaid* and *tunaid*. The ending —*aid* denotes —*ful*. Compare the following: *plat*aid — plateful, *llwy*aid — spoonful, *cwpan*aid — cupful. You might find the following useful: *basged*aid — basketful, *sach*aid — sackful, *sosban*aid — saucepanful, *basn*aid — basinful, *gwydr*aid — glassful. Note that they take the gender of the noun, i.e. *y plataid* but *y fasgedaid*.

d) Link the following pairs by using *o* (+ *s.m.*):
(i) potelaid / pop   (ii) plataid / bwyd   (iii) cwpanaid / te
(iv) basgedaid / ffrwythau (v) sosbanaid / reis   (vi) basnaid / siwgr

Place them in sentences.

e) One way of pronouncing *wŷ* is to pronounce it like the English word *we*. It is also pronounced *ŵy*, particularly in North Wales, and it rhymes with *mwy* and *dwy*.

2 Amrywiol

a)

ag arfer	—	as usual
coginio	—	to cook
dibynnu ar	—	to depend on
eisiau . . . ar . . .	—	to need
eu bod nhw	—	that they are / were
fe gaf i	—	I shall have / I'll have
fy mod i	—	that I am / was
gwario	—	to spend
ie	—	yes
meddal	—	soft
nage	—	no
nesaf	—	next
pa	—	which
pa rai	—	which ones
p'un (pa un)	—	which one
rhai	—	ones
rhywle	—	somewhere
sbo	—	I suppose
siopa	—	to shop
y / yr	—	per / a
y rhain	—	these
y rheina	—	those
ychwanegol	—	additional
yn well i	—	better to

b) *Sbo* is not a verb, although it conveys: *I suppose*. It is used in South Wales, after a statement and at the end of a sentence.

c) *y rhain / y rheina*

   y rhain means *these* and it refers to people or things which are close at hand.
   y rheina means *those* and refers to people or things not so close but still visible.

d) *Rhai* means *some*, but it is also used as the plural of *un : one*, e.g.
Pa un? — Which one? / Pa rai? — Which ones?
Faint ydy'r un mawr 'na? — How much is that big one? / Faint ydy'r rhai mawr 'na? — How much are those big ones?

3 Pwysau a mesur / Weights and measures

a) *pwysau / weight*

owns (*f*)	—	ounce
chwarter (*m*)	—	quarter
pwys (*m*)	—	lb.
kilo (*m*)	—	kilo
cant (*m*)	—	hundredweight
tunnell (*f*)	—	ton

hyd / length

llath (*f*)	—	yard
metr (*m*)	—	metre
modfedd (*f*)	—	inch
troedfedd (*f*)	—	foot

rhif / number

yr un	—	each
pâr (*m*)	—	pair
dwsin (*m*)	—	dozen

mesur hylif / liquid measure

peint (*m*)	—	pint
litr (*m*)	—	litre
chwart (*m*)	—	quart
galwyn (*m*)	—	gallon

Apart from *owns*, *tunnell* and *llath* all weights and measures are masculine.

b) You will recall that (i) *Gaf i . . .* — *May I have . . .* is followed by a soft mutation (**L3, N8a**) and that *dau / dwy* — *two* are followed by a soft mutation (**L5, N3b**). Complete the request: 'Gaf i _____?' by using the following:
(i) 2 pwys   (ii) 2 cant   (iii) 2 llath   (iv) 2 metr   (v) 2 dwsin   (vi) 2 peint
(vii) 2 litr   (viii) 2 galwyn   (ix) 2 pâr   (x) 2 potelaid

4. **Faint y _____ ydy('r) _____? / How much per _____ is (the) _____?**

a) e.g.
    Faint y dwsin ydy wyau? — How much per dozen are eggs?
    Faint y pâr ydy'r esgidiau 'ma? — How much per pair are these shoes?
    Faint y pwys oedd y bananas? — How much per lb. were the bananas?

b) Here are some additional words which we can use with the above pattern:
    caws (*m*) — cheese   sment (*m*) — cement
    sbectol — spectacles   defnydd (*m*) — material
    afal-au (*m*) — apple   carped (*m*) — carpet
    blawd (*m*) — flour   pren (*m*) — wood
    glo (*m*) — coal   petrol (*m*) — petrol

    All materials tend to be masculine.

c) Use the pattern in (a) to ask how much are the following:
    (i) cotiau (ii) sbectol (iii) caws (iv) cwrw (v) petrol (vi) defnydd (vii) glo (viii) carped (ix) 'sanau (x) afalau

d) We can reply to the questions in (c) like this:
    Mae'r wyau yn saith deg ceiniog y dwsin. — The eggs are 70p. per dozen.

    Note how the linking *yn* precedes the price, which undergoes a soft mutation, e.g.
    Mae'r 'sanau'n *d*ri deg ceiniog y pâr. — The socks are 30p. per pair.

e) Use the pattern in (d) to stipulate the cost of the following:

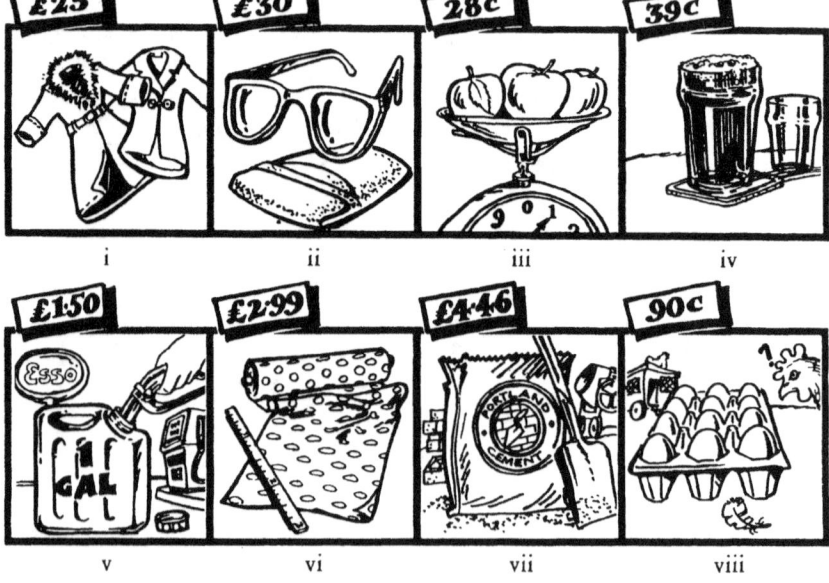

5 Ie *or* Nage / Yes *or* No

a) Already you have seen that there are various ways of saying *yes* and *no* in Welsh. So you recall, for example, do, naddo, oes, nac oes, ydw, nac ydw, oedden, nac oedden, byddwch, na fyddwch, etc. *Ie* is used to respond *yes* to a question (or statement) in which the verb does *not* come first in the sentence. Usually, *ie* itself is used to respond to a sentence which emphasises some element besides the verb. *Nage* is the negative of *ie*, e.g.

Yn y coleg mae e? (✓) — Ie, ym Mangor mae e.
Wyth punt ydyn nhw? (×) — Nage, naw punt ydyn nhw.
Chi ydy brawd Iwan? (✓) — Ie.
Brawd Iwan ydych chi? (×) — Nage.
Hwn ydy eich car chi? (✓) — Ie.
Mair oedd honna. (×) — Nage, Siân oedd honna.
Coch ydy lliw ei gar e. (✓) — Ie.
Mair fydd yn dod heno. (×) — Nage, Siân fydd yn dod heno.
Canu mae e'n ei wneud? (✓) — Ie.

b) Give the appropriate *yes* (✓) or *no* (×) reply in response to the following sentences:
   (i) Welodd hi Alun neithiwr? (✓)
   (ii) Yn y Gogledd maen nhw'n byw? (×)
   (iii) Dydyn nhw ddim yn gallu dod. (✓)
   (iv) Oes ffilm dda ar y teledu heno? (×)
   (v) Oedd cig yn y siop? (✓)
   (vi) Dau alwyn? (✓)
   (vii) Fydd hi yno? (×)
   (viii) Brynaist ti ddwsin o wyau? (×)
   (ix) Hwnna ydy eich mab chi? (✓)
   (x) Coch ydy lliw'r carped? (×)

6 Yn well i .../ Better for ...

a) You will recall the pattern: Mae hi'n (hen) bryd i fi fynd. — It's (high) time for me to go. (**L10, N11a**) *Yn well i* ... is a similar pattern, e.g.

Mae hi'n well i fi fynd. — I'd better go. (i.e. It is better for me to go.)
Ydy hi'n well ichi brynu petrol. — Had you better buy petrol? (i.e. It is better for you to buy petrol?)
Roedd hi'n well iddyn nhw ddibynnu ar Siân. — It was better for them to depend on Siân.
Fydd hi ddim yn well iddo fe gael dwsin? — Won't it be better for him to have a dozen?

b) Change the following sentences so that you will use the *yn well i* . . . pattern, e.g.
Mae hi eisiau chwarter. — Mae'n well iddi gael chwarter.
  (i) Roedden nhw eisiau dwsin.
  (ii) Rydw i eisiau cant.
  (iii) Ydy hi eisiau tri galwyn.
  (iv) Doedd e ddim eisiau pâr.
  (v) Dydyn ni ddim eisiau dau bwys.
  (vi) Fyddwch chi ddim eisiau tri pheint.
  (vii) Fe fydd Mair eisiau llath.
  (viii) Dydy'r ferch ddim eisiau tri phwys.
  (ix) Roeddwn i eisiau pâr o sbectol.
  (x) Fyddi di eisiau metr?

c) Use the *yn well i* . . . pattern in replying to the following sentences, e.g.
Mae e'n dost. — Mae'n well iddo fe fynd i weld y meddyg.
  (i) Roedd annwyd arni hi.
  (ii) Fe fyddan nhw'n mynd i'r gêm.
  (iii) Does dim arian 'da nhw yn y tŷ.
  (iv) Mae fy nillad yn frwnt.
  (v) Mae hi'n oer.
  (vi) Roedden nhw wedi blino.
  (vii) Fe fyddwn ni'n mynd ar ein gwyliau yr wythnos nesaf.
  (viii) Mae hi'n bwrw glaw.
  (ix) Does dim llyfr 'da fe.
  (x) Dydych chi ddim yn gallu gwneud y gwaith.

7 Eisiau —ar . . . / Need, want

a) You have already seen that *eisiau* means *want*, e.g. Rydw i eisiau mynd. — I want to go. This is a corruption of the original idiom: Mae eisiau mynd arnaf i. Both patterns are widely used. (cf. *annwyd ar, peswch ar,* etc. **L7, N5a**.)
Mae eisiau bwyd ar John. — John wants food.
Roedd eisiau mynd arno fe. — He wanted to go.
Oes eisiau te arni hi? — Does she want tea?
Fydd dim eisiau pwys arnoch chi. — You won't want a lb.

b) Change these sentences by using the above pattern, e.g.
Roedden nhw yn y siop ddillad. — Roedd eisiau dillad arnyn nhw.
  (i) Mae e yn y banc.
  (ii) Roedd hi yn y llyfrgell.
  (iii) Fe fydd Alun yn y siop bapurau.
  (iv) Fyddan nhw ddim yn y siop fara.
  (v) Oeddech chi yn swyddfa'r post?
  (vi) Wyt ti yn y siop ffrwythau?
  (vii) Fyddwn ni yn y siop gelfi?
  (viii) Doeddet ti ddim yn y siop esgidiau.
  (ix) Dydy hi ddim yn y siop losin.
  (x) Fyddi di yn y siop gig?

8 Bod / That (continued)

a) You've already seen *bod, achos bod, ei fod e*. Now note the various forms:

fy mod i — that I am / was (pronounced *'mod i*)
dy fod ti — that you are / were
bod Arthur, bod y ferch, etc. — that Arthur / the girl, etc. is / was
ei fod e — that he is / was
ei bod hi — that she is / was
ein bod ni — that we are / were
eich bod chi — that you are / were
eu bod nhw — that they are / were

e.g.
Rydw i'n gwybod bod siocled yn ddrud. — I know that chocolate is expensive.
Mae hi'n dweud ei bod hi'n dod. — She says that she's coming.
Fe glywodd e eu bod nhw'n dost. — He heard that they were ill.

Note in particular how to join the *bod* pattern with the *'da (gyda)* pattern, e.g.
Mae e'n dweud bod arian 'da fe. — He says that he has money.
Roedd hi'n dweud bod arian 'da fi. — She was saying that I had money.

b) Use *bod, etc.* to link: 'Rydw i'n gwybod . . .' with the following sentences:
   (i) Mae gwyliau 'da nhw ar hyn o bryd.
   (ii) Mae e wedi bod yn yr ysgol drwy'r dydd.
   (iii) Rydych chi'n edrych yn drist iawn.
   (iv) Rydw i'n hwyr heno.
   (v) Rwyt ti wedi bod yn yr Alban.

c) Use *bod, etc.* to link: 'Roeddwn i'n meddwl . . .' with the following sentences:
   (i) Roedd hi'n oer neithiwr.
   (ii) Roedden nhw'n brysur iawn ddydd Sadwrn.
   (iii) Roedd annwyd arno fe.
   (iv) Roedd cyfle 'da ti i wneud y gwaith.
   (v) Roeddech chi'n gallu siarad Cymraeg.

9 Er bod . . . / Although or despite . . .

a) *Er* means *although / despite*, and unlike English, it cannot be followed directly by a verb like *rydw i*. Instead it is followed by the *bod* pattern. Remember that the *bod* part doesn't change. The main clause indicates the tense.

Rydw i'n gallu rhedeg yn gyflym er fy mod i'n dew. — I can run quickly although I'm fat.
Roedden nhw yno er ei bod hi'n bwrw glaw. — They were there although it was raining.

Achos (**L15, N7a**) can be used in the same way, e.g.
Rydw i'n gallu rhedeg yn gyflym achos fy mod i'n denau. — I can run quickly because I'm thin.

b) Use the *er bod* pattern to join: 'Maen nhw'n mynd.' with the following statements, e.g. Mae John yn dost. — Maen nhw'n mynd er bod John yn dost.
   (i) Rydw i'n aros gartref.
   (ii) Mae hi'n rhewi.
   (iii) Maen nhw'n dost.
   (iv) Mae'r tocynnau'n ddrud.
   (v) Mae annwyd arnyn nhw.

c) Similarly, use the *er bod* pattern to join: 'Fe brynon nhw borc.' with the following statements:
   (i) Roedd e'n ddrud.
   (ii) Roedden nhw'n hoffi ham.
   (iii) Roedd ham yn fwy rhad.
   (iv) Roeddwn i wedi dweud fy mod i'n hoffi ham.
   (v) Roedd hi'n gas 'da ni'r cig.

10 Pa . . . ? / Which, What . . . ?

a) *Pa* is followed by a noun which undergoes a soft mutation, e.g.
   Pa fachgen?   — Which boy?
   Pa ferch?   — Which girl?
   P'un? (Pa un) — Which one?
   Pa rai?   — Which ones?

In the present tense the *Pa* construction can be followed by various forms of *is*:

Sy (i) *Sy* + preposition (**L9, N7a**)
   Pa fachgen sy wrth y drws? — Which boy is by the door?
   Pa lyfr sy 'da chi? — Which book do you have?

(ii) *Sy* + yn / wedi + verb-noun (**L12, N6a**)
   P'un sy'n ennill? — Which one is winning?
   Pa botel sy wedi torri? — Which bottle has broken?

(iii) *Sy* + yn + adjective (**L15, N10a**)
   Pa ffrwythau sy'n rhad? — Which fruit are cheap?
   Pa rai sy'n goch? — Which ones are red?

(iv) *Sy* + yn + indefinite noun
   Pa fachgen sy'n fab i Tom? — Which boy is Tom's son?
                                (*literally:* a son to Tom.)
   P'un sy'n brifathro? — Which one is a headteacher?

Ydy (+ a definite subject), e.g.
   Pa ferch ydy'r orau? — Which girl is the best?
   Pa liw ydy'r carped? — What colour is the carpet?
   P'un ydy Dafydd?   — Which one is Dafydd?

Mae (when the pronouns *ei* or *eu* and a verb-noun follows. This pattern will be dealt in greater detail in **L17 N6a**.) e.g.
   Pa waith mae e'n ei wneud?   — What work does he do?
   Pa lyfr mae hi wedi ei ysgrifennu? — Which book has she written?
   Pa lyfrau mae hi wedi eu hysgrifennu? — Which books has she written?

b) Fill in the blanks with the appropriate form of *is:*
    (i)   Pa bwdin _____ 'da ti i ginio heddiw?
    (ii) Pa gar _____'r un mwyaf rhad?
    (iii) P'un _____'n gallu mynd yn gyflym?
    (iv) P'un _____ Mair?
    (v) Pa ffrwythau _____'n ddrud iawn yr amser 'ma o'r flwyddyn?
    (vi) Pa gig _____ hi'n hoffi ei fwyta?
    (vii) Pa rai _____ wedi pydru?
    (viii) Pa lyfr _____ ar y bwrdd?
    (ix) Pa ffilmiau _____ e'n hoffi eu gweld?
    (x) Pa arian _____'r dyn wedi ei ddwyn?

c) A short form verb (like a past tense verb) can follow *P'un* and *Pa rai*, e.g.
P'un gweloch chi? — Which one did you see?
Pa rai prynon nhw? — Which ones did they buy?
P'un enillodd? — Which one won?
Pa rai cest ti? — Which ones did you get?

11 Dywedwch yn Gymraeg:

    (i)   He drank a bottle(ful) of pop.
    (ii)   How much per dozen are eggs usually?
    (iii) The carpet was £10 per yard.
    (iv) Are the apples *ten pence per lb.*? (emphasise!) Yes.
    (v)   You'd (*fam.*) better make a list.
    (vi) May I have four gallons of petrol, please?
    (vii) Does Mair need these?
    (viii) He wanted 3 lbs. of flour.
    (ix) I don't need those today.
    (x)   We won't need to wash the children's hair.
    (xi) We heard that you could cook well.
    (xii) Although it was raining there were many people watching the game.
    (xiii) I think that she has plenty of opportunity to speak Welsh.
    (xiv) Which ones are the best?
    (xv) Which boy is going to win?

12   (i) Ask your partner (the shopkeeper) for as many different items as possible, using the pattern: 'Gaf i bwys o afalau, os gwelwch yn dda?'
    (ii) Ask the price of the different items.
    (iii) Play 'shop' with your partner.
    (iv) Ask as many questions or make as many statements as possible which require a *ie* or a *nage* answer.

Gwers 17 Bwyta allan : Dining out

Gwrandewch

Arthur: Rwyt ti'n edrych yn siriol y bore 'ma! Dydw i ddim yn gyfarwydd â dy weld di mor siriol ar fore dydd Llun!
Morgan: Fe aethon ni allan i ginio neithiwr.
Arthur: I ble aethoch chi?
Morgan: I'r *Llew Coch*. Fe gawson ni bryd da hefyd.
Arthur: I'r *Llew Coch*! Rwyt ti'n gyfoethog! Beth gawsoch chi?
Morgan: Dyma'r fwydlen iti.

Y LLEW COCH, LLANABER

Cinio Nos Sul, 28 Tachwedd
Dinner Sunday Evening, 28 November
7 p.m.–9 p.m.

Pris £7.00 (+ treth ar werth)
Price Pris £7.00 (+ value added tax)

1.	Cawl llysiau	Vegetable soup
	Sudd ffrwythau	Fruit juice
	Corgimychiaid	Prawns
	Grawnffrwyth	Grapefruit
2.	Cig eidion	Beef
	Cig oen	Lamb
	Cyw iâr	Chicken
	Twrci	Turkey
	Stecen	Steak
	Pysgodyn	Fish
	Tatws, Moron	Potatoes, Carrots
	Bresych, Pys	Cabbage, Peas
3.	Treiffl	Trifle
	neu Ffrwythau ffres mewn hufen ffres	*or* Fresh fruit in fresh cream
	neu Hufen iâ	*or* Ice cream
4.	Caws a Bisgedi	Cheese and Biscuits
5.	Coffi	Coffee

Arthur:	Roedd digon o ddewis.
Morgan:	Oedd. Fe gafodd fy ngwraig gawl llysiau i ddechrau, cig eidion i ddilyn, ffrwythau ffres, yna caws a bisgedi ac yna, coffi i orffen. Fe fwynheuodd hi'r pryd yn fawr iawn er ei bod hi'n meddwl bod y cig eidion braidd yn wydn.
Arthur:	Beth gest ti, 'te?
Morgan:	Roedd yn well 'da fi gael corgimychiaid, stecen, a ffrwythau ffres.
Arthur:	Sut oedd y stecen?
Morgan:	Yn flasus iawn. Roedd hi'n dyner iawn. Roedd hi mor dyner doedd dim rhaid i fi ei chnoi hi bron!
Arthur:	Roedd digon o wahanol fathau o lysiau.
Morgan:	Oedd. Roedd mathau gwahanol o datws—tatws wedi eu rhostio, tatws wedi eu berwi, tatws wedi eu ffrio. Ond mae'n well 'da ni datws wedi eu berwi. Doedd y moron ddim yn ffres—rhai wedi eu rhewi oedden nhw.
Arthur:	Yfaist ti win?
Morgan:	Naddo, ches i ddim gwin. Mae'n well 'da fi gwrw ysgafn gyda fy nghinio o hyd, ond roedd yn well 'da'r wraig gael gwydraid o win.
Arthur:	Gawsoch chi ddigon o fwyd?
Morgan:	Digon? Doedd y wraig ddim yn gallu ei fwyta fe i gyd. Fe ges i ormod o gorgimychiaid a doeddwn i ddim yn gallu eu gorffen nhw. Does dim rhyfedd ein bod ni'n ennill pwysau!

Arthur:	You're looking cheerful this morning! I'm not used to seeing you so cheerful on a Monday morning!
Morgan:	We went out to dinner last night.
Arthur:	Where did you go?
Morgan:	To the *Red Lion*. We had a good meal too.
Arthur:	To the *Red Lion*! You're well off! What did you have?
Morgan:	Here's the menu for you.
Arthur:	There was plenty of choice.
Morgan:	Yes. My wife had vegetable soup to start, beef to follow, fresh fruit, then cheese and biscuits and then, coffee to finish. She enjoyed the meal very much although she thought that the beef was rather tough.
Arthur:	What did you have, then?
Morgan:	I preferred prawns, a steak, and fresh fruit.
Arthur:	What was the steak like?
Morgan:	Very tasty. It was very tender. It was so tender I almost didn't have to chew it!
Arthur:	There were plenty of different kinds of vegetables.
Morgan:	Yes. There were different kinds of potatoes—roast potatoes, boiled potatoes, fried potatoes. But we prefer boiled potatoes. The carrots weren't fresh—they were frozen ones.
Arthur:	Did you drink wine?
Morgan:	No, I didn't have wine. I prefer a light beer with my dinner always, but my wife preferred a glass of wine.
Arthur:	Did you have enough food?
Morgan:	Enough? The wife couldn't eat it all. I had too many prawns and I wasn't able to finish them. It's no wonder we are putting on weight!

GWESTY HOTEL

LLANGADOG, DYFED SA19 9HY
FFÔN/TEL LLANGADOG (05503) 238

CINIO - Dydd Gwener, Ionawr 25, 1980 - £6.45
DINNER - Friday, January 25, 1980

Cawl Moron gyda Letys	Carrot Soup with Lettuce
— — — — — —	— — — — — —
Cymysgedd o Felwn, Ciwcymbyr ac Afalau Cariad gyda Bara Perlysiau Twym	Melon, Cucumber and Tomato Salad with Hot Herb Bread
neu	or
Gellyg mewn Hufen Taragon	Pears in Tarragon Cream Dressing
— — — — — — — — — —	— — — — — — — — — —
Ysgwydd o Gig Oen Cymreig Rhôst gyda Saws Cyrens Cochion Mintys ac Oren	Roast Shoulder of Welsh Lamb with Redcurrant Orange and Mint Sauce
neu	or
Cyw Iâr Celtaidd	Celtic Chicken
Tatws Garlleg	Garlic Potatoes
Llysiau Tymhorol	Seasonal Vegetables
— — — — — — — — —	— — — — — — — — —
Caws	Cheese
— — — — — —	— — — — — —
Dewis o Bwdin	Choice of Dessert

Bwydlen Gwesty Glansevin   *Glansevin Hotel's Menu*

1 Geirfa

a)
berwi	—	to boil
blasus	—	tasty
braidd yn ...	—	rather ...
bwydlen-ni (*f*)	—	menu
cyfoethog	—	rich, wealthy, well off
dilyn	—	to follow
ennill	—	to gain (*also*, to win)
ffres	—	fresh
ffrio	—	to fry
gorffen	—	to finish
gwahanol	—	different
gwin-oedd (*m*)	—	wine
gwydn	—	tough
gwydraid (*m*)	—	glassful
llew-od (*m*)	—	lion
llysiau (*m*)	—	vegetables
math-au (*m*)	—	kind (*also*, make)
mwynhau	—	to enjoy
o hyd	—	always, (*also*, still)
pwysau (*m*)	—	weight
rhewi	—	to freeze
rhostio	—	to roast
rhyfedd	—	wonder
siriol	—	cheerful
tyner	—	tender
yn well 'da ...	—	to prefer

b) *Cawl* can either mean *soup* or *broth*.

c) When a syllable is added to *mwynhau* —*au*— becomes —*eu*—, e.g. fe fwynheuais i — I enjoyed.

d) *Gwyd*r*aid* — *glass*ful (See **L16, N1c**).

e) *Ffowlyn* is also widely used to convey *chicken* (meat), as well as *cyw iâr*.

f) *Gwahanol* can precede or follow an adjective. cf. **L9, N5d**. If it precedes an adjective it causes a soft mutation, e.g.
gwahanol fathau — different kinds
gwahanol bobl — different people

2 Other useful words

blodfresych	—	cauliflower
cig dafad	—	mutton
cig llo	—	veal
ffa	—	broad beans
ffa dringo	—	kidney beans
maip	—	swedes
panas	—	parsnips
sglodion	—	chips
ysgewyll brwsel	—	brussel sprouts

3 Past tense of cael — to have, to get, to receive

a) *Cael* is an irregular verb so note the following very carefully:

fe ges i	—	I got, had
fe gest ti	—	you got, had
fe gafodd e / hi, etc.	—	he, she, etc. got, had
fe gawson ni	—	we got, had
fe gawsoch chi	—	you got, had
fe gawson nhw	—	they got, had

You will recall the function of *Fe* (**L10, N4**); if people don't use it the correct form is *ces i*, etc.

b) You will recall that the direct object of a verb undergoes a soft mutation (**L11, N6a**). Use the forms in (a) like this:
fi / moron — Fe ges i foron i ginio ddoe.
(i) nhw / cig eidion   (ii) hi / tatws   (iii) ni / bresych   (iv) Meirion / maip
(v) y plant / pys   (vi) ti / sglodion   (vii) chi / llysiau ffres   (viii) ni / cawl
(ix) y dyn / gwin   (x) nhw / treiffl

c) To change (a) into questions drop the word *fe* (see **L10, N4c**), e.g.
Gawsoch chi ddigon? — Did you have enough?

Change the sentences that you formed in (b) into questions.

d) (Check **L13, N4h**.) Use the appropriate past tense form of *cael* to ask 5 questions which begin with:
  (i) Sut / ti   (ii) Ble / chi   (iii) Pryd / nhw   (iv) Pam / fe   (v) Faint / hi

e) To change past tense verbs into the negative the word *fe* is discarded and the word *ddim* is added. If the verb-nouns begin with *b, d, g, ll, m, rh* they undergo a soft mutation, e.g.
  Gwelais i   or   fe welais i   welais i ddim
  Rhedodd e   or   fe redodd e   redodd e ddim

Verb-nouns which begin with *p, t, c* undergo an aspirate mutation, e.g.
  prynon ni   or   fe brynon ni   phrynon ni ddim
  talon nhw   or   fe dalon nhw   thalon nhw ddim
  ces i   or   fe ges i   ches i ddim

It is important to note that the object which follows *ddim* does *not* undergo a soft mutation, e.g.
Ches i ddim gwin. — I didn't have wine.

f) Change the sentences that you formed in (**b**) into the negative.

g) Change the following into the negative:
  (i) Fe ferwais i datws.
  (ii) Fe ddilynon ni gar arall.
  (iii) Fe orffennodd e weithio'n gynnar.
  (iv) Fe rewon nhw ffa.
  (v) Fe brynodd y plant losin yn y siop.
  (vi) Fe deithiaist ti yn y car.
  (vii) Fe garioch chi ddŵr.
  (viii) Fe feddylion ni am Ginio Gŵyl Ddewi.
  (ix) Fe gwrddais i â John.
  (x) Fe ddiolchodd hi am y cinio.

h) Write 10 sentences stating what you *didn't* do at specific times yesterday, e.g.
Chodais i ddim am saith o'r gloch ddoe.
Fwytais i ddim brecwast am wyth o'r gloch ddoe.

4   **Braidd yn . . . / rather . . .**

a) *Yn* is used to link *braidd* to the adjective which follows. The adjective undergoes a soft mutation (**L1, N3c**), e.g.
   braidd yn wydn   —   rather tough
   braidd yn dyner —   rather tender
   braidd yn gas   —   rather nasty

b) Look at the following illustrations and write sentences which will include the *braidd yn* pattern:

Roedd hi'n gas 'da'r dyn y lle achos ei bod hi braidd yn oer yno.

i   ii   iii   iv

v   vi   vii   viii

c) Link the following adjectives with the *braidd yn* pattern and place them in sentences, e.g.
   gwydn — Mae'r bwyd yn y *Llew Coch* yn dda iawn fel arfer ond mae'r cig braidd yn wydn o hyd.
   (i) bach   (ii) mawr   (iii) tal   (iv) uchel   (v) pell   (vi) prysur   (vii) llydan
   (viii) chwerw   (ix) ffres   (x) llwyd

5 Yn well 'da / To prefer

a) This expression is used in a similar way to *yn gas 'da — to dislike* (**L13, N5f**), e.g.
Mae hi'n (or Mae'n) well 'da ni dwrci. — We prefer turkey.
Oedd hi'n well 'da chi win? — Did you prefer wine?
Dydy hi ddim yn well 'da fi gwrw. — I don't prefer beer.
Ydy hi'n well 'da nhw fwyta nawr? — Do they prefer to eat now?

Note carefully the difference in meaning between:
yn well i — better for
yn well 'da — to prefer

b) Use the *yn well 'da* construction according to the pattern of this example:
Roedd hi'n well 'da fi gig eidion. A John? — Roedd hi'n well 'da John borc.
  (i) Mae hi'n well 'da hi ddarllen. A'i brawd?
  (ii) Roedd hi'n well 'da fi ffa. A chi? (*pl.*)
  (iii) Fe fydd hi'n well 'da fe gerdded. A ti?
  (iv) Mae hi'n well 'da Mair datws wedi eu berwi. A fe?
  (v) Roedd hi'n well 'da'r plant orennau. A'r fam?

6 Pronouns (fy, dy, ei, etc.) + verb-nouns

a) Note the following:
Doedd dim rhaid i fi *ei chnoi hi*. — I didn't have to chew it. (stecen)
Doedd fy wraig ddim yn gallu *ei fwyta fe*. — My wife couldn't eat it. (bwyd)
Doeddwn i ddim yn gallu *eu gorffen nhw*. — I wasn't able to finish them.
(corgimychiaid)

In English, pronouns like *it* and *them* follow the infinitive. In Welsh the pronouns precede the verb-nouns and the appropriate supporting pronouns can follow. The appropriate mutation should follow the pronoun, i.e. *fy* + *nasal* (**L15, N2a**); *dy* (**L13, N5b**) and *ei* (*masc.*) (**L11, N8a**) + *soft*, *ei* (*fem.*) + *aspirate* (**L9, N6d**); no mutation after *ein*, *eich* and *eu*, e.g.
Oedd e'n gallu fy ngweld i? — Could he see me?
Dydw i ddim yn gallu dy glywed di. — I can't hear you.
Mae'n well 'da fi eu berwi nhw. — I prefer to boil them.

This pattern does not apply when the verb-noun is followed by a preposition, e.g.
cwrdd â — to meet
Rydw i eisiau cwrdd â fe. — I want to meet him.

b) Fill in the blanks with the appropriate pronouns and mutate accordingly. Finish each sentence as you wish, e.g.

Rydw i eisiau _____ clywed hi achos . . . — Rydw i eisiau ei chlywed hi achos eu bod nhw'n dweud ei bod hi'n gallu siarad yn dda.

(i) Rydw i eisiau _____ bwyta fe achos . . .
(ii) Roedd e eisiau _____ talu i achos . . .
(iii) Fe fyddwn ni eisiau _____ prynu fe achos . . .
(iv) Ydych chi eisiau _____ gwneud nhw achos . . . ?
(v) Doedd hi ddim eisiau _____ benthyca nhw achos . . .
(vi) Dydy hi ddim eisiau _____ darllen e achos . . .
(vii) Dydyn nhw ddim eisiau _____ gweld ni achos . . .
(viii) Doeddwn i ddim eisiau _____ cario di achos . . .
(ix) Maen nhw eisiau _____ gadael chi achos . . .
(x) Doedd e ddim eisiau _____ gofidio i achos . . .

c) Use the pattern in (a) in sentences which will include the words listed below, e.g.
chi — Rydw i wedi bod yn *eich* disgwyl chi.
ffrio — Roedd fy ngwraig eisiau eu *ffrio* nhw.
(i) chi (ii) troi (iii) ti (iv) rhewi (v) newid (vi) fe (vii) cofio (viii) fi (ix) talu (x) hi.

d) You have seen this pattern already in the question: Beth rydych chi'n *ei* wneud? (**L2, N7a**) which literally translates — What are you (it) doing? e.g.
Beth roeddech chi'n ei dalu? — What were you paying?
Pwy mae hi'n ei adnabod? — Who does she know?
Beth rwyt ti'n ei ddweud? — What are you saying?

In such questions the *ei* is followed by a soft mutation.

e) Complete the question: 'Beth rwyt ti wedi ei _____?' by filling in the blank with the following words:
(i) coginio (ii) ennill (iii) gweld (iv) bwyta (v) prynu (vi) gwerthu (vii) anghofio (viii) colli (ix) gwneud (x) yfed

7 Wedi eu rhewi etc. / Frozen etc.

a) Note:
moron wedi eu rhewi	— frozen carrots
tatws wedi eu rhostio	— roasted potatoes
tatws wedi eu berwi	— boiled potatoes
tatws wedi eu ffrio	— fried potatoes

Eu, which we use when the preceding noun is plural, can shorten to '*u* after *wedi*. Also, if the noun referred to is singular then *ei* would be used which would abbreviate to *wedi'i*, e.g.
pysgodyn (*masc.*) wedi 'i rewi — (a) frozen fish

b) Convey your likes and dislikes by saying, for example:
   (i) Rydw i'n hoffi tatws wedi eu ffrio.
   (ii) Mae'n gas 'da fi foron wedi eu rhewi.
   (iii) Dydw i ddim yn hoffi panas wedi eu rhostio.

c) You will recall the following:
rhagor o . . . (**L3, N6c**)
llawer o . . . (**L6, N10a**)
digon o . . . (**L8, N8a**)
gormod o . . . (**L10, N8a**)
ychydig o . . . (**L10, N9a**)

Remember that 'Gaf i' is followed by a soft mutation (**L3, N8a**).

Use these expressions in conjunction with the menu, etc. and create as many sentences as you can, e.g.
Gaf i ragor o hufen iâ, os gwelwch yn dda?
Dydw i ddim wedi cael digon o datws wedi eu ffrio.
Does dim digon o banas wedi eu rhostio 'da chi.

8 . . . I ddechrau etc. / . . . To start etc.

a) Note the following sentences:

Fe gafodd fy ngwraig gawl llysiau i ddechrau.	— My wife had vegetable soup to start (with).
Fe gafodd hi gig eidion i ddilyn.	— She had beef to follow.
Fe gafodd hi goffi i orffen.	— She had coffee to finish (with).
cf. also: Mae hi'n amser i fynd.	— It's time to go.

When a verb-noun (*mynd*) follows a noun (*amser*) the preposition *i* is used to link them. The noun can be replaced by an adjective, e.g.
Mae hi'n *braf i eistedd* yn y gwres. — It's fine (pleasant) to sit in the heat.

b) Complete the following sentences with the appropriate ending from this list:
(i) orffen   (ii) ymweld â'r amgueddfa   (iii) ddechrau   (iv) gwrdd â fi
(v) chwarae rygbi   (vi) gael cinio   (vii) gysgu   (viii) nofio yn y môr
(ix) wneud arian   (x) weld America y llynedd.
   (i) Mae Ben yn rhy dew i . . .
   (ii) Mae e'n gyfle da i . . .
   (iii) Roedd hi'n ddiddorol i . . .
   (iv) Mae Nest yn rhy hwyr i . . .
   (v) Mae hi'n ddigon twym i . . .
   (vi) Fe ges i rawnffrwyth i . . .
   (vii) Roedd Arwyn yn awyddus i . . .
   (viii) Fe gawson nhw fisgedi a chaws i . . .
   (ix) Mae amser a lle i . . .
   (x) Roeddwn i wedi trefnu car i . . .

9 Dywedwch yn Gymraeg

(i) I had a glass(ful) of sweet wine.
(ii) We didn't have kidney beans for lunch today.
(iii) Did you (*fam.*) finish your soup?
(iv) She didn't boil potatoes.
(v) It was rather wet when we arrived home.
(vi) Does he prefer boiled potatoes or (some) roasted ones?
(vii) She preferred a glassful of sweet wine.
(viii) You (*pl.*) don't have to finish them.
(ix) The steak was so tough I wasn't able to chew it.
(x) Have they paid us?
(xi) What do you (*fam.*) think?
(xii) What has she done now?
(xiii) I hate boiled parsnips.
(xiv) She didn't have enough fried potatoes; have you got more, please?
(xv) May I have a lot of chips, please?
(xvi) I'd better eat boiled potatoes since chips make me fat.
(xvii) Is it time to finish?

10 (i) Give details of your favourite menu.
(ii) Be awkward! Complain as much as possible about your dinner, e.g. Mae gormod o siwgr ar y grawnffrwyth. Does dim digon o *halen* (salt) ar y tatws. Rydw i wedi cael gormod o faip.
(iii) Use the following contrasting patterns like this: Mae hi'n gas 'da fi foron — mae hi'n well 'da fi faip. List your likes and dislikes.
(iv) Your partner is the manager of a local restaurant / hotel. Telephone him / her in order to obtain details of the menu.

Gwers 18 Fe ddylen ni : We ought to

Gwrandewch

A (i) Rydw i'n mynd yn dew.
    (ii) Wyt, yn wir. Fe ddylet ti golli pwysau, a ddylet ti ddim bwyta cymaint o bethau melys.

    (i) I'm getting fat.
    (ii) Yes indeed. You should lose weight, and you shouldn't eat so many sweet things.

B (i) Mae Mair yn hwyr yn codi heddiw eto!
    (ii) Ydy. Fe ddylai hi fynd i'r gwely'n fwy cynnar.

    (i) Mair is late getting up today again!
    (ii) Yes. She should go to bed earlier.

C (i) Does dim tîm da 'da Chaerdydd.
    (ii) Nac oes. Fe ddylen nhw brynu gwell chwaraewyr.

    (i) Cardiff haven't a good team.
    (ii) No. They should buy better players.

D (i) Rydw i o hyd yn brin o arian. Beth ddylwn i ei wneud?
    (ii) Fe ddylech chi wario llai a chynilo mwy, a ddylech chi ddim gwario cymaint ar ddiod.

    (i) I'm always short of money. What should I do?
    (ii) You should spend less and save more, and you shouldn't spend so much on drink.

E (i) Ddylen ni ddarllen y llyfr 'na?
    (ii) Dylen, mae e'n llyfr diddorol iawn.

    (i) Should we read that book?
    (ii) Yes, it's a very interesting book.

F (i) Ddylen ni aros am John?
   (ii) Na ddylech, mae e wedi colli'r bws.

   (i) Should we wait for John?
   (ii) No, he has missed the bus.

G (i) Ches i mo'r papur y bore 'ma. Fe ddylwn i ffonio'r siop.
   (ii) Dylech. O leiaf, ddylech chi ddim talu am y papur.

   (i) I didn't get the paper this morning. I ought to telephone the shop.
   (ii) Yes. At least, you shouldn't pay for the paper.

H (i) Welais i monot ti ddoe.
   (ii) Naddo. Fe ddylet ti fod wedi galw i fy ngweld i. Roeddwn i'n dost.

   (i) I didn't see you yesterday.
   (ii) No. You should have called to see me. I was ill.

I (i) Mae dy gar di'n frwnt!
   (ii) Ydy. Fe ddylwn i fod wedi ei olchi fe ddydd Sadwrn ond olchais i mono fe.

   (i) Your car is dirty!
   (ii) Yes. I should have washed it Saturday but I didn't wash it.

J (i) Fe welais i Nesta a'i gŵr yn y dref.
   (ii) Welais i monyn nhw. Fe ddylet ti fod wedi dweud achos roeddwn i eisiau siarad â nhw.

   (i) I saw Nesta and her husband in town.
   (ii) I didn't see them. You should have said because I wanted to talk to them.

K (i) Doeddet ti ddim yn y cyngerdd neithiwr.
   (ii) Nac oeddwn. Fe ddylwn i fod wedi bod yno ond roedd rhaid i fi fynd i weld fy chwaer yn yr ysbyty.

   (i) You weren't in the concert last night.
   (ii) No. I should have been there but I had to go to see my sister in hospital.

L (i) Dewch ar unwaith! Mae 'na ferch fach yn yr afon!
   (ii) Fe ddylwn i ei hachub hi! Dydy'r afon ddim yn ddwfn iawn yma.

   (i) Come at once! There's a little girl in the river!
   (ii) I should save her! The river isn't very deep here.

1   **Geirfa**

a) | | |
    |---|---|
    | achub | — to save |
    | afon-ydd (*f*) | — river |
    | aros (am) | — to wait (for) |
    | colli | — to miss (*also*, to lose) |
    | cymaint | — so many / much (*also*, as much) |
    | cynilo | — to save |
    | cyngerdd (cyngherddau) (*m*) | — concert |
    | chwaer (chwiorydd) (*f*) | — sister |
    | chwaraewr (chwaraewyr) (*m*) | — player |
    | diod (*m*) | — drink |
    | dwfn | — deep |
    | gwell | — better |
    | i | — in order to |
    | llai | — less |
    | mwy | — more |
    | mynd yn dew | — to get fat |
    | o leiaf | — at least |
    | prin | — short (i.e. scarce) |
    | talu (am) | — to pay (for) |
    | tîm-au | — team |
    | yna | — (see **N6**) |

b) *Gwell — better* precedes the noun, (cf. **L9, N5d**) but the noun does *not* undergo a soft mutation, e.g.
    gwell bachgen — a better boy, gwell merch — a better girl

c) *Cynilo* is used to convey *to save, to accumulate* (money), e.g.
    Mae eisiau car newydd arnaf i, felly rydw i'n cynilo fy arian. — I need a new car, so I'm saving my money.

    We use another word—*arbed* to convey *to save* (spending money or time or trouble etc.), e.g.
    Prynwch y llyfr yn Siop Gwalia—fe fyddwch yn arbed deg ceiniog. — Buy the book in Gwalia Shop—you will save ten pence.

    To convey *to save* (a life) we use the word *achub*, e.g.
    Fe achubodd y dyn y bachgen. — The man saved the boy.

    Normally we say *achub (rhag) : to save (from)*, an impending threat, e.g.
    Pwy achubodd y ferch rhag boddi? — Who saved the girl from drowning?

    The preposition *o (from)* is used when someone is saved from a place, e.g.
    Pwy achubodd y ferch o'r môr? — Who saved the girl from the sea?

d) Fill each blank with the appropriate word from this list:
achub, gynilo, arbed, arbedon, achubodd, gynilais:
- (i) Rydw i'n prynu petrol yn y garej ar y cornel ac rydw i'n _____ pum ceiniog y galwyn.
- (ii) Pwy _____ y ferch o'r môr?
- (iii) Os wyt ti eisiau hufen iâ mae rhaid i ti _____ dy arian.
- (iv) Fe welais i'r diffoddwr tân yn _____ y teulu rhag y tân.
- (v) Fe brynon ni dunaid o goffi'n rhad yn y farchnad ac fe _____ ni ddau ddeg ceiniog.
- (vi) Fe _____ i fy arian achos fy mod i eisiau mynd i weld y ffilm.

2 Fe ddylwn i, etc. / I ought to, etc.

a) The personal forms of *ought to* or *should* in Welsh are:

fe ddylwn i (*or* dylwn i)	— I should (*or* I ought to)
fe ddylet ti	— you should
fe ddylai fe, hi, 'r bachgen	— he, she, the boy should
fe ddylen ni	— we should
fe ddylech chi	— you should
fe ddylen nhw	— they should

No *yn* (**L1, N3c**) is needed to link these forms to the verb-noun which follows and which undergoes a soft mutation (**L11, N6a**).

Fe ddylet ti *w*rando mwy a siarad llai. — You ought to listen more and speak less.
Fe ddylech chi *g*anu yn y cyngerdd. — You should sing in the concert.

b) Fill each blank with the appropriate form from (**a**).
- (i) Fe _____ ti wrando ar yr athro.
- (ii) Fe _____ plant fynd yn gynnar.
- (iii) Fe _____ i wisgo fy siwt newydd.
- (iv) Fe _____ Mair gynilo ei harian.
- (v) Fe _____ chi ddweud wrth yr heddlu.
- (vi) Fe _____ nhw gysgu'n dda.
- (vii) Fe _____ tîm Abertawe ennill ddydd Sadwrn.
- (viii) Fe _____ i fynd yn dew.
- (ix) Fe _____ 'r heddlu ddal y lladron.
- (x) Fe _____ chi weld y ffilm 'na.

c) By now, you know how to change a verb like *fe ddylwn i* into the negative—drop the word *fe* and add the word *ddim* which is *not* followed by a soft mutation (**L17, N3c**), e.g.

Ddylech chi ddim bwyta cymaint! — You shouldn't eat so much!

Change the sentences in (**b**) into the negative.

d) To change the forms in (a) into questions we drop the word *fe*, e.g.
Ddylech chi fwyta cymaint?

Change the sentences in (b) into questions.

e) Note how we use *bod wedi* with these forms, e.g.
Fe ddylai fe *fod wedi* mynd. — He ought *to have* gone.
Ddylech chi ddim *bod wedi* dweud. — You shouldn't *have* said.

Remember that *wedi* is not followed by a soft mutation. Learn also the *bod wedi bod* construction:
Fe ddylwn i *fod wedi bod* yn y cyngerdd. — I should *have been* in the concert.
Ddylet ti *fod wedi bod* yn yr eglwys? — Should you have been in church?

f) Change the sentences in (b) to include the *bod wedi* pattern.

g) *Sins of omission!* (i) List the things that you ought to have done during the past week, e.g. Fe ddylwn i fod wedi golchi'r car ddydd Sadwrn. (ii) Make a list of where you should have been at certain times, e.g. Fe ddylwn i fod wedi bod yn y gwaith am naw o'r gloch.

h) Use any of the forms in (a) after the following question words. Remember that *Sut, Ble, Pryd, Pam, P'un* and *Pa rai* are not followed by a soft mutation, whereas *Pwy, Beth, Faint* are followed by a soft mutation, e.g.
Pwy *dd*ylai ennill y gêm heno? Sut *d*ylen nhw fynd?

i) *Fe ddylwn i, etc.* verbs have their own response forms. Learn the following:
Dylwn (Yes, I should)
Dylet (Yes, you should)
Dylai (Yes, he, she, it, etc. should)
Dylen (Yes, we should)
Dylech (Yes, you should)
Dylen (Yes, they should)

The *no* response is: na ddylwn (no, I shouldn't), etc.

j) Respond: (i) *yes* to the statements in (b); (ii) *no* to the same statements, (20 responses in all). For maximum effect, your partner should repeat each statement for you to respond to it.

3 Negative past tense + mo, etc.

a) In **L17, N3e** you saw that we could say: Phrynais i ddim papur. — I didn't buy a paper. The direct object (*papur*) is indefinite (*a* paper) and not *y papur* — *the paper*. When the direct object is definite (e.g. y bachgen, Siôn, fy nghar) the negative is conveyed in a different way, e.g.
Phrynais i *mo*'r car. — I didn't buy the car.
Olchodd e *mo* fy nghar i. — He didn't wash my car.
Welon nhw *mo* Siôn. — They didn't see Siôn.

When a noun is used *mo* replaces *ddim*. Pronouns change to '*i*, '*n*, '*ch*, '*u* after *mo* (**L10, N7a**). The forms are mo'i, mo'n, mo'ch, mo'u, e.g.
Welais i mo'i chwaer e. — I didn't see his sister.

It is very important to note that the *mo* construction is (i) only used with short form verbs (like *phrynais i*... and not *dydw i, doeddwn i, etc.*), and (ii) is not used with verbs whose meanings are completed by prepositions like *â, wrth, i, etc.*, e.g. *Siaradais* i ddim â John. *Ddywedon* nhw ddim *wrth* y ferch.

b) Answer the following questions in the negative, e.g.
Enillodd hi'r gêm? — Naddo, enillodd hi mo'r gêm.
  (i) Ddringon nhw Everest?
  (ii) Weloch chi'r (*pl.*) ffilm?
  (iii) Welaist ti fy ngwraig i?
  (iv) Gollodd e ei docyn?
  (v) Gyrhaeddodd hi'r copa?
  (vi) Siaradon nhw â Marian?
  (vii) Gest ti'r arian?
  (viii) Ddywedoch chi (*pl.*) wrth yr heddlu?
  (ix) Glywaist ti eu plant nhw?
  (x) Baentiodd e eich car chi (*pl.*)?

c) Using the negative of the past tense make 10 negative statements in which the direct object is definite, e.g. Welais i mo dy arian di.

d) 'Fe es i i _____ ond ...'
Complete the above in 10 different ways using the *mo* form, e.g.
'Fe es i *i'r Gogledd* ond *ddringais i mo'r Wyddfa.*'
'Fe es i *i'r sinema* ond *fwynheuais i mo'r ffilm.*'

e) *Mo* has forms when *me, you, him, her, it, us, you, them* are direct objects:
mono i — Welodd e mono i. — He didn't see me.
monot ti — Welodd e monot ti. — He didn't see you.
mono fe — Welais i mono fe. — I didn't see him / it.
moni hi — Welais i moni hi. — I didn't see her / it.
monon ni — Welodd e monon ni. — He didn't see us.
monoch chi — Welodd e monoch chi. — He didn't see you.
monyn nhw — Welodd e monyn nhw. — He didn't see them.

f) Complete the following like this:
yfed / hi / fe ... — Yfodd hi mono fe achos ei fod e'n rhy felys.
   (i) prynu / fi / nhw ...   (vi) clywed / fe / fi ...
   (ii) cael / hi / fe ...   (vii) talu / ti / ni ...
   (iii) bwyta / ni / nhw ...   (viii) prynu / chi / fe ...
   (iv) gweld / fi / chi ...   (ix) achub / nhw / hi ...
   (v) darllen / hi / nhw ...   (x) paentio / fi / fe ...

4 Cymaint o ... / So much or so many ...

a) A noun can follow *cymaint* by using *o* as a linking word, which causes the noun to undergo a soft mutation. cf. llawer o, rhagor o, nifer o.

Dydw i ddim yn hoffi cymaint o dreiffl.	— I don't like so much trifle.
Doedd hi ddim wedi gweld cymaint o lyfrau!	— She hadn't seen so many books!
Ddylen nhw ddim bwyta cymaint o datws.	— They shouldn't eat so many potatoes.

b) I want advice. Rydw i'n mynd yn dew ac rydw i eisiau colli pwysau. Combine: *Ddylech chi ddim* and *cymaint o* patterns in your statements, e.g.
Ddylech chi ddim bwyta cymaint o datws.

5 i / in order to

a) One of the important functions of *i* (+ *s.m.*) is to *denote purpose*. (cf. *er mwyn* **L12, N4e**), e.g.

Fe ddylet ti fod wedi galw *i* fy ngweld i.	— You should have called (in order) *to* see me.
Rydw i'n bwyta *i* fyw.	— I eat to live.
Mae e'n byw *i* fwyta!	— He lives to eat!
Fe brynodd e'r car *i* fynd i'r gwaith.	— He bought the car to go to work.
Fe aeth e allan i (**L11, N14a**) redeg *i* golli pwysau.	— He went out to run / running to lose weight.

b) Use this *i* in answering the following questions, e.g.
Pam galwoch chi (*singl.*) yn y siop? — Fe alwais i yn y siop i brynu papur.
   (i) Pam torrodd y lleidr y ffenestr?
   (ii) Pam prynoch chi'r (*pl.*) radio?
   (iii) Pam aethon nhw allan i redeg?
   (iv) Pam rhedaist ti i'r orsaf?
   (v) Pam prynodd hi'r paent?
   (vi) Pam aeth y dyn i'r coleg?
   (vii) Pam rydych chi'n (*singl.*) prynu llysiau wedi'u rhewi?
   (viii) Pam galwaist ti yn y garej?
   (ix) Pam aeth y dyn i'r coleg?
   (x) Pam roedden nhw eisiau gwerthu'r tŷ?

6 Yna ('na)

a) Look at the following examples:

Mae 'na ferch yn yr afon. — There's a girl in the river.
Roedd 'na fwyd blasus iawn yn y gwesty. — There was very tasty food in the hotel.
Fe fydd 'na lawer yn y cyngerdd. — There will be many in the concert.
Does 'na ddim cyngerdd heno. — There isn't a concert tonight.
Fe glywais fod 'na dân wedi bod yma. — I heard that there has been a fire here.

The pattern could be literally translated: There is there . . . / There was there . . . / There won't be there . . . / I hear that there was there . . .
Yna isn't necessary but is very often heard. There is no difference in meaning between: 'Mae merch yn yr afon.' and: 'Mae 'na ferch yn yr afon.'

b) Use *'na* in your statements and follow the pattern of this example:

Mae 'na gar ar yr heol.

i   ii   iii   iv

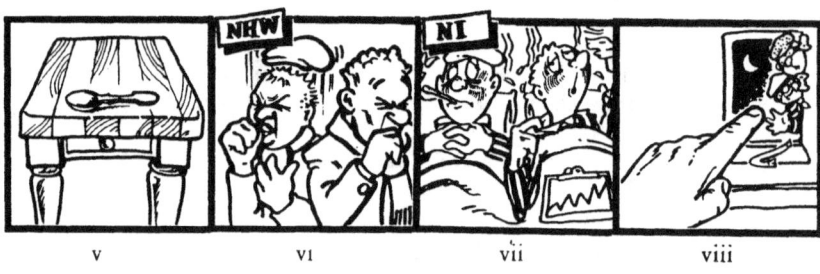

v   vi   vii   viii

c) Use *'na* in your answers to these questions, e.g.
Pwy sy wrth y drws? — Mae 'na fachgen bach yno.
  (i) Pwy sy yn yr afon?
  (ii) Beth sy ar y stryd?
  (iii) Faint oedd yn y cyngerdd?
  (iv) Pwy oedd wrth y drws?
  (v) Beth oedd yn y sinema?

7 **Dywedwch yn Gymraeg**

   (i)   I ought to spend less and save more.
   (ii)   Who saved the man?
   (iii)   There is a better book in the library.
   (iv)   You (*fam.*) shouldn't miss the train every day—you should get up earlier.
   (v)   Should she pay for these now or should she pay later?
   (vi)   They shouldn't have bought that car.
   (vii)   Should I have been there? I had forgotten.
   (viii) Where should we meet them?
   (ix)   Yes, they should have been in the concert.
   (x)   I didn't see my sister.
   (xi)   We didn't hear you (*pl.*) coming.
   (xii)   You (*fam.*) shouldn't eat so much sugar.
   (xiii) I wanted the money to buy a new car.
   (xiv)   Why should we pay them?
   (xv)   He goes out running every night in order to lose weight.

8 (i)   Your close friend is going on holiday. Give him / her advice on what safety precautions should be taken in the house before leaving, e.g. Fe ddylet ti gloi'r drysau. (cloi — to lock)
   (ii)   Give advice to your friend on how to do a simple chore (e.g. washing dishes, making tea, boiling water, or washing the car). e.g. Fe ddylet ti ddodi'r llestri yn y bowlen (bowl). Yna . . .
   (iii) You are revising the highway code. So remind yourself of the things you ought (and ought not) to do. e.g. Ddylwn i ddim gyrru'n rhy gyflym yn y dref. (gyrru — to drive)
   (iv)   Look at the passage again. This time respond in a different way to the statements, e.g.
          A (i) Rydw i'n mynd yn dew.
             (ii) Fe ddylet ti fwyta llai a cherdded mwy.
   (v)   Plan your day! e.g. *Fe ddylwn i fod* yn yr orsaf am hanner awr wedi wyth.
   (vi)   The plans that went wrong! e.g. *Fe ddylwn i fod wedi* cyrraedd y gwaith am naw o'r gloch, *ond* fe gollais i'r bws.
   (vii) Reasons for doing something, e.g. Rydw i'n siopa yn Siop Gwalia *i* arbed arian. *or* Mae e'n mynd i'r gwaith yn y car *i* arbed amser.

Gwers 19 Fe fyddwn i petawn i'n gallu : I would if I could

Gwrandewch

Mrs. Evans: Ydych chi wedi penderfynu i ble rydych chi'n mynd ar eich gwyliau eto?
Mrs. Roberts: Nac ydyn. Petawn i'n cael dewis fe fyddwn i'n hoffi aros mewn gwesty.
Mrs. Evans: Fe arhosoch chi mewn gwesty y llynedd, os ydw i'n cofio'n iawn.
Mrs. Roberts: Do. Felly, fe ddywedodd Tom y byddai fe'n hoffi aros mewn bwthyn yn y wlad eleni.
Mrs. Evans: Ond fyddai'r plant yn hoffi gwyliau fel 'na?
Mrs. Roberts: Na fydden, wir! Petaen nhw'n cael dewis fe fydden nhw eisiau aros mewn tref ar lan y môr yn agos i ffair. Neithiwr, fe ddywedon nhw y bydden nhw'n hoffi mynd i wersyll gwyliau lle mae ffair yn rhad ac am ddim.
Mrs. Evans: Fe aethon ni i wersyll gwyliau ddwy flynedd yn ôl ac roedd y plant yn y ffair bob dydd, drwy'r dydd!
Mrs. Roberts: Fyddech chi'n hoffi mynd yno eto?
Mrs. Evans: Na fyddwn. Fyddwn i byth eisiau mynd yno eto! Roedd y lle'n rhy swnllyd—ond fe fyddai'r plant wrth eu bodd. Petai arian 'da fi fe fyddwn i'n mynd dros y môr i wlad dwym ac aros mewn gwesty moethus.
Mrs. Roberts: Aethoch chi ddim dros y môr y llynedd?
Mrs. Evans: Naddo. Fe fydden ni wedi mynd petai dim arholiadau 'da Mair yn yr ysgol. Ond mewn ffordd roedden ni'n lwcus.
Mrs. Roberts: Lwcus?
Mrs. Evans: Ie. Petaen ni wedi mynd fydden ni ddim wedi gallu prynu carafan.
Mrs. Roberts: Fe fydden ni'n gallu mynd i leoedd gwahanol petai carafan 'da ni hefyd.
Mrs. Evans: Byddech. Ydych chi wedi aros mewn carafan erioed?
Mrs. Roberts: Ydyn, bum mlynedd yn ôl pan oedd y plant yn fach. Fe fydden ni wedi ei fwynhau e hefyd petai hi ddim wedi bwrw glaw drwy'r wythnos.
Mrs. Evans: Fyddech chi'n hoffi cael benthyg ein carafan ni eleni?
Mrs. Roberts: Bydden, wir!
Mrs. Evans: Fe fyddwch chi'n gallu cael y gorau o ddau fyd—ffair ar lan y môr a bwthyn yn y bryniau yr un wythnos!
Mrs. Roberts: Fe fydd rhaid i fi siarad â Tom am y peth. Dydy e erioed wedi tynnu carafan.

Mrs. Evans:		Have you decided where you are going to on your holidays yet?
Mrs. Roberts:		No. If I were given a choice I'd like to stay in a hotel.
Mrs. Evans:		You stayed in a hotel last year, if I remember correctly.
Mrs. Roberts:		Yes. So, Tom said that he'd like to stay in a cottage in the country this year.
Mrs. Evans:		But would the children like a holiday like that?
Mrs. Roberts:		No, indeed! If they were given a choice they would want to stay in a seaside town. Last night, they said that they would like to go to a holiday camp where there's a free fair.
Mrs. Evans:		We went to a holiday camp two years ago and the children were in the fair every day, all day!
Mrs. Roberts:		Would you like to go there again?
Mrs. Evans:		No. I'd never want to go there again! The place was too noisy—but the children would be in their element. If I had money I'd go overseas to a hot country and stay in a luxury hotel.
Mrs. Roberts:		Didn't you go overseas last year?
Mrs. Evans:		No. We would have gone if Mair hadn't had examinations in school. But in a way we were lucky.
Mrs. Roberts:		Lucky?
Mrs. Evans:		Yes. If we had gone we couldn't have bought a caravan.
Mrs. Roberts:		We'd be able to go to different places if we too had a caravan.
Mrs. Evans:		Yes. Have you ever stayed in a caravan?
Mrs. Roberts:		Yes, five years ago when the children were small. We would have enjoyed it too if it hadn't rained all the week.
Mrs. Evans:		Would you like to borrow our caravan this year?
Mrs. Roberts:		Yes, indeed!
Mrs. Evans:		You'll be able to have the best of two worlds—a fair at the seaside and a cottage in the hills the same week!
Mrs. Roberts:		I'll have to talk to Tom about the matter. He's never towed a caravan.

1   Geirfa

a)
ar lan y môr	—	at / by the seaside
arholiad-au (*m*)	—	examination
blynedd	—	years (see **N5a**)
byth	—	ever, never (see **N6a**)
cael benthyg	—	to have the loan of
carafan-nau (*f*)	—	caravan
drwy	—	throughout, all (also, through)
erioed	—	ever, never (see **N6a**)
eto	—	yet (also, again)
ffair (ffeiriau) (*f*)	—	fair
gwersyll-oedd (*m*)	—	camp
gwersyll gwyliau (*m*)	—	holiday camp
gwlad (*f*)	—	countryside (also, country)
iawn	—	correct
moethus	—	luxurious
penderfynu	—	to decide
peth-au (*m*)	—	matter (also, thing)
tynnu	—	to pull, to draw, to tow

wrth eu bodd	—	in their element, delighted
y	—	that
yn ôl	—	ago
yn rhad ac am ddim	—	for nothing, free of charge
(yn) wir	—	indeed

b) *Drwy* is a variation of *trwy*. Any noun after it undergoes a soft mutation, e.g. drwy gae — through a field, drwy Gymru — throughout Wales. When linked with time it means *all*, e.g. drwy'r dydd, drwy'r prynhawn, drwy'r nos, drwy'r amser.

c) *Iawn* usually means *very* (after an adjective) and *all right*, but it can also mean *correct*, e.g.
Ydy'r gwaith yn iawn? — Is the work correct?
Ydy hwn yn iawn? — Is this correct?

d) Learn the expression: *yn rhad ac am ddim*. Many people use the shorter version: *am ddim*. *Yn rhad* on its own means *cheap, reasonable in price*.

e) *(Yn) wir* is very often said without the linking *yn*.

2 Fe fyddwn i, etc. / I would, etc.

a) This lesson has been devoted to the conditional *would* form (see also Appendix 4). Be careful not to confuse the future (**L13**) and conditional tenses as both forms are only slightly different from one another. In the conditional tense the key vowel is *e* as you can see from the following:

fe fyddwn i	—	I would
fe fyddet ti	—	you would
fe fyddai fe / hi / 'r ferch, etc.	—	he / she / the girl, etc. would
fe fydden ni	—	we would
fe fyddech chi	—	you would
fe fydden nhw	—	they would

You will observe that *dylwn i* etc. — *I ought to* etc. has the same endings, e.g.
Fe fyddwn i'n hoffi aros mewn gwesty. — I'd like to stay in a hotel.
Fe fydden nhw eisiau aros mewn tref. — They'd want to stay in a town.
Fe fyddai rhaid i fi ddod. — I would have to come.

By using *wedi* instead of *yn* we can convey *would have*, e.g.
Fe fydden ni wedi mynd. — We would have gone.
Fe fyddet ti wedi hoffi'r ffilm 'na. — You would have liked that film.

By using *wedi bod* we can convey *would have been*, e.g.
Fe fyddech wedi bod yn hwyr. — You would have been late.
Fe fyddai'r bechgyn wedi bod yn gynnar. — The boys would have been early.

b) Place the appropriate form of the *would* tense in the following blanks:
    (i) Fe _____ nhw'n hoffi dod.
    (ii) Fe _____ ni'n cwrdd â chi yn y dref.
    (iii) Fe _____ fe'n rhad ac am ddim.
    (iv) Fe _____ chi (*pl.*) wrth eich bodd ar lan y môr.
    (v) Fe _____ i wrth fy modd yn aros mewn carafan.
    (vi) Fe _____ Meirion wrth ei fodd yn y ffair.
    (vii) Fe _____ 'r plant yn mwynhau mewn gwersyll gwyliau.
    (viii) Fe _____ ti'n gallu dod gyda ni nos Iau.
    (ix) Fe _____ Mair yn hoffi cael hwn.
    (x) Fe _____ i'n edrych ar y ffilm.

c) Change the sentences in (**b**) so that they convey *would have* or *would have been*.

d) The negative is conveyed by dropping the word *fe* and adding *ddim*, i.e. fyddwn i ddim — I wouldn't, fydden nhw ddim — they wouldn't, e.g.
Fyddai hi ddim yn gallu dod.   — She wouldn't be able to come.
Fydden ni ddim wedi bod yno.   — We wouldn't have been there.

But note the use of *dim* in the following idiomatic expressions (where it doesn't follow a pronoun like *hi*):
Fyddai dim amser 'da fi.   — I wouldn't have time.
Fyddai dim rhaid i chi benderfynu'n gyflym.   — You wouldn't have to decide quickly.
Fyddai dim eisiau moddion arni hi.   — She wouldn't need medicine.

e) Change the sentences in (**b**) into the negative.

f) Change the following into the negative. You will note that they are based on idiomatic expressions.
    (i) Fe fyddai hiraeth arno fe. (**L7, N5b**)
    (ii) Fe fyddai rhaid i ti ferwi'r dŵr. (**L7, N10a**)
    (iii) Fe fyddai pen tost 'da fi. (**L7, N6a**)
    (iv) Fe fyddai eisiau cig arnyn nhw. (**L16, N7a**)
    (v) Fe fyddai hi'n hen bryd iddyn nhw ddod. (**L10, N11a**)
    (vi) Fe fyddai hi'n gas 'da fe wersylla. (**L13, N5f**)
    (vii) Fe fyddai hi'n well i chi adael y car gartref. (**L16, N6a**)
    (viii) Fe fyddai hi'n well 'da nhw fynd dros y môr ar eu gwyliau. (**L17, N5a**)
    (ix) Fe fyddai eisiau amser arni hi. (**L16, N7a**)
    (x) Fe fyddai rhaid i fi fynd adref. (**L7, N10a**)

g) As with the future tense of *bod* (**L13, N4b**) the question forms of *would* are conveyed by dropping the word *fe*, e.g.
Fyddai'r plant yn hoffi gwyliau fel 'na? — Would the children like a holiday like that?
Fyddech chi'n hoffi mynd yno eto? — Would you like to go there again?

h) Change the sentences in (**f**) into question forms.

i) Using the *would* tense ask questions based on the following clues, e.g.
    hi / eisiau — Fyddai hi eisiau dod gyda fi ddydd Mercher?
    (i) fi / gallu (ii) ti / hoffi (iii) rhaid / John (iv) amser / nhw
    (v) yn well / chi (vi) nhw / gartref / am (vii) hi / mwynhau
    (viii) y dyn / newid (ix) ni / darllen (x) Mair / colli

j) Respond, using *would* forms, in any way you like to the following statements, e.g.
    Mae hi'n braf heddiw. — Fe fyddwn i'n hoffi mynd i lawr i lan y môr.
    (i)   Mae ffilm dda yn y sinema yr wythnos 'ma.
    (ii) Rydw i'n bwriadu gwerthu fy nghar.
    (iii) Mae Mair yn mynd i'r llyfrgell y prynhawn 'ma.
    (iv) Mae annwyd trwm ar Tom.
    (v)   Fe fyddwn ni'n mynd i wersyll gwyliau eleni.

k) Like other *bod* tenses the *would* tense also has different *yes* and *no* response forms,
    e.g. byddwn (yes, I would); na fyddwn (no, I wouldn't).
    byddai (yes, he would); na fyddai (no, he wouldn't).

l) Respond *yes* and *no* to the sentences in (b). (20 responses in all.)

3   Petawn i, etc. / If I were, etc.

a) You already know one word for *if*, namely *os* (**L13, N5d**). The *if* word to use with the *would* tense varies according to the person of the verb. Learn the following:

petawn i — if I were
petaet ti — if you were
petai e / hi, etc. — if he, she were, etc.
petaen ni — if we were
petaech chi — if you were
petaen nhw — if they were

By now, the endings are familiar to you. Study the following examples closely:
Fe fyddwn i'n mynd i lan y môr petai hi'n braf. — I'd go to the seaside if it were fine.
Petaen nhw'n cael tywydd da fe fydden nhw'n mwynhau'r gwyliau. — If they had good weather they'd enjoy the holiday (i.e. If they were to have . . .).
Petaen ni *wedi* mynd yn gynnar fe fydden ni wedi cael tocynnau. — If we *had* gone early we would have had tickets (i.e. If we were to have gone . . .).

Petai is the form to use with the *'da* (possession) pattern, e.g.
Petai amser 'da fi fe fyddwn i'n dod. — If I had time I'd come.

Compare also *ar* (**L7, N5b** and **L16, N17a**) and *rhaid* (**L7, N10a**) patterns.
Fe fyddai Alun yn aros yn y gwely petai ffliw arno fe. — Alun would stay in bed if he had influenza (i.e. . . . if he were to have 'flu).
Fe fyddai Alun yn mynd i'r gwaith petai rhaid iddo fe. — Alun would go to work if he had to (i.e. . . . if he were to have to).

(There is an extended note about this subject in **Appendix 4**.)

b) Complete these sentences in any way you wish, e.g.
petai arian 'da fi ... — Petai arian 'da fi fe fyddwn i'n prynu car newydd.
  (i) petai hi'n bwrw glaw ...
  (ii) petawn i'n dost ...
  (iii) petaet ti wedi dod ...
  (iv) petaen nhw eisiau ...
  (v) petai annwyd ar fy ngŵr ...
  (vi) petaech chi'n galw ...
  (vii) petai lleidr yn y tŷ ...
  (viii) petaen ni'n mynd i'r Alban ...

c) Wishful thinking! State what you would do with your money if you were a millionaire (*miliwnydd*). 'Petawn i'n filiwnydd fe fyddwn i'n ...'

d) 'Beth fyddech chi'n ei wneud?' State your reactions to the following situations. More than one response may be given. Follow this pattern in your replies:
Mae lleidr yn y lolfa. — Petai lleidr yn y lolfa fe fyddwn i'n dweud wrth y gŵr.
or Petai lleidr yn y lolfa fe fyddwn i'n ffonio'r heddlu.
  (i) Rydych chi yn y siop a does dim arian 'da chi.
  (ii) Mae'r car wedi torri i lawr.
  (iii) Rydych chi'n gweld mwg yn dod o dŷ.
  (iv) Rydych chi wedi colli'r bws i'r gwaith.
  (v) Mae hi'n rhewi.
  (vi) Mae'r gwesty'n ofnadwy!
  (vii) Mae'r stecen yn y gwesty'n wydn ofnadwy!
  (viii) Dydyn ni ddim wedi gweld Mrs. Jones drws nesaf ers tipyn.

e) Do you remember the *yn well i* pattern? (**L16, N6a**) Respond to (**d**) again but this time advise your close friend how to deal with each situation, e.g. Petai lleidr yn y lolfa *fe fyddai'n well i ti* ffonio'r heddlu.

f) These personal forms of *petawn i*, etc. can be followed by *ddim* to convey the negative, e.g.

| Petai hi ddim yn bwrw glaw fe fyddwn i'n cerdded i'r gwaith. | — If it didn't rain I'd walk to work. |
| Petaech chi ddim yn gallu dod—fe ddylech chi ffonio! | — If you were unable to come—you should 'phone! |

Petai dim is the form to be used with the *'da* (possession) pattern, all *ar* expressions (**L7, N5b** and **L16, N7a**), and the *rhaid* pattern (**L7, N10a**), e.g.

Fyddai hi ddim yn gallu mynd i'r sinema *petai dim* arian 'da hi.	— She wouldn't be able to go to the cinema if she didn't have money.
Petai dim coes dost 'da fi fe fyddwn i'n gallu chwarae rygbi.	— If I didn't have a painful leg I'd be able to play rugby.
Petai dim ffliw *ar* Gwen fe fyddai hi yma heno.	— If Gwen didn't have influenza she'd be here tonight.
Fydden nhw ddim yn mynd allan heno *petai dim rhaid* iddyn nhw!	— They wouldn't be going out tonight if they didn't have to!

g) Change (**b**) into the negative and complete the sentences in any way you wish, e.g. petai dim arian 'da fi ... — Petai dim arian 'da fi fe fyddai rhaid i fi aros yn y tŷ.

4 Y / That

a) You have already met one way of saying *that* in Welsh — *bod* (**L16, N8a**). *Bod* is used to convey *that is* or *that was*. The linking word *that* to use in patterns like *that I will be* (future) or *that I would be* (conditional) or *that I said* (past tense) is *y* (*yr* before a vowel) and it has no personal forms (like *fy mod i*), e.g.

Rydw i'n credu y byddwn ni'n gallu dod. — I believe that we will be able to come.

Roedden ni'n gobeithio y byddai hi'n braf. — We were hoping that it would be fine.

Fe ddywedoch chi y byddech chi yno. — You said that you'd be there.

If *that* in Welsh is followed by a short form verb like *clywais i*, *prynodd e*, *dylwn i*, then we say: *y clywais i* or *y prynodd e*, *y dylwn i*.

Fe ddywedodd e y prynodd e'r car yn y dref. — He said that he bought the car in town.

Roeddwn i'n meddwl y clywais i rywbeth wrth y drws. — I thought that I heard something by the door.

Y dych chi'n meddwl y dylwn i ei ddarllen e? — Do you think that I should read it?

b) Report what John said using the pattern: Fe ddywedodd e _____. e.g. "Fe fydd hi'n braf yfory." — Fe ddywedodd e y bydd hi'n braf yfory.
   (i) "Fe fydden nhw'n hoffi dod."
   (ii) "Fe fyddaf i'n ffonio nos yfory."
   (iii) "Fe welais i ffilm ddiddorol neithiwr."
   (iv) "Fe fydd y plant yno braidd yn hwyr."
   (v) "Fe fyddai'n well i Mair aros i mewn."
   (vi) "Fe ddylen nhw fynd i'r De ar eu gwyliau."
   (vii) "Fe fydd hi'n well 'da Tom gynilo ei arian."
   (viii) "Fe fyddai'n gas 'da nhw wersylla."
   (ix) "Fe gafodd e fenthyg car ei frawd."
   (x) "Fe fyddwn i wedi arbed arian petawn i wedi ei brynu fe y llynedd."

c) Report again what John said using the *bod* (**L16, N8a**) or the *y* patterns: Roedd e'n dweud _____. e.g.
"Roedd hi'n braf ddoe." — Roedd e'n dweud ei bod hi'n braf ddoe.
   (i) "Mae'n well 'da fi datws wedi eu berwi."
   (ii) "Fe fyddan nhw wrth eu bodd yn y wlad."
   (iii) "Fe ddylai hi golli pwysau."
   (iv) "Roedd 'na blant wrth y drws."
   (v) "Fe fydden ni'n hwyr petaen ni'n colli'r bws."
   (vi) "Fe fydd 'na gyngerdd yn yr ysgol yr wythnos nesaf."
   (vii) "Roeddwn i wrth fy modd yn y ffair."
   (viii) "Fe fwytais i ormod i ginio."
   (ix) "Mae hi'n dod ym mis Gorffennaf."
   (x) "Fe yfon ni win melys."

d) Complete the sentence: "Fe ddywedais i _____" (as many times as you can) using either the *bod* or the *y* pattern.

5 Blwydd, Blwyddyn, Blynedd

a) These three words mean *year*, but they have different uses. *Blwydd* is linked with age, as you know (**L15, N4a**); *blwyddyn* is not linked with age or a number, e.g. Roedd 1960 yn flwyddyn dda. — 1960 was a good year. In this lesson you met the word *blynedd*, e.g. Fe aethon ni i wersyll gwyliau *dd*wy flynedd yn ôl. — We went to a holiday camp two years ago. (Remember that adverbial expressions undergo a soft mutation—**L7, N8a**.)

Blynedd is a plural form and should be used after a number, which should be in their feminine form, e.g. tair blynedd — 3 years, pedair blynedd — 4 years. Note that we say: *dwy flynedd* and after *pum* (5), *saith* (7), *wyth* (8), *naw* (9), *mlynedd* is the correct form. Note also: *deng mlynedd*. (Compare **L15, N4a**.)

b) Link the following numbers with *blynedd yn ôl* and complete the sentence as you wish, e.g. 5 — Fe es i i'r Alban ar fy ngwyliau bum mlynedd yn ôl.
(i) 2 (ii) 3 (iii) 4 (iv) 5 (v) 6 (vi) 7 (vii) 8 (viii) 9 (ix) 10

6 Erioed / Byth

a) These two words cause confusion to learners since both have the same meaning! Usually, they mean *ever*, but *never* when the verb is negative. However, *byth* and *erioed* refer to different times.

Erioed: ever / never, is used to convey past time, e.g.
Ydych chi wedi bod i Lydaw erioed? — Have you ever been to Brittany.
Welais i erioed mono fe. — I never saw him.
Welais i erioed ddyn fel John. — I never saw a man like John.

It's interesting to note that *erioed* and *byth* don't require the negative *ddim*.

Byth: ever / never, is used to refer to the present or the future, e.g.
Dydy e byth yn dod yn gynnar. — He never comes early.
Fyddan nhw byth yn dod 'nôl. — They'll never come back.

Learn also the expression:
Cymru am byth! — Wales for ever!
Note: *Doedd e byth yno.* — He was never there.

b) Fill in the blanks with either *erioed* or *byth*.
- (i) Chlywais i _____ mono fe.
- (ii) Cymru am _____!
- (iii) Dydyn ni _____ wedi bod i Iwerddon.
- (iv) Fyddwn i _____ eisiau byw yno!
- (v) Fyddaf i _____ yn gallu siarad Cymraeg.
- (vi) Fyddan nhw _____ yn ennill yn erbyn Cymru!
- (vii) Wyt ti _____ wedi siarad â'r dyn 'na?
- (viii) Dydw i _____ yn ei ddarllen e.
- (ix) Doedden nhw _____ wedi fy ngweld i.
- (x) Rydw i wedi dweud _____ ei fod e'n dda.

c) Make a list of:
 —things that you have never done, e.g. Dydw i erioed wedi prynu Rolls Royce.
 —places that you have never been to, e.g. Dydw i erioed wedi bod i Lydaw.
 —things that you are not likely to do, e.g. Fyddwn i byth yn hoffi byw yn Llundain.
 —places that you are not likely to go to, e.g. Fyddaf i byth yn gallu mynd i America.

7 Dywedwch yn Gymraeg:

- (i) Is this paper for nothing?
- (ii) I would have stayed there all day if I had had the chance.
- (iii) Would your (*plural*) children have been in their element in the holiday camp?
- (iv) They wouldn't have to decide today.
- (v) She'd prefer to leave the work until tomorrow.
- (vi) Would it be better for them to buy it (*masc.*)?—Yes.
- (vii) If we missed the bus we would catch a train.
- (viii) He would stay in a luxury hotel if he had money.
- (ix) If I didn't have a cold I'd be able to do it (*masc.*).
- (x) Did he say that he was coming?—Yes.
- (xi) Did she say that she'd come?—No.
- (xii) They were hoping that it would be dry.

8
- (i) Discuss with your partner the sort of (a) holiday (b) house you *would* like to have.
- (ii) Rydych yn mynd ar eich gwyliau. List the precautions you *would* take to safeguard your house.
- (iii) Rydych yn dost. List the various remedies you *would* recommend for the different ailments (peswch, annwyd, pen tost, ffliw).
- (iv) Using the pattern: 'Fe fyddai rhaid i fi / i ni . . .' discuss with your partner the things you *would* have to arrange when going on a continental holiday.
- (v) Ask your partner various questions, such as: 'Beth ddywedodd e / hi?' 'Beth glywoch chi?' etc. and your partner should extend the replies by using *that* — *bod* or *y* (**N4a**).

Gwers 20   Yfory . . . : Tomorrow . . .

Gwrandewch:

A (i) Mae Modryb Megan yn dweud yn ei llythyr ei bod hi ddim yn teimlo'n dda.
   (ii) Mae'n flin 'da fi glywed hynny. Fe ysgrifennaf i lythyr at Modryb Megan heno.

   (i) Aunty Megan says in her letter that she doesn't feel well.
   (ii) I'm sorry to hear that. I'll write a letter to Aunty Megan tonight.

B (i) Mae'r peiriant golchi wedi torri i lawr, Alwyn.
   (ii) Fe ddaw Ifor i mewn i'w drwsio fe. Fe drwsiff e'r peiriant.

   (i) The washing machine has broken down, Alwyn.
   (ii) Ifor will come in to repair it. He'll repair the machine.

C (i) Beth wnawn ni yfory?
   (ii) Fe awn ni i'r dref ac fe gawn ni ginio mewn rhyw dŷ bwyta yno.

   (i) What will we do tomorrow?
   (ii) We'll go to town and we'll have lunch in some restaurant there.

D (i) Pwy enilliff y gêm ddydd Sadwrn? Cymru?
   (ii) Ie, os chwaraeiff y blaenwyr yn dda.

   (i) Who will win the game on Saturday? Wales?
   (ii) Yes, if the forwards (will) play well.

E (i) Pryd gwnân nhw'r gwaith?
   (ii) Fe ddywedon nhw y gwnân nhw'r gwaith yr wythnos nesaf.

   (i) When will they do the work?
   (ii) They said that they'll do the work next week.

F (i) Wyt ti'n meddwl y prynan nhw'r tŷ?
   (ii) Gwnân, rydw i'n meddwl, os gallan nhw ostwng y pris.

   (i) Do you think that they will buy the house?
   (ii) Yes, I think, if they'll be able to lower the price.

G (i) Beth ddywedodd y meddyg am Rhodri?
   (ii) Fe ddywedodd e y gwelliff e'n fuan os cymeriff e ofal.

   (i) What did the doctor say about Rhodri?
   (ii) He said that he'll get better soon if he takes (*literally:* he'll take) care.

H (i) Ffoni di'r siop deledu, os gweli di'n dda?
   (ii) Gwnaf, pan fyddaf i wedi gorffen fy nghinio.

   (i) Will you telephone the television shop, please?
   (ii) Yes, when I (will) have finished my dinner.

I (i) Faint ddaw i'r ddawns Nadolig?
   (ii) Fe ddaw tua chant, gobeithio, neu fe wnawn ni golled.

   (i) How many will come to the Christmas dance?
   (ii) About a hundred will come, I hope, or we'll make a loss.

J (i) Fe dalaf i am y coffi.
   (ii) Na wnewch, wir. Fe daloch chi ddoe.

   (i) I'll pay for the coffee.
   (ii) No, indeed. You paid yesterday.

K (i) Pob hwyl, nawr.
   (ii) Welaf i monot ti yfory ond fe alwaf i i dy weld di nos Galan.

   (i) Cheerio, now.
   (ii) I won't see you tomorrow but I'll call to see you New Year's Eve.

1 Geirfa

a)
at (*s.m.*)	— to (a person)
blaenwr (blaenwyr) (*m*)	— a forward
buan	— soon
colled-ion (*f*)	— loss
cymryd gofal	— to take care
dawns-feydd (*f*)	— a dance
ei bod hi ddim	— that she isn't
gobeithio	— to hope
gofal-on (*m*)	— care
gostwng	— to lower
gwella	— to get better, to improve
hynny	— that
(y) Nadolig	— Christmas
nos Galan	— New Year's Eve
os gweli di'n dda (*fam.*)	— please
peiriant (peiriannau) (*m*)	— machine (also, engine)

pob hwyl	—	cheerio
rhyw (*s.m.*)	—	some
torri i lawr	—	to break down
trwsio	—	to repair
tŷ bwyta (tai bwyta) (*m*)	—	restaurant
yfory	—	tomorrow

b) We say *at Megan* (to Megan) and not *i Megan*. i.e. *at* (to) a person. e.g.
Fe es i at y meddyg. — I went to the doctor.

c) *Hynny* means *that*, and it's used to refer to something abstract like a statement, an idea, etc., e.g.
Ydych chi'n meddwl hynny? — Do you mean (think) that?
Doeddwn i ddim yn hoffi hynny. — I didn't like that.

d) Note the following parting phrases: *pob hwyl, hwyl fawr*, which roughly mean *cheerio* or *have fun*, whereas *da bo ti (fam.)* and *da boch chi (pl.)* mean *be good*.

e) *Rhyw* is followed by a soft mutation, e.g.
rhyw dŷ bwyta — some restaurant
rhyw ddawns — some dance
rhyw fwthyn — some cottage

f) Do you remember *'na* (**L18, N6a**)? Place *'na ryw* in front of the following words and form sentences, e.g.
bachgen — Roedd 'na ryw fachgen yn canu yn y cyngerdd.
(i) potel   (ii) teganau   (iii) cot   (iv) bws   (v) dillad   (vi) gwersyll   (vii) llythyr   (viii) menyw   (ix) rhestr siopa   (x) papur.

g) *Gobeithio* can be used on its own to convey *I hope*, e.g.
Fe ddaw tua chant, *gobeithio*. — About a hundred will come, I (*or* one) hope(s).
Fe ddaliff yr heddlu'r lleidr, *gobeithio*. — The police will catch the thief, I (*or* one) hope(s).

h) *Tua — about, approximate*, is followed by an aspirate mutation, e.g.
tua chant — about a hundred
tua phedwar — about four
tua thri o'r gloch — about three o'clock.

It should be noted that the aspirate mutation is not strictly adhered to in spoken Welsh after *tua*.

2 Fe brynaf i, etc. / I shall buy, etc.

a) You will recall the verb *fe fyddaf i* (**L13, N4a**) which means *I will be*. In Welsh there is a short future tense form to convey a firm *intention* of action in the future. Compare the following:

Fe fyddaf i'n gweld Tom yfory. — I'll *be* seeing Tom tomorrow.
Fe welaf i Tom yfory. — I *shall / will* see Tom tomorrow.

It's a form very widely used in the language when referring to future actions with considerable emphasis being placed on the *shall* or *will* element.

The endings, with the exception of the 3rd person singular, will be familiar to you, since they are that of **L13 N4a**. Let's take *gweld* — *to see* as a pattern of a regular verb.

fe welaf i — I will, shall see
fe weli di — you will, shall see
fe weliff Mair, etc. — Mair will see
fe welwn ni — we will see
fe welwch chi — you will see
fe welan nhw — they will see

b) Respond to the following remarks, saying 'I shall / will . . .' according to the clue given and add a time element like *nawr, heno, yfory*, etc., e.g.
Rydw i'n dost. (Galw'r meddyg) — Fe alwaf i'r meddyg nawr.

(i) "Does dim papur 'da fi." (Prynu un)
(ii) "Mae'r peiriant golchi wedi torri i lawr." (Trwsio fe)
(iii) "Mae'r llestri'n frwnt." (Golchi nhw)
(iv) "Rydw i'n gwisgo'r wisg goch." (Gwisgo fy siwt lwyd)
(v) "Mae hi'n dwym yma." (Agor y drws)
(vi) "Mae eisiau cwpanaid o de arnaf i." (Berwi dŵr)
(vii) "Dydw i ddim yn hoffi'r rhain." (Bwyta nhw)
(viii) "Dwyt ti ddim yn gwybod y ffordd." (Dilyn ti)
(ix) "Rydw i'n mynd nawr." (Gweld chi)
(x) "Mae hwn yn drwm." (Cario fe)

c) Respond to the above remarks again, but this time state that someone else will do something, e.g.
Rydw i'n dost. (Galw'r meddyg) — Fe alwiff Mrs. Jones y meddyg.

d) You are already aware that the verb-nouns *mynd, gwneud, cael* and *dod* form various tenses irregularly. Nevertheless, within their own group, they tend to be regular. Here's the future tense of *mynd* — *to go*:

fe af i	— I'll go
fe ei di	— you'll go
fe aiff e / hi, etc.	— he / she'll go, etc.
fe awn ni	— we'll go
fe ewch chi	— you'll go
fe ân nhw	— they'll go

Note the similarity between *cael* and *gwneud*:

fe *g*af i	— I'll have (add *g* — in front)
fe *wn*af i	— I'll make / do (add *wn* — in front)

Dod — *to come* needs particular attention:

fe ddof i	— I'll come
fe ddoi di	— you'll come (also, fe ddei di)
fe ddaw e / hi, etc.	— he / she'll come, etc.
fe ddown ni	— we'll come
fe ddowch chi	— you'll come (*also*, fe ddewch chi)
fe ddôn nhw	— they'll come

You will notice that the key vowel in *dod* is o.

e) Remember that (i) *os* — *if* (**L13, N5d**) is directly followed by a verb in its unmutated form, e.g. os dowch chi — if you'll come (ii) *pan* — *when* (**L11, N13a**) is directly followed by a verb which undergoes a soft mutation, e.g. pan ddowch chi — when you'll come. Use the appropriate form of the verb-noun given in brackets, e.g.
os (gweld) chi — os gwelwch chi
  (i) Os (dod) di fe (cael) di losin.
  (ii) Pan (dod) nhw fe (cael) nhw fwyd.
  (iii) Fe (cael) i docyn os (mynd) ni'n fuan.
  (iv) Fe (ffonio) i John pan (cyrraedd) e gartref.
  (v) Os (eistedd) i yn y gadair 'na fe (cysgu) i.
  (vi) Fe (gwella) chi pan (dod) 'r haf.
  (vii) Os (mynd) di i'r gwely'n gynnar fe (gallu) di godi'n gynnar.
  (viii) Fe (ennill) nhw os (chwarae) nhw'n dda.
  (ix) Os (gwneud) nhw eu gwaith yn dda fe (talu) i nhw.
  (x) Fe (gweld) i ti pan (dod) ni 'nôl o'n gwyliau.

f) Start 10 sentences with *os*, follow it with any short form verb, and complete each sentence as you wish, e.g.
Os ei di i'r Gogledd fe weli di drên bach yr Wyddfa.

g) Where do these verbs fit?: ddown, aiff, gaiff, ddaw, wna, gewch, ân, wnawn, wnaiff, gei
   (i) Fe _____ hi ginio mewn tŷ bwyta.
   (ii) Fe _____ nhw yn y car i'r dref.
   (iii) Fe _____ i de i chi nawr.
   (iv) Fe _____ ni gyda chi i'r ddawns.
   (v) Fe _____ chi betrol yn y garej.
   (vi) Fe _____ e i'r orsaf ar y bws.
   (vii) Fe _____ 'r plant cyn deg o'r gloch.
   (viii) Fe _____ ni'r ardd yn fuan.
   (ix) Fe _____ di laeth yn y cwpwrdd.
   (x) Fe _____ hi bwdin reis i fi i ginio.

3 Gofyn cwestiynau / Asking questions

a) To form questions drop the word *fe*, e.g.
   *Dd*owch chi i ginio ddydd Sul? — Will you come to dinner on Sunday?
   *W*eli di Gwilym yfory? — Will you see Gwilym tomorrow?
   *G*af i'r rhain, os gweli di'n dda? — May I have these, please?

b) Change the sentences in **2g** into question form.

c) Ask questions based on the following verb-nouns, e.g.
   gwrando ar — Wrandawan nhw ar y radio heno?
   (i) newid (ii) prynu (iii) rhifo (iv) symud (v) teithio (vi) trio (vii) codi (viii) bwyta (ix) cadw (x) benthyca (xi) dod (xii) ffonio (xiii) gadael (xiv) holi (xv) gallu

d) Ask the appropriate question (using *Pa, Ble, Pam, Pryd, Sut, Pwy, Beth, Faint*) (**L13, N4h**) which fits each statement, e.g.
   Fe ân nhw nos *yfory*. — Pryd ân nhw?
   (i) Fe brynaf i'r papur *heno*.
   (ii) Fe ddewisiff hi hon *achos* ei bod hi'n rhad.
   (iii) Fe enilliff *Lloegr* ddydd Sadwrn.
   (iv) Fe gyrhaeddan nhw *am* ddeg o'r gloch.
   (v) Fe bryniff hi *betrol*.
   (vi) Fe ddaw *John*.
   (vii) Fe fwytan nhw *datws* wedi eu rhostio.
   (viii) Fe gei di *ddau*.
   (ix) Fe ddôn nhw *yn y car*.
   (x) Fe awn ni i'r *Alban* ar ein gwyliau.

e) The short future tense form is always preceded by the linking *y* — to convey *that* (**L19, N4a**) in a sentence like: Mae hi'n dweud y prynan nhw'r tŷ. Place the sentences in (**d**) after: 'Mae hi'n dweud y _____.' e.g.
Fe ân nhw nos yfory. — Mae hi'n dweud yr ân nhw nos yfory.

f) Give reasonable answers to the following questions:
    (i)   Faint roiwch chi (*singl.*) am y car?
    (ii)   Beth wnân nhw yng Nghaerdydd?
    (iii) Pwy weliff hi yno?
    (iv)   Sut doi di o'r dref yfory?
    (v)   Pryd daw e 'nôl?
    (vi)   Pam collan nhw'r gêm?
    (vii) I ble awn ni ar ein gwyliau eleni?
    (viii) Pa bwdin gaf i?
    (ix)   Beth gei di i swper heno?
    (x)   I ble ewch chi (*pl.*) ddydd Sadwrn?

4 Phrynaf i ddim, etc. / I won't buy, etc.

a) You know how to change past tense verbs into the negative (**L17, N3e**). Future tense verbs change into the negative in exactly the same way, i.e. verb-nouns beginning with *b, d, g, ll, m, rh* undergo a soft mutation whilst those that begin with *p, t, c* undergo an aspirate mutation, e.g.
*d*own ni or fe ddown ni   *dd*own ni ddim
*c*af i or fe gaf i   *ch*af i ddim

Note also that *mo* precedes the definite direct object of this tense if the verb is in the negative (cf. **L18, N3a**), e.g.
Ddarllenaf i mo'r papur nawr.   — I won't read the paper now.
Olchan nhw mo'r car.   — They won't wash the car.

Similarly, if words like *me, him, etc.* are the direct objects, *mono i, mono fe, etc.* will be used (cf. **L18, N3c**), e.g.
Fwytaf i mono fe.   — I won't eat it.
Chewch chi monyn nhw.   — You won't get them.

b) Change the sentences in **3d** into the negative, e.g.
Fe ân nhw nos yfory. — Ân nhw ddim nos yfory.

c) Complete: 'Welaf i . . . yfory' by using the object indicated in a negative construction, e.g. John — Welaf i mo John yfory.
(i) ti   (ii) nhw   (iii) chi   (iv) y teledu   (v) y plant   (vi) fe   (vii) hi   (viii) y gêm   (ix) y rheolwr   (x) Mair

d) Use *ond* — *but* to combine a positive verb with a negative verb, e.g. *Fe af i* i Gaerdydd ddydd Sadwrn *ond wariaf i ddim* llawer o arian, gobeithio. Write 10 sentences.

5 Replying: Yes, I will, or No, I won't

a) In the future tense we use the future form of *gwneud* in response to questions. Learn the following:

Gwnaf	—	Yes (I will)
Gwnei	—	Yes (you will)
Gwnaiff	—	Yes (he / she / it will)
Gwnawn	—	Yes (we will)
Gwnewch	—	Yes (you will)
Gwnân	—	Yes (they will)

The *no* replies are: Na *w*naf, Na *w*nei, etc.

b) Respond *Yes* and *No* (20 replies in all) to the following questions:
 (i) Godwch chi'n gynnar yfory? (*singl.*)
 (ii) Welan nhw'r ffilm heno?
 (iii) Bryniff hi'r car?
 (iv) Ddarlleni di i fi?
 (v) Olchiff hi'r llestri?
 (vi) Wisgan nhw eu dillad newydd?
 (vii) Wnaiff e ei waith cartref heno?
 (viii) Enillwch chi? (*pl.*)
 (ix) Ffoni di fe yfory?
 (x) Welliff Mr. Jones yn fuan?

c) It should be carefully noted that if the question uses a short form of *gallu* — *to be able to / can* or *cael* — *to have*, their own forms are used in the response. i.e. *Gallaf* or *Na allaf* ×, etc.; *caf* or *na chaf* ×, etc. (*Mynd* — *to go* and *Dod* — *to come* have their own response forms also, but there is an increasing tendency now for people to use *Gwneud* responses, rather than forms like *af* ✓, *na af* ×, *daw* ✓, *na ddaw* ×.)

d) Respond *Yes* and *No* (20 replies in all) to the questions asked in **3b**.

6   Ei bod hi ddim, etc. / That she isn't, etc.

a) The negative of the *bod* pattern (**L12, N5a** and **L16, N8a**) can be conveyed in spoken Welsh by adding the word *ddim*, e.g.

Mae hi'n dweud ei bod hi ddim yn teimlo'n dda. — She says that she doesn't feel well.

Doeddwn i ddim yn meddwl fy mod i'n gallu dod. — I didn't think that I was able to come.

Fe ddywedodd e fod John ddim yn dost. — He said that John wasn't ill.

We could say *bod dim — that there isn't / wasn't* when using the *'da* (possession) and the *rhaid* (**L7, N10a**) patterns, and all *ar* expressions (**L7, N5b** and **L16, N7a**). But the preferred forms are *does dim — that there isn't* and *doedd dim — that there wasn't*, e.g.

Mae hi'n dweud does dim arian 'da hi. — She says that she hasn't got money.

Roeddwn i'n meddwl doedd dim ffliw arno fe. — I thought that he didn't have influenza.

Fe ddywedais i doedd dim rhaid iddyn nhw ddod. — I said that they didn't have to come.

Fe ddywedais i does dim rhaid iddyn nhw fynd. — I said that they don't have to go.

b) Use the negative of the *bod* pattern to link: 'Rydw i'n gwybod . . .' with the following sentences:
   (i)   Mae arian 'da nhw.
   (ii) Mae e wedi bod yn yr ysgol.
   (iii) Rydych chi'n edrych yn hapus.
   (iv) Rydw i'n gynnar heno.
   (v)   Rwyt ti wedi bod yn yr Alban.
   (vi) Mae rhaid i ti fynd.
   (vii) Mae rhaid i chi dalu.
   (viii) Mae peswch arni hi.
   (ix) Mae hi'n gallu dod.
   (x)   Maen nhw'n brysur iawn.

c) Change the above sentences into the imperfect or the *was* tense (*roeddwn i*, etc.). Then, use the negative of the *bod* pattern to link 'Roeddwn i'n gwybod . . .' with them.

d) Use the same pattern in giving reasonable replies to the following questions, e.g. Beth ddywedoch chi? — Fe ddywedais fy mod i ddim yn gallu mynd.
   (i)   Beth ddywedaist ti?
   (ii) Beth ddywedon nhw?
   (iii) Beth roedden nhw'n ei ddweud? (**L17, N6d**)
   (iv) Beth glywodd e?
   (v)   Beth feddyliodd hi?
   (vi) Beth ddarllenaist ti?
   (vii) Beth rwyt ti'n ei feddwl? (**L17, N6d**)

7 Mae'n hi'n flin 'da fi... / I'm sorry...

a) The *yn flin 'da* idiomatic expression follows the same pattern as: *yn gas 'da* (**L13, N5f**) and *yn well 'da* (**L17, N5a**). So we say:

Mae'n (*or* Mae hi'n) flin 'da fi glywed. — I'm sorry to hear.
Roedd hi'n flin 'da nhw eu bod nhw'n mynd. — They were sorry that they were going.
Fe fydd hi'n flin 'da ti! — You'll be sorry!

b) Add: 'ac roedd hi'n flin 'da _____ glywed' to the sentence given, e.g. Roedd tad *John* yn dost (ac roedd hi'n flin 'da John glywed).
   (i) Roedd *ei* dad yn dost...
   (ii) Roedd *ei* thad yn dost...
   (iii) Roedd *ein* tad yn dost...
   (iv) Roedd *eu* tad yn dost...
   (v) Roedd *fy* nhad yn dost...

c) Complete the sentences with either the positive or the negative *bod* pattern, e.g. Fe fydd hi'n flin 'da fi fy mod i ddim wedi mynd.
   (i) Mae hi'n flin 'da chi...
   (ii) Fe fydd hi'n flin 'da ti...
   (iii) Roedd hi'n flin 'da Mari...
   (iv) Fe fydd hi'n flin 'da nhw...
   (v) Fe fydd hi'n flin 'da ni...

8 Y... nesaf / Next...

a) When *nesaf* — next has the function of an adjective, the noun is preceded by *y(r)* and followed by *nesaf*, e.g.

Fe wnân nhw'r gwaith yr wythnos nesaf. — They'll do the work next week.
Fe ddof i'r mis nesaf. — I'll come next month.
Ddaw e ddim y tro nesaf. — He won't come next time.
Pryd mae'r gêm nesaf? — When is the next game?

b) Answer the following questions according to the pattern of this example:
Ydych chi'n mynd yr wythnos 'ma? — Nac ydw, rydw i'n mynd yr wythnos nesaf.
   (i) Wyt ti'n mynd y tro 'ma?
   (ii) Ydyn nhw'n mynd y mis 'ma?
   (iii) Ydych chi'n mynd ar y trên 'ma? (*pl.*)
   (iv) Ydy hi'n dod ar y bws 'ma?
   (v) Ydy e wedi bod yn y tŷ 'ma?

9 (i) Get your partner to ask you the following questions and give *yes* replies.
   (ii) Ask the same questions to your partner who should give *no* replies.
   - (i) Ydy'r tŷ ar werth?
   - (ii) Wyt ti'n dod yfory?
   - (iii) Ydyn nhw'n gallu siarad Cymraeg?
   - (iv) Oes teulu 'da chi?
   - (v) Oeddech chi (*singl.*) yno neithiwr?
   - (vi) Oedd cig yn y siop?
   - (vii) Aethoch chi i'r sinema?
   - (viii) Brynaist ti'r llyfr?
   - (ix) Ym Mangor mae John nawr?
   - (x) Ar yr heol maen nhw?
   - (xi) Ddôn nhw'r wythnos nesaf?
   - (xii) Fyddi di yn y llyfrgell?
   - (xiii) Fyddan nhw'n dod?
   - (xiv) Fyddai Mair yn hoffi hon?
   - (xv) Fydden ni'n gallu aros dros y Sul?
   - (xvi) Gaf i goffi, os gwelwch yn dda?
   - (xvii) Ydy hi'n well i fi fynd?
   - (xviii) Oes rhaid iddyn nhw godi nawr?
   - (xix) Bryni di docyn?
   - (xx) Mair?

10 Dywedwch yn Gymraeg:

   - (i) I'll have to go to the doctor.
   - (ii) She didn't like that, at all.
   - (iii) We'll stay in some hotel in the country.
   - (iv) Would you (*pl.*) like that?
   - (v) What's on television tonight?
   - (vi) Will you (*fam.*) see him tomorrow? Yes (I will).
   - (vii) If I'll eat too much I'll get fat.
   - (viii) He should telephone me when he arrives home.
   - (ix) I'll go if you'll (*fam.*) come with me.
   - (x) When will we see them next time?
   - (xi) He says that he'll come next week.
   - (xii) I won't see you (*pl.*) tomorrow.
   - (xiii) Will they come with us? No (they won't).
   - (xiv) Will I get petrol in that garage? No (you won't). (*fam.*)
   - (xv) She thinks that I haven't got money.
   - (xv) I hope that you (*pl.*) are not going very early.
   - (xvi) But he said that he didn't have to do anything.
   - (xvii) I was sorry to hear about your (*fam.*) mother.
   - (xviii) When I'll go to Cardiff next I'll buy that book for you. (*fam.*)
   - (xix) She was hoping that he'd call on the way home.
   - (xx) I hope that you're (*pl.*) not sorry that you're (*pl.*) learning Welsh.

11 (i) Ask your partner about his / her holiday plans for the forthcoming year and ask helpful questions, e.g. I ble ewch chi? Ble arhoswch chi? Beth wnewch chi?

(ii) Report to a third person what you know about your partner's holiday plans. You can use such patterns as: *Fe ddywedodd* y byddan nhw'n mynd i Landudno ar eu gwyliau.

(iii) Plan carefully your schedule for tomorrow, e.g. Fe godaf i am hanner awr wedi saith ac . . .

(iv) State what you know about your family's plans for tomorrow and the week ahead.

(v) Plan a menu for (i) breakfast (ii) lunch (iii) evening meal. Remember *fe gawn ni — we shall have.*

Atodiadau / Appendices

Atodiad / Appendix 1

Pronouncing Welsh

The guidelines laid down here can be no more than approximations. To perfect your pronounciation listen carefully to the record and listen carefully to native speakers.

STRESS In Welsh the stress normally falls on the last syllable but one:
tórri   mérched   hálen

There are some exceptions,
paratói   caniatâd   Cymraég

The Welsh Alphabet

The Welsh alphabet has 28 letters, as follows. (The Welsh names are given in brackets.)

A(a)	B(bi)	C(ec)	CH(ech)	D(di)
DD(edd)	E(e)	F(ef)	Ff(eff)	G(eg)
NG(eng)	H(aets)	I(i)	L(el)	LL(ell)
M(em)	N(en)	O(o)	P(pi)	PH(ffi)
R(er)	RH(rhi)	S(es)	T(ti)	TH(eth)
U(u)	W(w)	Y(y)		

CH, DD, FF, NG, LL, PH, RH and TH represent one sound and are considered as one letter. In mutated forms it is also possible to have the combinations NGH, NH and MH.

J is used in borrowed words: garej — garage; jam — jam; jwg — jug.

Vowels

The vowels in Welsh are: A, E, I, O, U, W and Y.
These may be long or short.

Long

A	as in *hard*	tad	— father
E	as in South Wales English *mate*	tref	— town
I	as in *she*	ti	— you
O	as in *core*	dod	— to come
U	as in *seen*	llun	— drawing
W	as in *soon*	twr	— tower

Short

A	as in *man*	tan	— until
E	as in *hen*	merch	— girl
I	as in *sink*	inc	— ink
O	as in *rock*	cloc	— clock
U	as in *bin*	rhywun	— someone
W	as in *took*	lwcus	— lucky

Y has 2 sounds:
    1. CLEAR: (a) long as in *key*   tŷ   — house
                (b) short as in *spin*   mynd   — to go
    2. OBSCURE: as in *fun*   yn   — *in*

Both clear and obscure forms can occur in the same word:
tywydd — weather

When it occurs in the final syllable and is followed by a consonant, Y has the English *i* sound, as in *flint*, gelyn — enemy; llyn — lake.

When no letter follows it has the long clear sound, gwely — bed.

In any syllable other than the final one, Y is obscure, tynnu — to pull.

Monosyllabic words are a problem.
Note that:
    (i) Y : the; YR : the; YN : in and FY : my, all have the obscure sound as in *sun*.
    (ii) Y can be sometimes long and sometimes short.
          dyn — man (like English seen)
          llyn — lake (rhyming with English pin)
          bryn— hill (rhyming with pin)
          tŷ   — house (like English tea)

Notice the following:
1. You will notice that in listening to North Walians speaking, *y* and *u* in monosyllabic words and when they come at the end of other words are pronounced slightly differently, the sound coming more from the throat.
2. In spoken Welsh, you will notice that a vowel is inserted between two consonants in a final syllable—
    Written ochr   *Spoken* ochor   — side
    Written aml   *Spoken* amal   — often
    Written budr   *Spoken* budur   — dirty
    Written cefn   *Spoken* cefen   — back

You will notice that the inserted vowel usually echoes the one in the preceding syllable.

Consonants

Every consonant sound is represented by one letter. The only exception is FF and PH (the mutated form of P).

B	as in *boy*	brawd — brother	
C	as in *cat*	Cymraeg — Welsh	

Exceptions are ac — *and* and nac — *nor* which are pronounced *ag* and *nag* respectively.

CH	as in Scots *loch*	chwarel — quarry
D	as in *dove*	dyn — man
DD	as in *that*	Dafydd (a boy's name)
F	as in *of*	Yr wyf fi — I am (Welsh has no 'v')
FF	as in *off*	ffordd — road, way
G	as in *get*	gafr — a goat
NG	as in *singer*	deng munud — ten minutes

Note the exception, Bangor and dangoswch where the *ng* is as in finger (Ban-gor; dan-goswch).

H	as in *hope*	hardd — beautiful
L	as in *love*	lwc — luck
LL	Say *sell*	In the *l* position, your tongue will be against the roof of the mouth near the base of the front teeth. Retain the tongue in that position and breathe out sharply on both sides, e.g. Darllen — to read.
M	as in *mad*	mam — mother
N	as in *now*	nerth — strength
P	as in *pan*	pert — pretty
PH	as in *graph*	It only occurs as a mutated form of *p*. Ei phen — her head
R	as in *run*	Radio — radio
RH	as in *perhaps*	Trill *r* with a greater emission of breath than usual. The trill and sharp emission are simultaneous. The difference between *r* and *rh* is small and can be compared with the difference between *wind* and *while* in English. Rhywbeth — something.
S	as in *sit*	sêr — stars. When followed by *i* it is sometimes pronounced *sh*, siop — shop.
T	as in *tree*	tŷ — house
TH	as in *three*	At the beginning of a word it is only found as a mutated form of *t*. Ei thŷ hi — her house; athro — teacher.

The previously mentioned combinations MH, NH and NGH are pronounced as M, N and NG with a strong aspirate following:
Fy mhen — my head; fy nhad — my father; fy nghath — my cat.

Dipthongs

*AI AE *AU	These all sound like the English I/aye. craig — rock; Cymraeg — Welsh; hau — to sow	
AW	as in *awake*	brawd — brother
ØEI	as in *hide / abide*	cei — quay
EU EY	as in *may*	teulu — family meysydd — meadows
EW	the *e* as in *ten* followed by *w*	newydd — new
IW UW YW	all pronounced like *new / queue*	lliw — colour; Duw — God; yw — is; byw — to live
OE OI	all pronounced like *toy*	cloi — to lock; oed — age; cyffrous — exciting
OW	as in *now*	brown — brown
IA	as in *yap*	iawn — very; Iau — Thursday
IE	as in *yes*	Iesu — Jesus
IO	as in *yoyo*	clirio — to clear
WA	the 'a' as in *cat* preceded by *W*	gwag — empty
WE	as in *whale* without the 'h' being emphasised	gwely — bed
WI	as in *whisky*	gwisgo — to dress
WO	as in *war*	marwor — embers
WY	has 3 sounds—	i) rising as in *window* gwyn — white ii) falling as in *OO-ee* bwyd — food iii) when the rising accent is above ŷ, the sound is in between. gwŷr — men, husbands

*When AU and AI come at the end of a word, as a plural ending, they are usually pronounced *e*.
llyfrau (pronounced *llyfre*)
fe fyddai (pronounced *fe fydde*)

ØEI — his / her and EU — their are pronounced i(*ee*).
ei dad (pronounced *i dad*) — his father

Atodiad / Appendix 2

Mutations

The nine consonants which can be changed are:	They can undergo three types of mutations:		
	1 Soft (S.M.)	2 Nasal (N.M.)	3 Aspirate (A.M.)
p	b	mh	ph
t	d	nh	th
c	g	ngh	ch
b	f	m	
d	dd	n	
g	/	ng	
ll	l		
m	f		
rh	r		

Here's a summary of these changes, using:
(1) ei . . . e (his) which is followed by a soft mutation.
(2) fy . . . i (my) which is followed by a nasal mutation.
(3) ei . . . hi (her) which is followed by an aspirate mutation.

			HIS (S.M.)	*MY (N.M.)*	*HER (A.M.)*
papur	(paper)	—	ei bapur e	fy mhapur i	ei phapur hi
tad	(father)	—	ei dad e	fy nhad i	ei thad hi
car	(car)	—	ei gar e	fy nghar i	ei char hi
brawd	(brother)	—	ei frawd e	fy mrawd i	ei brawd hi
drws	(door)	—	ei ddrws e	fy nrws i	ei drws hi
gwallt	(hair)	—	ei wallt e	fy ngwallt i	ei gwallt hi
llythyr	(letter)	—	ei lythyr e	fy llythyr i	ei llythyr hi
mam	(mother)	—	ei fam e	fy mam i	ei mam hi
rhaglen	(programme)	—	ei raglen e	fy rhaglen i	ei rhaglen hi

(No change)

Atodiad / Appendix 3

Gyda / Gan

Possession can be expressed by using either of these forms. Generally speaking *gyda* (or its abbreviated form *'da*) is used in South Wales whilst some form of *gan* is used in North Wales.

Literary form	*N.W. spoken form*	*S.W. spoken form*	
gennyf fi	gen i	'da fi	(gyda fi)
gennyt ti	gen ti	'da ti	(gyda ti)
ganddo fe	ganddo fo	'da fe	(gyda fe)
ganddi hi	ganddi hi	'da hi	(gyda hi)
gan Tom	gan Tom	'da Tom	(gyda Tom)
gennym ni	gennyn / gynnon ni	'da ni	(gyda ni)
gennych chi	gennych / gynnoch chi	'da chi	(gyda chi)
ganddyn nhw	ganddyn nhw	'da nhw	(gyda nhw)

Examples:
Mae ci ganddo fo.	— He has a dog.
Oes brawd gennych chi?	— Do you have a brother?
Does dim amser gen ti.	— You don't have time.
Ydy'r llyfr ganddyn nhw?	— Do they have the book?

You will often hear the *gan* form preceding the object when the object is indefinite. When this happens the object undergoes a soft mutation, e.g.

Oes ganddi hi frawd?	— Does she have a brother?
Does ganddyn nhw ddim bwyd.	— They don't have (any) food.
Mae gennyn ni dŷ.	— We have a house.

Gan doesn't precede the object when it's definite, e.g.
Ydy'r bwyd ganddo fo? — Does he have the food?
NOT Ydy'r ganddo fe fwyd?

Atodiad / Appendix 4

The Conditional 'Would / Should' tense

You have learned the following forms:

fe fyddwn i	— I would
fe fyddet ti	— you would
fe fyddai fe / hi / Tom	— he / she / Tom would
fe fydden ni	— we would
fe fyddech chi	— you would
fe fydden nhw	— they would

Very often in colloquial speech you will hear:

fe faswn i (usually shortened to)	— 'swn i
fe faset ti	— 'set ti
fe fasai fe* / hi / Tom	— 'sai fe (pronounced se fe), 'sai hi / Tom
fe fasen ni	— 'sen ni
fe fasech chi	— 'sech chi
fe fasen nhw	— 'sen nhw

* *fo* in North Wales.

e.g.
'Swn i'n mynd.	— I would go.
'Sen nhw'n aros?	— Would they stay?
'Sech chi ddim yn meddwl!	— You wouldn't think!

These forms are frequently used with *pe* and you might come across these forms:

A.	B.	C.
petawn i	pe bawn i	pe baswn i
petaet ti	pe baet ti	pe baset ti
petai e / hi	pe bai e / hi	pe basai fe / hi
petaen ni	pe baen ni	pe basen ni
petaech chi	pe baech chi	pe basech chi
petaen nhw	pe baen nhw	pe basen nhw

You are most likely to hear version C used in spoken Welsh without the word *pe*. As with *fe faswn*, etc. one tends to hear only the endings, *'swn, 'sai, 'set*, etc.

'Swn i chi 'swn i'n aros yn y tŷ.	— If I were you I'd stay in the house.
'Sai fe'n gweithio 'sen ni'n gallu mynd ar ein gwyliau.	— If he were working we could go on (our) holidays.
'Set ti'n gyfoethog 'sen ni'n gofyn i ti am fenthyg arian.	— If you were rich we would ask you for a loan (of money).

Atodiad / Appendix 5

South and North Wales dialect forms

Lesson	South Wales	North Wales
1	bwrw cesair	bwrw cenllysg
1	dadleth	meirioli
2	mae e	mae o (**Note 1**)
3	basn	bowlen-ni (*f*)
3	llaeth	llefrith (*m*)
3	arllwys	tywallt
4	siop gelfi	siop ddodrefn (*f*)
4	celfi	dodrefn
4	siop losin	siop fferins
4	losin	fferins / da da
4	dere!	tyrd!
4	cer!	dos!
4	arian	pres
6	nawr	rwan
6	pert	tlws
6	cot	côt (*f*) (long vowel)
7	moddion	ffisig (*m*)
7	dodi	rhoi
7	chwant	awydd
7	tost	sâl (**Note 2**)
7	Mae'n flin 'da fi	Mae'n ddrwg gen i (**Appendix 3**)
8	twym	poeth
9	lan llofft	i fyny'r llofft, i fyny'r grisiau
9	lan (up)	i fyny
9	ystafell wely	llofft-ydd (*f*)
10	menyw	dynes (gwragedd)
10	fe (in front of a verb)	mi (+ Soft Mutation)
11	tad-cu	taid
12	mam-gu	nain
13	dechrau	cychwyn
13	gofidio	poeni
13	yn gas 'da	yn gas gan
14	cwrdd â	cyfarfod â
15	hen fam-gu	hen nain
15	hen dad-cu	hen daid
16	sbo	mae'n debyg
16	eisiau bwyd ar John	ar John eisiau bwyd (**Note 3**)
16	wy	ŵy (as in *dwy*)
17	yn well 'da	yn well gan

1. The word *e / fe* that follows verbs like *mae, roedd, bydd, dylai*, etc. is *o / fo* in North Wales. *E* and *o* follow diphthongs, i.e. a combination of vowels like *ai, ae*, whereas *fe* and *fo* follow vowels. Note, in particular, that *dylai* and *byddai* have the diphthong *ai* in the ending so one would expect people to say: *dylai / byddai e / o*. But people normally say *dyle / bydde* so they are followed by *fe / fo*. *Petai* doesn't shorten to *pete*, so it is followed by *e / o*.

2. In South Wales people say, e.g.
   Mae coes dost 'da fi. — I have a painful leg.
   Mae pen tost 'da fe. — He has a headache.

   (See **L7, N6a**.) The pattern is different in North Wales and people say:
   Mae gen i boen (*poen*) yn fy nghoes. (i.e. I have a pain *in* my leg.)
   Mae gen i boen yn fy mraich. (I have a pain *in* my arm.)

   There are exceptions to this pattern in North Wales:
   Mae *pigyn clust* gen i. — I have earache.
   Mae *cur pen* gen i. — I have a headache.

   All the idioms which are based on *'da (gyda)* in South Wales have a *gan* base in North Wales. (See **Appendix 3**.)

3. In South Wales you might hear people say: Mae eisiau bwyd ar John. — John wants food. In North Wales they would say: Mae ar John eisiau bwyd. In North Wales the *ar* forms follow the verb, e.g.
   Roedd arno fo eisiau te. — He wanted tea.
   Fydd arnoch chi ddim eisiau pwys. — You won't need a lb.

4. In North Wales the past tense is often conveyed by using the following pattern:
   Mi ddaru + i + pronoun + verb-noun (which undergoes a soft mutation), e.g.
   Mi ddaru i fi weld. — I saw.
   Mi ddaru iddo fo ddweud. — He said.

   (For *i* forms see **L7, N10a**.)

Key to the Exercises

Lesson 1

3e (i) Mae hi'n wlyb. (ii) Mae hi'n stormus.
(iii) Mae hi'n sych. (iv) Mae hi'n wyntog.
(v) Mae hi'n heulog. (vi) Mae hi'n niwlog.

4d (i) Mae hi'n rhewi.
(ii) Mae hi'n bwrw eira.
(iii) Mae hi'n bwrw cesair.
(iv) Mae hi'n dadleth.
(v) Mae hi'n bwrw glaw.
(vi) Mae hi'n dywyll.

6 (i) Mae hi'n braf y bore 'ma. (*or* Mae'n . . .)
(ii) Mae hi'n oer heno.
(iii) Mae hi'n sych heddiw.
(iv) Mae hi'n wlyb y prynhawn 'ma.
(v) Mae hi'n stormus heno.
(vi) Mae hi'n gymylog y bore 'ma.
(vii) Mae hi'n boeth y prynhawn 'ma.
(viii) Mae hi'n heulog heddiw.
(ix) Mae hi'n wyntog y bore 'ma.
(x) Mae hi'n niwlog heno.
(xi) Mae hi'n bwrw cesair.
(xii) Ydy, wir, mae hi'n rhewi.
(xiii) Prynhawn da!
(xiv) Sut rydych chi?
(xv) Da iawn, diolch.

Lesson 2

2c ym Mhorthcawl, yn Nhon Pentre, yng Nghaerfyrddin, ym Metws-y-Coed, yn Ninbych, yng Nglanaman, yn Nhywyn, ym Mhontarddulais, yng Nghaergybi, ym Mlaenau Ffestiniog, yn Nyfed, yng Nghlwyd, ym Mhowys, yng Ngwent, ym Morgannwg.

2d o Borthcawl, o Don Pentre, o Gaerfyrddin, o Fetws-y-Coed, o Ddinbych, o Lanaman, o Dywyn, o Bontarddulais, o Gaergybi, o Flaenau Ffestiniog, o Ddyfed, o Glwyd, o Bowys, o Went, o Forgannwg.

5d (i) Maen nhw yn y cae. (ii) Rydych chi wrth yr eglwys.
(iii) Mae'r car ar yr heol. (iv) Mae Mrs. Jones yn y siop.
(v) Rwyt ti / Rydych chi yn y car. (vi) Rydw i yn yr ysgol.
(vii) Mae e wrth y tŷ. (viii) Maen nhw yn y gwaith.

5c (i) Mae hi wrth y siop. (ii) Mae hi yn y cae.
(iii) Mae hi wrth yr ysgol. (iv) Mae hi yn yr eglwys.

7b (i) Beth rydych chi'n ei wneud?
(ii) Beth rydyn ni'n ei wneud?
(iii) Beth rwyt ti'n ei wneud?
(iv) Beth mae e'n ei wneud?
(v) Beth mae Mair yn ei wneud?
(vi) Beth mae hi'n ei wneud?
(vii) Beth rydw i'n ei wneud?
(viii) Beth mae Mair a Rhys yn ei wneud?

7c (i) Rwyt ti / Rydych chi'n gweithio.
(ii) Mae e'n chwarae.
(iii) Maen nhw'n rhedeg.
(iv) Rydw i'n dysgu.

8 (i) Rydw i'n byw yn Aberystwyth ond rydw i'n dod o Aberaeron.
(ii) Mae'r car wrth yr eglwys.
(iii) Maen nhw'n chwarae ar y cae.
(iv) Ble rwyt ti'n byw?
(v) O ble mae hi'n dod?
(vi) Rydyn ni'n chwarae wrth y siop.
(vii) Beth rydych chi'n ei wneud?
(viii) Beth mae hi'n ei wneud?
(ix) Rydyn ni'n dod yn y car.
(x) Beth mae e'n ei wneud ar yr heol?

Lesson 3

2d (i) Ydw i yn y tŷ? (ii) Ydych chi yn y car?
(iii) Ydy hi yn y siop? (iv) Ydyn ni yn y gwaith?
(v) Ydyn nhw yn y siop? (vi) Ydy e ar yr heol?

2e (i) Ydy'r llwy ar y cwpan?
(ii) Ydy'r llwy wrth y bisgedi?
(iii) Ydy'r llwy ar y soser?
(iv) Ydy'r llwy wrth y jwg?

2f (i) Ydy hi'n boeth? (ii) Ydy hi'n heulog?
(iii) Ydy hi'n dywyll? (iv) Ydy hi'n wyntog?
(v) Ydy hi'n sych? (vi) Ydy hi'n niwlog?

3d (i) Ydy. (ii) Ydyn. (iii) Ydy. (iv) Ydyn. (v) Ydyn / Ydych.

3e (i) Nac ydy. (ii) Nac ydyn. (iii) Nac ydy. (iv) Nac ydyn.
(v) Nac ydyn. / Nac ydych.

4c Gweithiwch! Dysgwch! Chwaraewch! Rhedwch!

4d Gweithia! Dysga! Chwaraea! Rheda!

5c e.g. Mae'r coffi'n ardderchog / gryf / wan / felys / chwerw

6a e.g. Mae'r te'n rhy gryf / wan / felys / chwerw.

6d (i) Wyt ti eisiau rhagor o de?
(ii) Ydy e eisiau rhagor o siwgr?
(iii) Ydy John eisiau rhagor o gwrw?
(iv) Ydyn ni eisiau rhagor o ddŵr?
(v) Ydyn nhw eisiau rhagor o fisgedi?
(vi) Ydy hi eisiau rhagor o laeth?
(vii) Ydych chi eisiau rhagor o goffi?
(viii) Ydy hi eisiau rhagor o gwpanau?

7b (i) Oes tŷ 'da nhw?   (ii) Oes car 'da fe?
(iii) Oes cwpan 'da Mair?   (iv) Oes bisgedi 'da ni?
(v) Oes siwgr 'da ti?   (vi) Oes llaeth 'da hi?
(vii) Oes coffi 'da chi?

9b (i) . . . te heb fisgedi.   (ii) . . . coffi heb laeth.
(iii) . . . te heb siwgr.   (iv) . . . te heb laeth.

9c (i) neu goffi   (ii) neu laeth
(iii) neu de   (iv) neu fisgedi
(v) neu gwrw   (vi) neu ddŵr

10 (i) Ydyn nhw eisiau rhagor o fisgedi?
(ii) Ydw, rydw i'n dod yn y car heno.
(iii) Nac ydyn, maen nhw'n chwarae ar yr heol.
(iv) Maen nhw'n hoffi yfed cwrw.
(v) Yfwch y coffi, os gwelwch yn dda.
(vi) Rydw i'n hoffi te cryf heb laeth.
(vii) Wyt ti'n hoffi coffi gwan?
(viii) Ydy hi'n rhy wlyb y prynhawn 'ma?
(ix) Oes rhagor o fisgedi 'da fe?
(x) Gaf i ragor o siwgr, os gwelwch yn dda?
(xi) Yfa'r cwrw—mae e'n ardderchog.
(xii) Oes rhagor o waith 'da chi? Oes.

Lesson 4

2b (i) Ble mae'r amgueddfa? (ii) Ble mae'r orsaf?
(iii) Ble mae'r tafarn? (iv) Ble mae'r llyfrgell?
(v) Ble mae'r farchnad?

3b esgusoda, croesa, pryna, darllena, hola.

3c esgusodwch, holwch, prynwch, darllenwch, croeswch.

4b (i) Oes gorsaf yma, os gwelwch yn dda?
(ii) Oes siop bapurau yma, os gwelwch yn dda?
(iii) Oes tafarn yma, os gwelwch yn dda?
(iv) Oes caffi yma, os gwelwch yn dda?
(v) Oes marchnad yma, os gwelwch yn dda?

4d (i) Oes car wrth yr ysgol?
(ii) Mae siwgr yn y coffi.
(iii) Oes llaeth yn y te?
(iv) Mae dŵr yn y cwpan.
(v) Oes llwy wrth y soser?

6b (i) Mae swyddfa'r post ar y cornel.
(ii) Mae swyddfa'r post drws nesaf i'r banc.
(iii) Mae swyddfa'r post gyferbyn â'r farchnad.
(iv) Mae swyddfa'r post rhwng y coffi a'r tafarn.

6c (i) Ydy swyddfa'r post ar y cornel?
(ii) Ydy swyddfa'r post drws nesaf i'r banc?
(iii) Ydy swyddfa'r post gyferbyn â'r farchnad?
(iv) Ydy swyddfa'r post rhwng y caffi a'r tafarn?

8b (i) Ewch (or Cerwch) i'r llyfrgell! (ii) Ewch i'r orsaf!
(iii) Ewch i'r sinema! (iv) Ewch i'r siop bapurau!
(v) Ewch i'r siop ffrwythau! (vi) Ewch i'r siop fwyd!
(vii) Ewch i swyddfa'r post! (viii) Ewch i'r siop losin!
(ix) Ewch i'r siop ddillad! (x) Ewch i'r siop fara!

9b a chymylog, ac ardderchog, a phoeth, a thywyll, ac esgidiau, ac mae e, ac ysgol, a thŷ, ac eglwys, a phapur.

10 (i) Maen nhw'n byw drws nesaf i'r siop lyfrau.
(ii) Ydy hi'n gweithio yn y llyfrgell?
(iii) I ble rydych chi'n mynd heno?
(iv) Wyt ti'n dal y trên y prynhawn 'ma?
(v) Ydy e eisiau mynd i'r sinema?
(vi) Oes tafarn ar y cornel? Oes.
(vii) Mae eglwys wrth yr ysgol.
(viii) Gaf i lyfr, os gwelwch yn dda?
(ix) Cerddwch heibio i'r castell ac yna trowch i'r dde.
(x) Dere gyda Gwyn y bore 'ma.

Lesson 5

1b (i) Ble mae'r ddoli?
(ii) Ble mae'r ferch?
(iii) Ble mae'r merched?
(iv) Ble mae'r bêl?
(v) Ble mae'r gêm?
(vi) Ble mae'r bachgen?

2e un deg saith; dau ddeg wyth; tri deg naw; pedwar deg saith; pum deg chwech; chwe deg tri; saith deg dau; wyth deg naw; naw deg; cant.

2f un deg pedwar; dau ddeg pump; tri deg chwech; pedwar deg pedwar; pum deg tri; chwe deg; chwe deg naw; wyth deg chwech; wyth deg saith; naw deg saith.

2g (i) dau ddeg tri   (ii) tri deg pump   (iii) pum deg   (iv) chwe deg saith
(v) wyth deg dau

3d (i) dwy ddol... (ii) tair gêm... (iii) pedair merch... (iv) dau fachgen...
(v) pedair pêl... (vi) tri phlentyn... (vii) tair eglwys... (viii) chwe thegan...
(ix) deg bore... (x) dwy ysgol...

3e (i) dau gae   (ii) dwy ysgol   (iii) dwy eglwys   (iv) dwy lwy   (v) dau gastell
(vi) dau goleg   (vii) dwy swyddfa   (viii) dau degan   (ix) dwy bêl   (x) dwy ferch

5c (i) Mae e'n ddwy bunt a chwe deg ceiniog.
(ii) Mae e'n dair punt a thri deg pum ceiniog.
(iii) Mae e'n bedair punt ac un deg pedwar ceiniog.
(iv) Mae e'n ddeg punt a phum deg ceiniog.
(v) Mae e'n bum punt a dau ddeg pum ceiniog.
(vi) Mae e'n ddau ddeg punt a dwy geiniog.
(vii) Mae e'n chwe deg pum punt a naw deg naw ceiniog.
(viii) Mae e'n bunt a thair ceiniog.
(ix) Mae e'n chwe phunt a phedwar deg saith ceiniog.
(x) Mae e'n wyth punt a dau ddeg wyth ceiniog.

8b (i) ... ond dydyn ni ddim.   (ii) ... ond dydy hi ddim.
(iii) ... ond dydw i ddim.   (iv) ... ond dydy Mari ddim.
(v) ... ond dydyn nhw ddim.

8c (i) Dydw i ddim... chwarae.   (ii) Dydyn nhw ddim... gweithio.
(iii) Dydych chi ddim... dod.   (iv) Dydyn ni ddim... rhedeg.
(v) Dydy Mair ddim... yfed.   (vi) Dydy hi ddim... cerdded.
(vii) Dydy'r bechgyn ddim...   (viii) Dydy'r ferch ddim... croesi.
darllen   (ix) Dydw i ddim... mynd.
(x) Dwyt ti ddim... gofyn.

9b (i) Dydy'r lori 'ma ddim yn drwm.
(ii) Dydy'r tŷ 'nà ddim yn rhad.
(iii) Dydy'r bêl 'ma ddim yn ysgafn.
(iv) Dydy'r awyren 'ma ddim yn fawr.
(v) Dydy'r bachgen 'na ddim yn ifanc.

9c (i) Mae'r lori 'na'n rhy ysgafn.
(ii) Mae'r tŷ 'ma'n rhy ddrud.
(iii) Mae'r bêl 'na'n rhy drwm.
(iv) Mae'r awyren 'na'n rhy fach.
(v) Mae'r bachgen 'ma'n rhy hen.

9d (i) Dydy'r teganau ddim yn rhad.
(ii) Ydy'r anrhegion yn ddrud?
(iii) Mae'r ysgol yn fawr.
(iv) Ydyn nhw'n drwm?
(v) Dydy'r llyfrgell ddim yn fach.

12 (i) Pa fath o ferch ydy hi?
(ii) Pa fath o deganau ydyn nhw?
(iii) Pa fath o dafarn ydy e?
(iv) Pa fath o fechgyn ydyn nhw?
(v) Pa fath o farchnad ydy hi?
(vi) Pa fath o blant ydyn nhw?
(vii) Pa fath o goleg ydy e?
(viii) Pa fath o lyfrgell ydy hi?
(ix) Pa fath o amgueddfa ydy hi?
(x) Pa fath o fore ydy e?

15 (i) Faint ydy'r ddwy gêm 'ma?
(ii) Ydy'r tair doli 'na'n ddrud?
(iii) Maen nhw'n bum punt a naw deg naw ceiniog
(iv) Dydyn ni ddim yn gallu helpu.
(v) Wyt ti'n hoffi yfed coffi?
(vi) Dydy hi ddim yn gallu gwneud modelau.
(vii) Pa fath o deganau mae hi eisiau i'r plant?
(viii) Dydy'r doliau 'na ddim yn rhy ddrud.
(ix) Dydw i ddim eisiau rhagor o fwyd, diolch.
(x) Gaf i wneud te i'r bechgyn?

Lesson 6

3c (i) Gaf i weld cot fawr las.
(ii) . . . crys coch.
(iii) . . . dillad du.
(iv) . . . esgidiau brown.
(v) . . . gwisg wen.
(vi) . . . pais werdd.
(vii) . . . sgert lwyd.
(viii) . . . siwmper oren.
(ix) . . . tei felen.
(x) . . . trowsus piws.

4b (i) Dydy'r dillad ddim yn rhy hir.
(ii) Dydyn nhw ddim yn rhy dywyll.
(iii) Dydy hi ddim yn rhy fodern.
(iv) Dydy'r sgert ddim yn rhy dynn.
(v) Dydy e ddim yn rhy fyr.

4d (i) . . . yn fyr iawn. (ii) . . . yn olau iawn.
(iii) . . . yn hen ffasiwn iawn. (iv) . . . yn llac iawn.
(v) . . . yn hir iawn.

4f (i) . . . yn eithaf byr. (ii) . . . yn eithaf golau.
(iii) . . . yn eithaf hen ffasiwn. (iv) . . . yn eithaf llac.
(v) . . . yn eithaf hir.

5b (i) Dwyt ti ddim yn hoffi hwn.
(ii) Dydy e ddim yn hoffi honna.
(iii) Dydyn ni ddim yn hoffi honna.
(iv) Dydych chi ddim yn hoffi hwnna.
(v) Dydyn nhw ddim yn hoffi hon.

7b (i) Mae'r dyn wedi yfed y cwrw.
(ii) Mae'r fenyw wedi arllwys y te.
(iii) Mae'r dyn wedi prynu'r car.
(iv) Mae'r fenyw wedi dal y bêl.

8d (i) Dyma fe! (ii) Dyna chi!
(iii) Dyma hi! (iv) Dyma fi!

9b (i) . . . does dim car 'da fi.
(ii) . . . does dim arian 'da John.
(iii) . . . does dim teganau drud 'da ni.
(iv) . . . does dim cot law newydd 'da ti.
(v) . . . does dim plant 'da chi.

10b (i) Does dim llawer o arian 'da fe.
(ii) Oes llawer o ddillad 'da hi?
(iii) Ydych chi'n hoffi llawer o ffrwythau?
(iv) Gaf i lawer o siwgr, os gwelwch yn dda?
(v) Dydw i ddim yn hoffi llawer o fara.

12 (i) Mae hi'n gwisgo sgert lwyd.
(ii) Oes esgidiau brown 'da fe?
(iii) Dydw i ddim yn hoffi gwisgo'r crys glas 'ma'n fawr iawn.
(iv) Triwch honna.
(v) Wyt ti wedi cael coffi?
(vi) Mae'r siwt 'ma'n rhy ysgafn.
(vii) Mae dillad yn eithaf drud nawr.
(viii) Rydw i wedi trio honna o'r blaen.
(ix) Oes llawer o ddewis 'da chi?
(x) Does dim llawer o wisgoedd / ffrogiau modern yn y siop 'ma.

Lesson 7

2b codwch, galwch, cofiwch, agorwch, siaradwch, symudwch, teimlwch.
coda, galwa, cofia, agora, siarada, symuda, teimla.

5d
(i) Beth sy'n bod arno fe? — Mae syched arno fe.
(ii) Beth sy'n bod arnaf i? — Mae chwant bwyd arnat ti / arnoch chi.
(iii) Beth sy'n bod arnon ni? — Mae gwres arnon ni / arnoch chi.
(iv) Beth sy'n bod arnat ti? — Mae ofn arnaf i.
(v) Beth sy'n bod arnoch chi? — Mae annwyd arnaf i.

5e
(i) Mae annwyd arnon ni.
(ii) Mae ffliw arno fe.
(iii) Mae gwres arnyn nhw.
(iv) Mae peswch arni hi.
(v) Mae chwant bwyd arnaf i.

6b
(i) Does dim pen tost 'da Megan.
(ii) Mae braich dost 'da hi.
(iii) Mae traed tost 'da nhw.
(iv) Oes clustiau tost 'da chi?
(v) Mae coes dost 'da fe.
(vi) Does dim dwylo tost 'da fi.

8b
(i) . . . ddwywaith y dydd.
(ii) . . . bum gwaith y dydd.
(iii) . . . bedair gwaith y dydd.
(iv) . . . dair gwaith y dydd.
(v) . . . chwe gwaith y dydd.

9b
(i) Arllwysa de.
(ii) Bwyta fwyd da.
(iii) Cymera foddion.
(iv) Benthyca arian.
(v) Darllena bapur.
(vi) Pryna'r car.
(vii) Gwisga dei.
(viii) Galwa'r meddyg.

10b
(i) Does dim rhaid i Alun brynu tocyn.
(ii) Oes rhaid i chi chwarae?
(iii) Mae rhaid iddyn nhw weithio.
(iv) Oes rhaid i ti ddysgu Cymraeg?
(v) Does dim rhaid iddi hi ddod.
(vi) Mae rhaid i ni fwyta nawr.
(vii) Does dim rhaid i fi ddarllen papur.
(viii) Mae rhaid iddi hi siarad â Tomos.

12   (i)   Dydw i ddim yn hoffi swper trwm.
(ii) Mae e wedi bod yno ddwywaith o'r blaen.
(iii) Wyt ti wedi bod yn siarad â nhw?
(iv) Beth sy'n bod arno fe?
(v)   Arhoswch yn eich gwely!
(vi) Mae rhaid iddi hi aros yn y tŷ heno achos mae pen tost 'da hi.
(vii) Does dim syched arnyn nhw.
(viii) Paid prynu hwnna.
(ix) Mae'r siwmper felen 'ma'n gynnes iawn.
(x)   Oes annwyd arnoch chi?
(xi) Ydy hi'n gallu dod?
(xii) Mae rhaid iddyn nhw gofio dod.
(xiii) Does dim rhaid i ti fwyta'r losin nawr!
(xiv) Oes rhaid i fi wisgo honna?
(xv) Gwisgwch dei i ginio heno, os gwelwch yn dda.

Lesson 8

2d   (i)   Cysga . . .   (ii) Eistedda . . .
(iii) Sgwrsia . . .   (iv) Ymwela â . . .
(v)   Paratoa . . .

3b   (i)   . . . lle'n fendigedig.   (ii) . . . lle'n frwnt.
(iii) . . . lle'n ddiddorol.   (iv) . . . lle'n lân.
(v)   . . . lle'n dawel.

5e   (i)   . . . am ddau o'r gloch.
(ii) . . . am chwarter wedi tri.
(iii) . . . am ddeng munud i ddeg.
(iv) . . . am hanner awr wedi deg.
(v)   . . . am bum munud wedi deg.
(vi) . . . am bum munud i ddeuddeg.
(vii) . . . am ddeng munud wedi un ar ddeg.
(viii) . . . am bum munud ar hugain i ddeuddeg.
(ix) . . . am chwarter i ddeg.
(x)   . . . am ugain munud wedi tri.

7e   (i)   Oedd.   (ii) Nac oedden.
(iii) Ydy.   (iv) Nac oedden.
(v)   Oeddet / Oeddech.   (vi) Nac ydyn.
(vii) Oes.   (viii) Nac oeddwn.
(ix) Nac oes.   (x)   Ydw.

7f (i) Roeddwn i'n lwcus.
(ii) Roedd rhaid i fi fynd.
(iii) Doedd dim rhaid i chi wrando.
(iv) Roedden ni'n paratoi bwyd.
(v) Oeddech chi'n ymlacio ar eich gwyliau?
(vi) Roedden nhw'n hoffi ymweld â lleoedd diddorol.
(vii) Oedden nhw'n gwrando ar y radio?
(viii) Doeddwn i ddim yn lân.
(ix) Doedd dim annwyd arnaf i.
(x) Am faint o'r gloch roedd y ffilm?

8b (i) digon o fwyd (ii) digon o docynnau
(iii) digon o ddillad (iv) digon o deis
(v) digon o grysau (vi) digon o lyfrau
(vii) digon o bapur (viii) digon o foddion

9b (i) . . . bron yn llawn.
(ii) . . . bron yn dri o'r gloch.
(iii) . . . bron yn ddu.
(iv) . . . bron yn wyrdd.
(v) . . . bron yn newydd.
(vi) . . . bron yn bunt.
(vii) . . . bron yn bedair punt.
(viii) . . . bron yn bum munud i ddeg.
(ix) . . . bron yn bump o'r gloch.
(x) . . . bron yn dywyll.

9b (i) bob amser (ii) bob dydd
(iii) bob bore (iv) bob prynhawn
(v) bob awr.

11 (i) Pryd roeddet ti'n bwriadu croesi?
(ii) Am faint o'r gloch roedd y ffilm?
(iii) Roedd pen tost 'da fi ddoe.
(iv) Doedd dim rhaid iddyn nhw brynu'r tŷ 'na.
(v) Oes digon o arian 'da ti i brynu'r tŷ 'na?
(vi) Oedd digon o ddillad 'da hi ar y gwely?
(vii) Cyrhaeddwch am ddeg o'r gloch!
(viii) Dere tuag un ar ddeg o'r gloch!
(ix) Roedd y llong i mewn tan bum munud ar hugain wedi pump.
(x) Roedd hi bron yn hanner awr wedi deuddeg.
(xi) Oedden nhw'n eithaf brwnt?
(xii) Roedden ni'n bwriadu ymlacio yn y gwesty.
(xiii) Doedd y pryd ddim dros bum punt.
(xiv) Doedden nhw ddim yn rhy hoff o'r lle.
(xv) Dewch am ugain munud wedi deg am gwpanaid o de.

Lesson 9

2d
(i) Garej bren ydy hi.
(ii) Gwerthwr tai ydw i.
(iii) Pwy ydy e?
(iv) Yn y lolfa mae'r ffôn.
(v) Tŷ teras ydy e.
(vi) Mr. a Mrs. Jones ydy'r perchnogion.
(vii) Tanau trydan ydyn nhw.
(viii) Dan y cwpwrdd maen nhw.
(ix) Pwy wyt ti?
(x) Yng Nghonwy rydych chi'n byw?

3b
(i) Chwilia am . . .   (ii) Newidia . . .
(iii) Paentia . . .   (iv) Trefna . . .
(v) Trwsia . . .   (vi) Tyfa . . .

3c
(i) Cofiwch chwilio am . . .   (ii) Cofiwch newid . . .
(iii) Cofiwch baentio . . .   (iv) Cofiwch drefnu . . .
(v) Cofiwch drwsio . . .   (vi) Cofiwch dyfu . . .

4b
(i) Roeddwn i wedi glanhau'r ystafell ymolchi.
(ii) Oeddech chi wedi paratoi'r bwyd?
(iii) Doedden nhw ddim wedi golchi eich car.
(iv) Oeddet ti wedi ymweld â'r dref?
(v) Doedd e ddim wedi hoffi'r gwyliau o gwbl.
(vi) Roedd hi wedi dodi'r dillad yn y cwpwrdd.
(vii) Oedden nhw wedi agor y drws?
(viii) Roedden ni wedi trefnu mynd i'r dref.

6c
(i) . . . y gegin i gyd.   (ii) . . . y cypyrddau i gyd.
(iii) . . . y drysau i gyd.   (iv) . . . y lle i gyd.
(v) . . . y llyfrgell i gyd.   (vi) . . . y ddoli i gyd.
(vii) . . . yr hen dŷ i gyd.   (viii) . . . yr orsaf i gyd.
(ix) . . . y waliau i gyd.   (x) . . . y llong i gyd.

6e
(i) hystafell   (ii) thocyn
(iii) phapur   (iv) thŷ
(v) char   (vi) phlant
(vii) chwpan   (viii) hwyneb

6g
(i) Oes nifer o golegau yn y dref?
(ii) Roedd nifer o ddoliau 'da'r ferch.
(iii) Mae nifer o gwpanau yn y cwpwrdd.
(iv) Roedd nifer o bapurau ar y bwrdd.
(v) Rydw i eisiau nifer o blygiau yn y gegin.
(vi) Roedd hi wedi gweld nifer o gestyll ar ei gwyliau.
(vii) Oes nifer o dafarnau yma?
(viii) Rydw i wedi bod i weld nifer o feddygon.
(ix) Mae nifer o fanciau yn y dref.
(x) Oes nifer o welyau yn yr ystafell?

7b (i) Beth sy ar y teledu? (ii) Beth sy yn y cwpan?
(iii) Beth sy 'da'r bachgen? (iv) Beth sy dan y bwrdd?
(v) Pwy sy yn y car? (vi) Pwy sy wrth y tŷ?
(vii) Pwy sy dan y car? (viii) Pwy sy wrth y drws?

9b (i) Pa mor llydan ydy'r ardd?
(ii) Pa mor brin oedd tai pedair ystafell wely?
(iii) Pa mor frwnt ydy'r dŵr?
(iv) Pa mor ddiddorol oedden nhw?
(v) Pa mor gynnes ydw i?
(vi) Pa mor dost oeddech chi?
(vii) Pa mor olau ydy ei phlant hi?
(viii) Pa mor dywyll oedd eich ystafell chi?
(ix) Pa mor fyr ydy eich plant chi?
(x) Pa mor lân ydy'r gegin?

10b (i) . . . tri deg o dai
(ii) . . . dau gant a phum deg o lyfrau
(iii) . . . wyth deg pedwar o blant
(iv) . . . cant o geiniogau
(v) . . . un deg wyth o sgertiau
(vi) . . . pedwar deg saith o ystafelloedd
(vii) . . . dau ddeg pump o dafarnau
(viii) . . . un deg wyth o westai
(ix) . . . chwe deg o funudau
(x) . . . un deg pedwar o grysau

11b (i) Mae eisiau paentio'r drysau.
(ii) Oedd eisiau glanhau'r lolfa?
(iii) Oes eisiau trwsio'r dillad?
(iv) Roedd eisiau newid y plygiau.
(v) Does dim eisiau galw'r meddyg.
(vi) Doedd dim eisiau agor y ffenestri.

12 (i) Pwy ydy eich hoff feddyg?
(ii) Unig blentyn ydy John.
(iii) Maen nhw'n byw ar wahân.
(iv) Roedd e wedi darllen y llyfr i gyd.
(v) Pwy oedd wedi trefnu mynd?
(vi) Roedden nhw wedi gweld nifer o dai ond doedden nhw ddim yn hoffi un yn arbennig.
(vii) Roedd nifer o ffenestri wedi torri.
(viii) Mae ei phlant hi wedi tyfu erbyn hyn.
(ix) Pwy sy yn y ffilm?
(x) Wyt ti'n gwybod beth sy ar y teledu heno?
(xi) Faint o blant sy 'da chi? *or* Sawl plentyn sy 'da chi?
(xii) Pa mor oer oedd hi ar eich gwyliau?
(xiii) Pa mor uchel ydy Everest?
(xiv) Oes dau gant o blant yn yr ysgol?
(xv) Does dim eisiau paentio'r tŷ.

Lesson 10

2c (i) ... i Gymru. (ii) ... i Wlad Belg.
(iii) ... i Loegr. (iv) ... i'r Alban.
(v) ... i'r Swistir.

3c (i) adnabod (ii) gwybod (iii) adnabod (iv) gwybod (v) adnabod (vi) gwybod

4d (i) Fe aethon nhw i'r ... (ii) Fe aeth y plant i'r ...
(iii) Aethoch chi i'r ...? (iv) Pryd aethon nhw ar ...?
(v) Sut aeth e i'r ...? (vi) I ble est ti ...?
(vii) Aethon ni ddim allan ... (viii) Aeth e ddim i'r ...
(ix) Aeth hi yno ...? (x) Aeth y menywod ddim i'r ...

4e (i) Pryd aethoch chi ...? (ii) Fe es i i'r dref ...
(iii) Est ti ddim ... (iv) Aethon nhw ...?
(v) Aeth hi ddim ...

4g (i) Nac ydw. (ii) Oes. (iii) Oedden. (iv) Naddo. (v) Ydyn.
(vi) Nac oedd. (vii) Nac oes. (viii) Nac oes. (ix) Do. (x) Ydy.

7b (i) ei phlentyn hi? (ii) eu hystafelloedd.
(iii) eich llyfr chi. (iv) i'w thŷ hi ...
(v) gyda'n plant ni (vi) i'w hysgolion?
(vii) ei chot goch (viii) ein trên

8b (i) arian (ii) fwyd (iii) ddillad (iv) lyfrau (v) docynnau (vi) blant
(vii) gwrw (viii) ardd

9b (i) Mae ychydig o wres arnaf i.
(ii) Rydw i'n hoffi ychydig o las ar y waliau.
(iii) Oes ychydig o longau yn y porthladd?
(iv) Mae ychydig o bapurau'n dod i'n tŷ ni bob dydd.
(v) Oedd ychydig o dafarnau yno?
(vi) Aeth ychydig o geir ar hyd yr heol.
(vii) Roedd rhaid iddi hi gymryd ychydig o foddion bob bore.
(viii) Pwy oedd yr ychydig o blant ar y cae?
(ix) Oes ychydig o bethau 'da chi yn y cwpwrdd?
(x) Roedd hi eisiau ychydig o newid yn y banc.

10b (i) yr un fenyw (ii) yr un trên
(iii) yr un lyfrgell (iv) yr un coleg
(v) yr un ffordd (vi) yr un meddyg
(vii) yr un dydd (viii) yr un lle
(ix) yr un banc (x) yr un awyren

11b (i) Mae hi'n hen bryd i ni gerdded i'r ysgol.
(ii) Mae hi'n hen bryd iddyn nhw wybod y gwaith.
(iii) Ydy hi'n bryd i chi ddysgu'r gwaith?
(iv) Dydy hi ddim yn bryd i Mair wneud te eto.
(v) Roedd hi'n hen bryd i'r bechgyn lanhau'r ystafell.
(vi) Mae hi'n hen bryd i John drwsio'r drws.
(vii) Doedd hi ddim yn bryd iddyn nhw ddod.
(viii) Ydy hi'n bryd iddo fe baentio'r tŷ?
(ix) Mae hi'n hen bryd i fi brynu car newydd.
(x) Roedd hi'n hen bryd i ti werthu'r hen gar 'na.

12 (i) Roedd eisiau trwsio'r llwybr wrth y tŷ.
(ii) Fe aethon ni ar ein gwyliau i'r Eidal am bythefnos.
(iii) Lloegr sy drws nesaf i Gymru.
(iv) Naddo, aethon nhw ddim ar y cyfandir eleni.
(v) Fe gerddais i i fyny'r Wyddfa y llynedd.
(vi) Mae'n ddrwg 'da fi, dydw i ddim yn adnabod y dyn o gwbl.
(vii) Pryd dest ti i mewn neithiwr?
(viii) Fe arhoson ni yno gyda'n plant am wythnos.
(ix) Ydych chi'n gwybod ble mae eu tŷ nhw 'te?
(x) Mae gormod o wres yn yr ystafell 'ma i mi.
(xi) Gaf i ychydig o fisgedi, os gwelwch yn dda.
(xii) Dydy hi ddim yn hoffi yr un ffilmiau â'i gŵr.
(xiii) Roedd hi'n hen bryd iddyn nhw baentio'r ysbyty.
(xiv) Oes nifer o fenywod yn gweithio yn yr ysbyty?
(xv) Am faint o amser est ti i Wlad Belg?

Lesson 11

1c (i) . . . yn gwybod y flwyddyn. (ii) . . . yn adnabod y fam.
(iii) . . . yn adnabod pawb. (iv) . . . yn adnabod y bobl.
(v) . . . yn gwybod yr amser.

2b (i) Mae Caerdydd yn y de-ddwyrain.
(ii) Mae Llandudno yn y gogledd.
(iii) Mae'r Fflint yn y gogledd-ddwyrain.
(iv) Mae Llangefni yn y gogledd-orllewin.
(v) Mae Abertawe yn y de.
(vi) Mae Tyddewi yn y de-orllewin.
(vii) Mae Penarth yn y de-ddwyrain.
(viii) Mae Llanelli yn y de.
(ix) Mae Bangor yn y gogledd-orllewin.
(x) Mae Aberystwyth yn y gorllewin.

3f (i) Rydw i'n dal i ddysgu Cymraeg.
(ii) Roedd e'n dal i weithio yn y dref.
(iii) Ydy hi'n dal i sefyll wrth y drws?
(iv) Ydych chi'n dal i gerdded i'r gwaith bob bore?
(v) Dydyn nhw ddim yn dal i fyw yno.
(vi) Roedden nhw'n dal i baentio'r tŷ.
(vii) Wyt ti'n dal i redeg bob nos?
(viii) Mae Mair yn dal i lanhau'r tŷ.
(ix) Oeddech chi'n dal i alw?
(x) Ydy e'n dal i newid y car bob blwyddyn?

5b (i) Fe chwiliodd e am . . . (ii) Fe newidiodd John . . .
(iii) Fe baentiodd hi . . . (iv) Fe baentiodd y dyn . . .
(v) Fe daclusodd y ferch . . . (vi) Fe drefnodd y bechgyn . . .
(vii) Fe arhosodd e . . . (viii) Fe gyrhaeddodd Gwyn . . .
(ix) Fe gysgodd Mair . . . (x) Fe oerodd hi . . .

5c (i) Fe ddawnsiodd Mair neithiwr.
(ii) Fe ddringodd Alun y mynydd neithiwr.
(iii) Fe eisteddodd y plant wrth y tân neithiwr.
(iv) Fe lanheuodd hi'r lolfa neithiwr.
(v) Fe olchodd y bechgyn y car neithiwr.
(vi) Fe wrandawodd y plentyn ar y radio neithiwr.
(vii) Fe baratoiodd y fenyw y bwyd neithiwr.
(viii) Fe ymwelodd y dynion â'r lle neithiwr.
(ix) Fe ddarllenodd y merched y llyfr neithiwr.
(x) Fe feddyliodd e am y peth neithiwr.

6b (i) Fe yfodd Gwen goffi.
(ii) Fe wisgodd e dei.
(iii) Fe gymerodd y bechgyn fisgedi.
(iv) Fe estynnodd hi gwpan.
(v) Fe fenthycodd Alun ddwy bunt.
(vi) Fe gerddodd y plant filltir.
(vii) Fe brynodd y fam ddillad.
(viii) Fe ddysgodd y plentyn ddarllen.
(ix) Fe ddechreuodd hi feddwl.
(x) Fe fwytodd ei thad y bwyd.

8b (i) Mae ei ben e'n dost. (ii) Mae ei glust e'n dost.
(iii) Mae ei lygad e'n dost. (iv) Mae ei fraich e'n dost.
(v) Mae ei law e'n dost. (vi) Mae ei fys e'n dost.
(vii) Mae ei goes e'n dost. (viii) Mae ei draed e'n dost.

9b (i) Fi ydy'r gwerthwr tai. (ii) Hi ydy ei fam e.
(iii) Nhw oedd wrth y drws. (iv) Chi oedd yn dost.
(v) Fe aeth i'r ardd. (vi) Ti oedd yn darllen?
(vii) Chi sy ar y teledu? (**L9, N7a**) (viii) Hi oedd yn gwneud bwyd?
(ix) Fe oedd y brenin. (x) Ti sy wrth y drws.

10b (i) ... lle prynodd e ... (ii) ... lle gwelodd e ...
(iii) ... lle dysgodd e ... (iv) ... lle cysgodd e ...
(v) ... lle eisteddodd e ... (vi) ... lle aeth e ...
(vii) ... lle gwersyllodd e ... (viii) ... lle newidiodd e ...
(ix) ... lle bwytodd e ... (x) ... lle gwerthodd e ...

12b (i) ... bwrdd y gegin? (ii) ... brenin y wlad?
(iii) ... dillad y ferch? (iv) ... car Mr. Jones?
(v) ... tad y plentyn? (vi) ... enw'r tŷ?
(vii) ... llyfrau'r plant? (viii) ... ysbyty'r dref?
(ix) ... arian Mr. a Mrs. Jones? (x) ... awyren John.

13b (i) ... pan baentiodd e ... (ii) ... pan ddringodd e ...
(iii) ... pan rifodd e ... (iv) ... pan drefnodd e ...
(v) ... pan drwsiodd e ... (vi) ... pan gyrhaeddodd e ...
(vii) ... pan fwytodd e ... (viii) ... pan olchodd e ...
(ix) ... pan fenthycodd e ... (x) ... pan feddyliodd e ...

14b (i) ... i weld ... (ii) ... i ddechrau ...
(iii) ... i deithio ... (iv) ... i gyrraedd ...
(v) ... i ddringo ... (vi) ... i olchi ...
(vii) ... i baratoi ... (viii) ... i wrando ar ...
(ix) ... i drefnu ... (x) ... i fwyta ...

15 (i) Ydy pobl y wlad yn gwybod am eu traddodiadau?
(ii) Dydw i ddim wedi bod yn y de-orllewin o gwbl.
(iii) Pryd bu farw'r fenyw?
(iv) Bu farw'r brenin ym mil naw pum dau.
(v) Fe ddaliodd hi i fynd i'w gwaith.
(vi) Fe feddyliodd e am y gêm.
(vii) Fe deithiodd ei gŵr hi lawer y llynedd.
(viii) Wyt ti wedi gweld ei gar newydd?
(ix) Fe ydy'r perchennog.
(x) Doedden nhw ddim yn gwybod lle roeddwn i'n byw.
(xi) Dydw i ddim yn gwybod lle prynodd e ei ddillad.
(xii) Chi oedd ar y teledu neithiwr?
(xiii) Yn ôl ei feddyg, roedd y plentyn yn dost iawn.
(xiv) Roeddwn i'n gwrando ar y radio pan alwodd Dafydd.
(xv) Aeth y bobl ddim i'r dref i weld y ffilm wedyn.

Lesson 12

1c (i) adroddiad y dyn (ii) cartref y dyn
(iii) cyflwr y fenyw (iv) ffordd y fenyw
(v) llosgiadau'r dyn (vi) tad y fenyw
(vii) gwres y dyn (viii) mam y fenyw
(ix) traed y dyn (x) gwallt y fenyw

2c (i) am (ii) â (also, am) (iii) ar (iv) ar (v) am (vi) â (vii) am (viii) â (ix) i (x) i

2e
(i) Fe ofynnais i i ti ble . . .
(ii) Fe ofynnais i iddyn nhw ble . . .
(iii) Fe ofynnais i i chi ble . . .
(iv) Fe ofynnais i i John ble . . .
(v) Fe ofynnais i iddi hi ble . . .
(vi) Fe ofynnais i i'r plant ble . . .
(vii) Fe ofynnais i i'r ferch ble . . .

3b
(i) Fe ffeindiais . . .   (ii) Fe sgrechiodd . . .
(iii) Fe dorron . . .   (iv) Fe dreulion . . .
(v) Fe ffoniais . . .   (vi) Fe roioch . . .
(vii) Fe ddaliodd . . .   (viii) Fe glywodd . . .
(ix) Fe gyrhaeddais . . .   (x) Fe arhoson . . .

3d
(i) Beth achosodd y tân?   (ii) Pwy ddechreuodd y tân?
(iii) Beth ddigwyddodd neithiwr?   (iv) Pwy ffoniodd y frigâd dân?
(v) Pwy dorrodd y ffenestr?   (vi) Beth glywodd y ferch?
(vii) Pwy brynodd y car?   (viii) Beth lanheuodd y fenyw?
(ix) Pwy baentiodd y lolfa?   (x) Beth werthodd y dyn?

4c (i) cartref (ii) adref (iii) gartref (iv) adref (v) gartref (vi) gartref (vii) gartref (viii) chartref (ix) adref (x) gartref

5b
(i) Rydw i'n clywed bod y dyn wedi ysgrifennu llyfr.
(ii) Mae e'n dweud bod John yn dost.
(iii) Roedden nhw'n meddwl bod y ffilm yn dda.
(iv) Roedden ni'n gweld bod y fenyw yn hen.
(v) Oeddet ti'n clywed bod ffliw arnaf i?
(vi) Roeddech chi'n dweud bod bai arnyn nhw.
(vii) Mae hi'n meddwl bod rhaid iddi hi fynd.
(viii) Oeddech chi'n clywed bod tân wedi bod yn y tŷ?

5c
(i) . . . bod . . .   (ii) . . . fod . . .   (iii) . . . bod . . .
(iv) . . . fod . . .   (v) . . . bod . . .   (vi) . . . bod . . .
(vii) . . . bod . . .   (viii) . . . fod . . .   (ix) . . . fod . . .
(x) . . . bod . . .

6b
(i) . . . â'r bobl sy wedi prynu eich tŷ?
(ii) . . . yn y cwpwrdd sy'n llawn.
(iii) . . . yn yr ystafell sy ar y dde.
(iv) . . . i'r tŷ sy wedi bod yn wag am flwyddyn?
(v) . . . o'r enw Mair sy'n byw gerllaw.
(vi) . . . paentio'r tŷ sy ar werth?
(vii) . . . yn gwerthu ffrwythau sy'n rhad iawn.
(viii) . . . yn y bore coffi sy yn neuadd yr eglwys.
(ix) . . . car newydd sy'n gallu mynd yn gyflym.
(x) . . . y fenyw sy'n dod yma i lanhau?

7   (i) Fe glywais i fod mam-gu'r plentyn wedi dod adref o'r ysbyty.
    (ii) Dywedwch: Beth achosodd y tân?
    (iii) Ble treulioch chi eich amser ar eich gwyliau?
    (iv) Dydy siwgr ddim yn dda i chi; rydw i eisiau rhoi'r gorau iddo fe.
    (v) Fe ofynnodd e i fi ble roedd cartref John.
    (vi) Pwy ddechreuodd y tân?
    (vii) Rydw i'n meddwl bod y gyrrwr adref heno.
    (viii) Fe aethon ni adref yn oriau mân y bore.
    (ix) Fe fenthycodd e arian o'r banc er mwyn prynu car newydd.
    (x) Mae llawer o fân ddamweiniau'n digwydd ar yr heol 'na.
    (xi) Fe ddywedon nhw fod cyflwr y fenyw'n ddrwg.
    (xii) Ydych chi'n adnabod y bobl sy'n byw gyferbyn â chi?
    (xiii) Pwy sy eisiau coffi?
    (xiv) Pryd ffonioch chi ddoe?
    (xv) Mae'n ddrwg 'da fi ond does dim newid mân 'da fi.

Lesson 13

1b (i) Ble mae cartrefi'r plant?
    (ii) Oes ceir ar y ffyrdd?
    (iii) Roedd clybiau yn y trefi.
    (iv) Fe welon ni ein hathrawon yn yr ysgolion.
    (v) Beth oedd enwau'r bechgyn?
    (vi) Dydy hi ddim yn hoffi tyrfaoedd.
    (vii) Beth sy'n bod ar eich traed?
    (viii) Roedd y merched yn hoffi gwrando ar storïau.
    (ix) Wyt ti wedi darllen y papurau?
    (x) Roedd y gyrwyr yn mynd yn gyflym ar hyd yr heolydd.

2b (i) Ddioddefaist ti o gwbl?   (ii) Ofynnoch chi i'r plant?
    (iii) Dorrodd e'r cwpan?   (iv) Ddechreuodd hi'r car?
    (v) Gerddon nhw i'r gwaith?   (vi) Fwriadaist ti ddod?
    (vii) Baratoioch chi'r bwyd?   (viii) Olchodd hi'r llestri?
    (ix) Feddyliodd hi am y plant?   (x) Redon nhw i'r ysgol?

3b (i) Gollaist ti . . . ?   (ii) Guraist ti . . . ?
    (iii) Enillaist ti . . . ?   (iv) Adawaist ti . . . ?
    (v) Wastraffaist ti . . . ?

4e (i) Fe fydd rhaid i chi fynd.   (ii) Fe fyddaf i eisiau ennill.
    (iii) Fe fydd annwyd ar y plant.   (iv) Fydd Cymru'n ennill?
    (v) Fe fyddan nhw ar y sgwâr.   (vi) Fyddwn ni ddim yn gofidio.
    (vii) Fyddwch chi'n gwylio'r gêm?   (viii) Fyddi di'n cerdded yno?
    (ix) Fydd hi ddim yn anghofio.   (x) Fyddan nhw eisiau help?

4f (i) Bydd.   (ii) Na fydd.   (iii) Bydd.   (iv) Na fyddan.   (v) Byddan.

5c (i) dy docyn (ii) dy gar (iii) dy blant
(iv) dy dad (v) dy ddillad (vi) dy ŵr
(vii) dy lyfrau (viii) dy fam (ix) dy fwyd
(x) dy gyfarfod

5e (i) byddi / fe fydd (ii) oedd / doedd (iii) ydy / rydw
(iv) oes / mae (v) bydd / fe fyddwn

5g (i) Ydy hi'n gas 'da Alun gerdded?
(ii) Mae hi'n gas 'da hi gwrw.
(iii) Mae hi'n gas 'da nhw siwgr.
(iv) Ydy hi'n gas 'da ti dywydd twym / poeth?
(v) Mae hi'n gas 'da fe beswch.
(vi) Dydy hi ddim yn gas 'da ni baentio.
(vii) Ydy hi'n gas 'da hi olchi ei gwallt?
(viii) Dydy hi ddim yn gas 'da fe ferched tal.

6d (i) Na fydd, ond fe fydd e'n dod nos Fawrth.
(ii) Nac oeddwn, ond roeddwn i yno ddydd Gwener.
(iii) Nac ydyn, ond maen nhw'n hoffi nos Lun.
(iv) Na fyddwch, ond fe fyddwch chi'n gallu mynd ar ddydd Sadwrn.
(v) Nac oeddet / Nac oeddech, ond roeddet ti / roeddech chi yn yr ysgol nos Fercher.
(vi) Nac ydw, ond rydw i'n hoffi dydd Iau.
(vii) Na fyddan, ond fe fyddan nhw yn y parti nos Wener.
(viii) Nac oedden, ond roedden ni yn y gêm ddydd Iau.
(ix) Nac ydw, ond rydw i'n gallu dod ar ddydd Sul.
(x) Na fyddaf, ond fe fyddaf i'n chwarae ar nos Sadwrn.

7 (i) Wyt ti'n teimlo fel gwylio'r gêm?
(ii) Enillon nhw?—Do.
(iii) Adawodd hi'n gynnar?—Naddo.
(iv) Fyddaf i ddim yn gallu canu yn yr ysgol ddydd Gwener.
(v) Pwy fydd yn gweld Megan nos Lun?
(vi) Rydw i'n hoffi dy gar newydd.
(vii) Fydd hi ddim yn gallu mynd i'r gogledd ar ei gwyliau os bydd ffliw arni hi.
(viii) Fe fyddaf i wrth fy modd os byddwch chi'n aros gyda ni.
(ix) Roedd yn gas 'da fe Gymraeg pan oedd e yn yr ysgol.
(x) Aethoch chi i'r gêm ryngwladol ddydd Sadwrn?—Do.
(xi) Fe wastraffon nhw amser pan anghofion nhw ddodi petrol yn y car.
(xii) Fe fydd rhaid i ni fynd adref pan fydd hi'n dywyll.
(xiii) Pwy fydd yn darllen yn y gwasanaeth?
(xiv) Fydd dim rhaid iddi hi wneud y gwaith.
(xv) Diffoddwr tân fydd John.

Lesson 14

2b (i) â (ii) iddi (iii) wrth (iv) at (v) am

3b (i) Fe ddes i ddoe am dri o'r gloch.
(ii) Ddest ti neithiwr am ugain munud wedi saith?
(iii) Ddaethon nhw ddim ddoe am ugain munud i dri.
(iv) Fe ddaethon ni neithiwr am ddeng munud wedi wyth.
(v) Ddaethoch chi ddoe am chwarter i ddeg?

3c (i) Sut dest ti yma neithiwr?
(ii) Pryd daethoch chi yma neithiwr?
(iii) Pam daethon nhw yma neithiwr?
(iv) Pam daeth y plant yma neithiwr?
(v) Pwy ddaeth yma neithiwr?
(vi) Beth ddaeth yma neithiwr?
(vii) Faint ddaeth yma neithiwr?

4b (i) hapus (ii) trist (iii) crwn (iv) hir

4c (i) hir (ii) gyrliog (iii) syth (iv) denau

4d (i) swnllyd (ii) dal (iii) dew (iv) denau

4f (i) arall (ii) eraill (iii) arall (iv) eraill (v) arall

5d (b) hapus, drist, grwn, hir (c) hir, gyrliog, syth, denau
(d) swnllyd, dal, dew, denau

6c (i) ymweld â ... (ii) brynu ... (iii) weld ...
(iv) ddarllen ... (v) gael y cyfle i ... (vi) ofyn am ...
(vii) gwrdd â ... (viii) gael ...

8 (i) Rydw i'n edrych ymlaen at gwrdd â'ch teulu.
(ii) Pryd daeth hi i weld y plant?
(iii) Pam daeth y teulu i fyw yn y bwthyn 'na?
(iv) Gofynna am de!
(v) Mae'r bachgen byr yn garedig ond mae'r bachgen tal yn gas.
(vi) Wyt ti'n hoffi gwallt cyrliog?
(vii) Roedd e'n dew ond achos dydy e ddim yn bwyta llawer nawr mae e'n eithaf tenau.
(viii) Oes rhywbeth arall?
(ix) Ydych chi eisiau rhywbeth arall?
(x) Dydw i ddim yn adnabod y teuluoedd eraill.
(xi) Ydy'r plant yn edrych ymlaen at fis Gorffennaf?
(xii) Pa mor dal ydy Peter erbyn hyn?
(xiii) Rydw i wedi bod mor brysur yn ystod y penwythnos.
(xiv) Ydych chi'n cael cyfle i siarad Cymraeg bob dydd?
(xv) Fe aethon ni ar ein gwyliau ym mis Gorffennaf a, diolch byth, roedd y tywydd yn heulog ac yn gynnes.

Lesson 15

2b (i) fy mhapur (ii) fy nhe (iii) fy nghoffi
(iv) fy mrawd (v) fy nol (vi) fy ngŵr
(vii) fy ngwraig (viii) fy nghar (ix) fy mhethau
(x) fy mrecwast

3b (i) fy nghyfnither ... (ii) fy nhadcu ... (iii) fy nghefnder ...
(iv) fy mrawd ... (v) fy nhad ...

3d (i) Chwaer Emyr ydy Mari.
(ii) Gwraig Dafydd ydy Gwen.
(iii) Gŵr Heulwen ydy Islwyn.
(iv) Mab Islwyn ydy Alun.
(v) Merch Heulwen ac Islwyn ydy Rhian.
(vi) Modryb Mari ydy Heulwen.
(vii) Ewythr Alun ydy Gwyn.
(viii) Tadcu Emyr ydy Dafydd.
(ix) Wyres Bethan ydy Siân.
(x) Mam yng nghyfraith Catrin ydy Bethan.

3e (i) Mae Dafydd yn hen dadcu i Siân.
(ii) Mae Gwyn yn dad yng nghyfraith i Catrin.
(iii) Mae Gwyn yn ewythr i Alun.
(iv) Mae Emyr yn gefnder i Rhian.
(v) Mae Rhian yn gyfnither i Emyr.
(vi) Mae Tom yn ŵyr i Bethan.
(vii) Mae Mari yn nith i Heulwen.
(viii) Mae Emyr yn nai i Heulwen.
(ix) Mae Heulwen yn ferch i Dafydd a Gwen.
(x) Mae Gwyn yn dadcu i Siân.

4b (i) Mae ein plentyn ni yn flwydd oed.
(ii) Mae fy mab i yn ddwy flwydd oed.
(iii) Mae eu merch nhw yn dair blwydd oed.
(iv) Mae ei chefnder hi yn bedair blwydd oed.
(v) Mae fy nghyfnither i yn bum mlwydd oed.
(vi) Mae ei nith hi yn chwe blwydd oed.
(vii) Mae ein / eich nai ni / chi yn saith mlwydd oed.
(viii) Mae fy chwaer i yn wyth mlwydd oed.
(ix) Mae ei brawd hi yn naw mlwydd oed.
(x) Mae fy nghar i yn ddeng mlwydd oed.

5a(ii)
  (i) Rydw i mor dal â fy nghefnder.
  (ii) Roeddwn i mor drwm â fy nghyfnither.
  (iii) Mae fy ngwallt i mor olau â gwallt fy mrawd.
  (iv) Rydw i mor dew â fy nai.
  (v) Fe fyddaf i mor gryf â fy mab.
  (vi) Fe fyddaf i mor fyr â fy chwaer.
  (vii) Roeddwn i mor wan â fy nhad.
  (viii) Roedd fy ngwallt i mor dywyll â gwallt fy mam.
  (ix) Rydw i mor hapus â fy ewythr.
  (x) Rydw i mor drist â fy mam yng nghyfraith.

5b(ii)
  (i) Rydw i'n fwy tal na fy nghefnder.
  (ii) Roeddwn i'n fwy trwm na fy nghyfnither.
  (iii) Mae fy ngwallt i'n fwy golau na gwallt fy mrawd.
  (iv) Rydw i'n fwy tew na fy nai.
  (v) Fe fyddaf i'n fwy cryf na fy mab.
  (vi) Fe fyddaf i'n fwy byr na fy chwaer.
  (vii) Roeddwn i'n fwy gwan na fy nhad.
  (viii) Roedd fy ngwallt i'n fwy tywyll na gwallt fy mam.
  (ix) Rydw i'n fwy hapus na fy ewythr.
  (x) Rydw i'n fwy trist na fy mam yng nghyfraith.

5b(iii)
  (i) Mae'r Rolls-Royce yn fwy drud na'r Mini.
  Mae'r Mini'n fwy rhad na'r Rolls-Royce.
  (ii) Mae'r afalau'n fwy ysgafn na'r orennau.
  Mae'r orennau'n fwy trwm na'r afalau.
  (iii) Mae Tom yn fwy cryf na Gwyn.
  Mae Gwyn yn fwy gwan na Tom.

5b(iv)
  (i) Dydy'r Rolls-Royce ddim mor rhad â'r Mini.
  Dydy'r Mini ddim mor ddrud â'r Rolls-Royce.
  (ii) Dydy'r afalau ddim mor drwm â'r orennau.
  Dydy'r orennau ddim mor ysgafn â'r afalau.
  (iii) Dydy Tom ddim mor wan â Gwyn.
  Dydy Gwyn ddim mor gryf â Tom.

5c(ii)
  (i) Dyma'r ferch fwyaf tywyll.
  (ii) Dyma'r bachgen mwyaf cryf.
  (iii) Dyma'r car mwyaf drud.
  (iv) Dyma'r plentyn mwyaf swnllyd.
  (v) Dyma'r pentref mwyaf pert.
  (vi) Dyma'r ystafell fwyaf glân.
  (vii) Dyma'r menywod mwyaf tenau.
  (viii) Dyma'r trowsus mwyaf llac.
  (ix) Dyma'r got fwyaf tynn.
  (x) Dyma'r chwaer fwyaf caredig.

5c(iii) (i) fwyaf (ii) mor (iii) fwy (iv) fwy (v) fwyaf (vi) mwyaf (vii) mor (viii) fwyaf (ix) fwy (x) fwyaf

6b (i) doeddwn i ddim cymaint â Siôn.
(ii) doedd e ddim cynddrwg â Siôn.
(iii) dwyt ti ddim yn gallu ysgrifennu cystal â Siôn.
(iv) ond dydy e ddim cyn lleied â Siôn.
(v) fyddi di ddim cymaint â Siôn.

6c (i) Ti oedd y gwaethaf. (ii) Nhw oedd y lleiaf.
(iii) Tom fydd y mwyaf. (iv) Hi oedd yr orau?
(v) Nid Gwen oedd y lleiaf. (vi) Fe ydy'r gorau.
(vii) Nid nhw oedd y gwaethaf. (viii) Nhw ydy'r mwyaf.

6d (i) Rwyt ti'n waeth. (ii) Roedden nhw'n llai.
(iii) Fe fydd Tom yn fwy. (iv) Oedd hi'n well?
(v) Doedd Gwen ddim yn llai. (vi) Mae e'n well.
(vii) Doedden nhw ddim yn waeth. (viii) Maen nhw'n fwy.

8b (i) . . . ei fod e'n fwy tenau na fi.
(ii) . . . ei fod e'n llai na fi.
(iii) . . . ei fod e'n fwy na fi.
(iv) . . . ei fod e'n well na fi.
(v) . . . ei fod e'n fwy cryf na fi.
(vi) . . . ei fod e'n fwy ysgafn na fi.
(vii) . . . ei fod e'n waeth na fi.
(viii) . . . ei fod e'n fwy tal na fi.
(ix) . . . ei fod e'n fwy caredig na fi.
(x) . . . ei fod e'n fwy byr na fi.

9b (i) Fydd y lleill ddim yn canu.
(ii) Oedd y lleill yn dda?
(iii) Ydy'r llall ar werth?
(iv) Doedd y lleill ddim cystal.
(v) Fe ddywedais i fod y llall yn well.

12 (i) Ydy fy nghyfnither i yn dod gyda fi?
(ii) Sut rydyn ni'n perthyn i ewythr Owen?
(iii) Dy nai di ydy e.
(iv) Faint ydy oed eich wyres chi?
(v) Dydy Catrin ddim yn ddwy flwydd oed eto.
(vi) Dydy eich plant chi ddim mor dal â fy mhlant i.
(vii) Dydy eu tŷ nhw ddim yn fwy drud na dy dŷ di.
(viii) Dyma'r gadair fwyaf cyfforddus yn yr ystafell.
(ix) Fe oedd y gorau ar y cae.
(x) Fe ddywedon nhw ei fod e'n waeth heddiw.
(xi) Doeddwn i ddim yn gwybod bod Eleri'n well na'i brawd.
(xii) Aethon ni ddim ar ein gwyliau achos bod yr haf mor wlyb.
(xiii) Oeddet ti'n gwybod ei fod e'n dost?
(xiv) Fe welais i'r lleill sy'n ddigon da i ni.
(xv) Ydy e'n llai na'r llall?

Lesson 16

1d (i) potelaid o bop   (ii) plataid o fwyd   (iii) cwpanaid o de
       (iv) basgedaid o ffrwythau   (v) sosbanaid o reis   (vi) basnaid o siwgr

3b (i) Gaf i ddau bwys?   (ii) Gaf i ddau gant?
       (iii) Gaf i ddwy lath?   (iv) Gaf i ddau fetr?
       (v) Gaf i ddau ddwsin?   (vi) Gaf i ddau beint?
       (vii) Gaf i ddau litr?   (viii) Gaf i ddau alwyn?
       (ix) Gaf i ddau bâr?   (x) Gaf i ddwy botelaid?

4c (i) Faint yr un ydy'r cotiau?
       (ii) Faint y pâr ydy'r sbectol?
       (iii) Faint y pwys (kilo) ydy'r caws?
       (iv) Faint y peint ydy'r cwrw?
       (v) Faint y galwyn ydy'r petrol?
       (vi) Faint y llath (metr) ydy'r defnydd?
       (vii) Faint y cant ydy'r glo?
       (viii) Faint y llath (metr) ydy'r carped?
       (ix) Faint y pâr ydy'r 'sanau?
       (x) Faint y pwys (kilo) ydy'r afalau?

4e (i) Mae'r cotiau'n ddau ddeg pum punt yr un.
       (ii) Mae'r sbectol yn dri deg punt y pâr.
       (iii) Mae'r afalau'n ddau ddeg wyth ceiniog y pwys.
       (iv) Mae'r cwrw'n dri deg naw ceiniog y peint.
       (v) Mae'r petrol yn bunt a phum deg ceiniog y galwyn.
       (vi) Mae'r defnydd yn ddwy bunt a naw deg naw ceiniog y llath.
       (vii) Mae'r sment yn bedair punt a phedwar deg chwech ceiniog y cant.
       (viii) Mae'r wyau'n naw deg ceiniog y dwsin.

5b (i) Do. (ii) Nage. (iii) Ydyn. (iv) Nac oes. (v) Oedd. (vi) Ie. (vii) Na fydd.
       (viii) Naddo. (ix) Ie. (x) Nage.

6b (i) Roedd hi'n well iddyn nhw gael dwsin. (*or* Roedd yn . . .)
       (ii) Mae hi'n well i fi gael cant.
       (iii) Ydy hi'n well iddi gael tri galwyn?
       (iv) Doedd hi ddim yn well iddo fe gael pâr.
       (v) Dydy hi ddim yn well i ni gael dau bwys.
       (vi) Fydd hi ddim yn well i chi gael tri pheint.
       (vii) Fe fydd hi'n well i Mair gael llath.
       (viii) Dydy hi ddim yn well i'r ferch gael tri phwys.
       (ix) Roedd hi'n well i fi gael pâr o sbectol.
       (x) Fydd hi'n well i ti gael metr?

7b (i) Mae eisiau arian arno fe.
(ii) Roedd eisiau (benthyca) llyfr arni hi.
(iii) Fe fydd eisiau (prynu) papur ar Alun.
(iv) Fydd dim eisiau bara arnyn nhw.
(v) Oedd eisiau stampiau arnoch chi?
(vi) Oes eisiau ffrwythau arnat ti?
(vii) Fydd eisiau celfi arnon ni?
(viii) Doedd dim eisiau esgidiau arnat ti.
(ix) Does dim eisiau losin arni hi.
(x) Fydd eisiau cig arnat ti?

8b (i) Rydw i'n gwybod bod gwyliau 'da nhw . . .
(ii) Rydw i'n gwybod ei fod e wedi bod yn yr ysgol . . .
(iii) Rydw i'n gwybod eich bod chi'n edrych . . .
(iv) Rydw i'n gwybod fy mod i'n hwyr heno.
(v) Rydw i'n gwybod dy fod ti wedi bod . . .

8c (i) Roeddwn i'n meddwl ei bod hi'n oer neithiwr.
(ii) Roeddwn i'n meddwl eu bod nhw'n brysur iawn . . .
(iii) Roeddwn i'n meddwl bod annwyd arno fe.
(iv) Roeddwn i'n meddwl bod cyfle 'da ti . . .
(v) Roeddwn i'n meddwl eich bod chi'n gallu siarad Cymraeg.

9b (i) . . . er fy mod i'n aros gartref.
(ii) . . . er ei bod hi'n rhewi.
(iii) . . . er eu bod nhw'n dost.
(iv) . . . er bod y tocynnau'n ddrud.
(v) . . . er bod annwyd arnyn nhw.

9c (i) . . . er ei fod e'n ddrud.
(ii) . . . er eu bod nhw'n hoffi ham.
(iii) . . . er bod ham yn fwy rhad.
(iv) . . . er fy mod i wedi dweud fy mod i'n hoffi ham.
(v) . . . er ei bod hi'n gas 'da ni'r cig.

10b (i) sy (ii) ydy (iii) sy (iv) ydy (v) sy (vi) mae (vii) sy (viii) sy (ix) mae (x) mae

11 (i) Fe yfodd e botelaid o bop.
(ii) Faint y dwsin ydy wyau fel arfer?
(iii) Roedd y carped yn ddeg punt y llath.
(iv) Deg ceiniog y pwys ydy'r afalau? Ie.
(v) Mae'n well i ti wneud rhestr.
(vi) Gaf i bedwar galwyn o betrol, os gwelwch yn dda?
(vii) Oes eisiau'r rhain ar Mair?
(viii) Roedd eisiau tri phwys o flawd arno fe.
(ix) Does dim eisiau'r rheina arnaf i heddiw.
(x) Fydd dim eisiau golchi gwallt y plant arnon ni.
(xi) Fe glywon ni eich bod chi'n gallu coginio'n dda.
(xii) Er ei bod hi'n bwrw glaw roedd llawer o bobl yn gwylio'r gêm.
(xiii) Rydw i'n meddwl bod digon o gyfle 'da hi i siarad Cymraeg.
(xiv) Pa rai ydy'r gorau?
(xv) Pa fachgen sy'n mynd i ennill?

Lesson 17

3b   (i)   Fe gawson nhw gig eidion . . .
     (ii)   Fe gafodd hi datws . . .
    (iii)   Fe gawson ni fresych . . .
    (iv)   Fe gafodd Meirion faip . . .
     (v)   Fe gafodd y plant bys . . .
    (vi)   Fe gest ti sglodion . . .
   (vii)   Fe gawsoch chi lysiau ffres . . .
  (viii)   Fe gawson ni gawl . . .
    (ix)   Fe gafodd y dyn win . . .
     (x)   Fe gawson nhw dreiffl.

3c   (i)-(x) Drop the word *Fe*.

3d   (i)   Sut cest ti . . . ?   (ii)   Ble cawsoch chi . . . ?
    (iii)   Pryd cawson nhw . . . ?   (iv)   Pam cafodd e . . . ?
     (v)   Faint gafodd hi . . . ?

3f   (i)   Chawson nhw ddim cig eidion . . .
     (ii)   Chafodd hi ddim tatws . . .
    (iii)   Chawson ni ddim bresych . . .
    (iv)   Chafodd Meirion ddim maip . . .
     (v)   Chafodd y plant ddim pys . . .
    (vi)   Chest ti ddim sglodion . . .
   (vii)   Chawsoch chi ddim llysiau ffres . . .
  (viii)   Chawson ni ddim cawl . . .
    (ix)   Chafodd y dyn ddim gwin . . .
     (x)   Chawson nhw ddim treiffl . . .

3g   (i)   Ferwais i ddim tatws.
     (ii)   Ddilynon ni ddim car arall.
    (iii)   Orffennodd e ddim gweithio'n gynnar.
    (iv)   Rewon nhw ddim ffa.
     (v)   Phrynodd y plant ddim losin yn y siop.
    (vi)   Theithiaist ti ddim yn y car.
   (vii)   Charioch chi ddim dŵr.
  (viii)   Feddylion ni ddim am Ginio Gŵyl Ddewi.
    (ix)   Chwrddais i ddim â John.
     (x)   Ddiolchodd hi ddim am y cinio.

4b   (i)   . . . braidd yn gas . . .   (ii)   . . . braidd yn wydn . . .
    (iii)   . . . braidd yn dew . . .   (iv)   . . . braidd yn denau . . .
     (v)   . . . braidd yn wlyb . . .   (vi)   . . . braidd yn ddrud . . .
   (vii)   . . . braidd yn wyntog . . .   (viii)   . . . braidd yn fyr . . .

4c (i) braidd yn fach ... (ii) braidd yn fawr ...
(iii) braidd yn dal ... (iv) braidd yn uchel ...
(v) braidd yn bell ... (vi) braidd yn brysur ...
(vii) braidd yn llydan ... (viii) braidd yn chwerw ...
(ix) braidd yn ffres ... (x) braidd yn llwyd ...

5b (i) Mae hi'n well 'da'i brawd ...
(ii) Roedd hi'n well 'da ni ...
(iii) Fe fydd hi'n well 'da fi ...
(iv) Mae hi'n well 'da fe ...
(v) Roedd hi'n well 'da'r fam ...

6b (i) ei fwyta fe ... (ii) fy nhalu i ...
(iii) ei brynu fe ... (iv) eu gwneud nhw ...
(v) eu benthyca nhw ... (vi) ei ddarllen e ...
(vii) ein gweld ni ... (viii) dy gario di ...
(ix) eich gadael chi ... (x) fy ngofidio i ...

6e (i) goginio (ii) ennill (iii) weld (iv) fwyta (v) brynu (vi) werthu
(vii) anghofio (viii) golli (ix) wneud (x) yfed

8b (i) chwarae rygbi. (ii) wneud arian.
(iii) weld America y llynedd. (iv) gael cinio.
(v) nofio yn y môr. (vi) ddechrau.
(vii) gwrdd â fi. (viii) orffen.
(ix) gysgu. (x) ymweld â'r amgueddfa.

9 (i) Fe ges i wydraid o win melys.
(ii) Chawson ni ddim ffa dringo i ginio heddiw.
(iii) Orffennaist ti dy gawl?
(iv) Ferwodd hi ddim tatws.
(v) Roedd hi braidd yn wlyb pan gyrhaeddon ni gartref.
(vi) Ydy hi'n well 'da fe datws wedi eu berwi neu rai wedi eu rhostio?
(vii) Roedd hi'n well 'da hi wydraid o win melys.
(viii) Does dim rhaid i chi eu gorffen nhw.
(ix) Roedd y stecen mor wydn doeddwn i ddim yn gallu ei chnoi hi.
(x) Ydyn nhw wedi ein talu ni?
(xi) Beth rwyt ti'n ei feddwl?
(xii) Beth mae hi wedi'i wneud nawr?
(xiii) Mae hi'n gas 'da fi banas wedi eu berwi.
(xiv) Chafodd hi ddim digon o datws wedi eu ffrio; oes rhagor 'da chi, os gwelwch yn dda?
(xv) Gaf i lawer o sglodion, os gwelwch yn dda?
(xvi) Mae'n well i fi fwyta tatws wedi eu berwi achos bod sglodion yn fy ngwneud i'n dew.
(xvii) Ydy hi'n amser i orffen?

Lesson 18

1d (i) arbed (ii) achubodd (iii) gynilo (iv) achub (v) arbedon (vi) gynilais

2b (i) ddylet (ii) ddylai (iii) ddylwn (iv) ddylai (v) ddylech (vi) ddylen
(vii) ddylai (viii) ddylwn (ix) ddylai (x) ddylech

2c (i) Ddylet ti ddim gwrando . . .
(ii) Ddylai plant ddim mynd . . .
(iii) Ddylwn i ddim gwisgo . . .
(iv) Ddylai Mair ddim cynilo . . .
(v) Ddylech chi ddim dweud . . .
(vi) Ddylen nhw ddim cysgu . . .
(vii) Ddylai tîm Abertawe ddim . . .
(viii) Ddylwn i ddim mynd yn dew.
(ix) Ddylai'r heddlu ddim dal y lladron.
(x) Ddylech chi ddim gweld . . .

2d (i)-(x) See **2b** and drop the word *fe*.

2f (i) Fe ddylet ti fod wedi gwrando . . .
(ii) Fe ddylai plant fod wedi mynd . . .
(iii) Fe ddylwn i fod wedi gwisgo . . .
(iv) Fe ddylai Mair fod wedi cynilo . . .
(v) Fe ddylech chi fod wedi dweud . . .
(vi) Fe ddylen nhw fod wedi cysgu . . .
(vii) Fe ddylai tîm Abertawe fod wedi ennill . . .
(viii) Fe ddylwn i fod wedi mynd yn dew.
(ix) Fe ddylai'r heddlu fod wedi dal . . .
(x) Fe ddylech chi fod wedi gweld . . .

2j(i) (i) Dylwn. (ii) Dylen. (iii) Dylet / Dylech.
(iv) Dylai. (v) Dylwn / Dylen. (vi) Dylen.
(vii) Dylen. (since a team consists of more than one person)
(viii) Dylet / Dylech. (ix) Dylen. (x) Dylwn / Dylen.

2j(ii) (i) Na ddylwn. (ii) Na ddylen.
(iii) Na ddylet / Na ddylech. (iv) Na ddylai.
(v) Na ddylwn / Na ddylen. (vi) Na ddylen.
(vii) Na ddylen. (viii) Na ddylet / Na ddylech.
(ix) Na ddylen. (x) Na ddylwn / Na ddylen.

3b (i) Naddo, ddringon nhw mo Everest.
(ii) Naddo, welon ni mo'r ffilm.
(iii) Naddo, welais i mo dy wraig di *or* mo'ch gwraig chi.
(iv) Naddo, chollodd e mo'i docyn.
(v) Naddo, chyrhaeddodd hi mo'r copa.
(vi) Naddo, siaradon nhw ddim â Marian.
(vii) Naddo, ches i mo'r arian.
(viii) Naddo, ddywedon ni ddim wrth yr heddlu.
(ix) Naddo, chlywais i mo'u plant nhw.
(x) Naddo, phaentiodd e mo'n car ni.

3f (i) Phrynais i monyn nhw . . .
(ii) Chafodd hi mono fe . . .
(iii) Fwyton ni monyn nhw . . .
(iv) Welais i monoch chi . . .
(v) Ddarllenodd hi monyn nhw . . .
(vi) Chlywodd e mono i . . .
(vii) Thalaist ti monon ni . . .
(viii) Phrynoch chi mono fe . . .
(ix) Achubon nhw moni hi . . .
(x) Phaentiais i mono fe . . .

6b (i) Mae 'na blant yn y cae.
(ii) Mae 'na ferch yn yr eglwys.
(iii) Mae 'na fenyw yn y siop.
(iv) Mae 'na ddyn yn y car.
(v) Mae 'na lwy ar y bwrdd.
(vi) Mae 'na beswch arnyn nhw.
(vii) Mae 'na wres arnon ni.
(viii) Mae 'na ladron wrth y ffenestr.

7 (i) Fe ddylwn i wario llai a chynilo mwy.
(ii) Pwy achubodd y dyn?
(iii) Mae gwell llyfr yn y llyfrgell.
(iv) Ddylet ti ddim colli'r trên bob dydd—fe ddylet ti godi'n fwy cynnar.
(v) Ddylai hi dalu am y rhain nawr neu ddylai hi dalu'n ddiweddarach?
(vi) Ddylen nhw ddim bod wedi prynu'r car 'na.
(vii) Ddylwn i fod wedi bod yno? Roeddwn i wedi anghofio.
(viii) Ble dylen ni gwrdd â nhw?
(ix) Dylen, fe ddylen nhw fod wedi bod yn y cyngerdd.
(x) Welais i mo fy chwaer.
(xi) Chlywon ni monoch chi'n dod.
(xii) Ddylet ti ddim bwyta cymaint o siwgr.
(xiii) Roeddwn i eisiau'r arian i brynu car newydd. *or* Roedd eisiau'r arian arnaf i i brynu car newydd.
(xiv) Pam dylen ni eu talu nhw?
(xv) Mae e'n mynd allan i redeg bob nos i golli pwysau.

Lesson 19

2b (i) fydden (ii) fydden (iii) fyddai (iv) fyddech (v) fyddwn (vi) fyddai (vii) fyddai (viii) fyddet (ix) fyddai (x) fyddwn

2c (i) Fe fydden nhw wedi hoffi dod.
(ii) Fe fydden ni wedi cwrdd . . .
(iii) Fe fyddai fe wedi bod yn rhad . . .
(iv) Fe fyddech chi wedi bod wrth eich bodd . . .
(v) Fe fyddwn i wedi bod wrth fy modd . . .
(vi) Fe fyddai Meirion wedi bod wrth ei fodd . . .
(vii) Fe fyddai'r plant wedi mwynhau . . .
(viii) Fe fyddet ti wedi gallu dod gyda ni nos Iau . . .
(ix) Fe fyddai Mair wedi hoffi . . .
(x) Fe fyddwn i wedi edrych . . .

2e (i) Fydden nhw ddim yn . . . (ii) Fydden ni ddim yn . . .
(iii) Fyddai fe ddim yn . . . (iv) Fyddech chi ddim yn . . .
(v) Fyddwn i ddim wrth . . . (vi) Fyddai Meirion ddim wrth . . .
(vii) Fyddai'r plant ddim yn . . . (viii) Fyddet ti ddim yn . . .
(ix) Fyddai Mair ddim yn . . . (x) Fyddwn i ddim yn . . .

2f (i) Fyddai dim hiraeth arno fe.
(ii) Fyddai dim rhaid i ti ferwi'r dŵr.
(iii) Fyddai dim pen tost 'da fi.
(iv) Fyddai dim eisiau cig arnyn nhw.
(v) Fyddai hi ddim yn (hen) bryd iddyn nhw ddod.
(vi) Fyddai hi ddim yn gas 'da fe wersylla.
(vii) Fyddai hi ddim yn well i chi . . .
(viii) Fyddai hi ddim yn well 'da nhw . . .
(ix) Fyddai dim eisiau amser arni hi.
(x) Fyddai dim rhaid i fi fynd adref.

2h (i)-(x) Fyddai . . . ?

2i (i) Fyddwn i'n gallu . . . ? (ii) Fyddet ti'n hoffi . . . ?
(iii) Fyddai rhaid i John . . . ? (iv) Fyddai amser 'da nhw . . .
(v) Fyddai hi'n well 'da chi (vi) Fydden nhw gartref am . . . ?
(or i chi) . . . ? (vii) Fyddai hi'n mwynhau . . . ?
(viii) Fyddai'r dyn yn newid . . . ? (ix) Fydden ni'n darllen . . . ?
(x) Fyddai Mair yn colli . . . ?

2l (i) Bydden / Na fydden
(ii) Byddech / Na fyddech
(iii) Byddai / Na fyddai
(iv) Bydden / Na fydden
(v) Byddet *or* Byddech / Na fyddet *or* Na fyddech
(vi) Byddai / Na fyddai
(vii) Bydden / Na fydden
(viii) Byddwn / Na fyddwn
(ix) Byddai / Na fyddai
(x) Byddet *or* Byddech / Na fyddet *or* Na fyddech

3g (i) Petai hi ddim yn bwrw glaw . . .
(ii) Petawn i ddim yn dost . . .
(iii) Petaet ti ddim wedi dod . . .
(iv) Petaen nhw ddim eisiau . . .
(v) Petai dim annwyd ar fy ngŵr . . .
(vi) Petai dim amser 'da hi . . .
(vii) Petaech chi ddim yn galw . . .
(viii) Petai hi ddim yn heulog . . .
(ix) Petai dim lleidr yn y tŷ . . .
(x) Petaen ni ddim yn mynd i'r Alban . . .

4b (i) . . . y bydden nhw'n hoffi dod.
(ii) . . . y byddai fe'n ffonio nos yfory.
(iii) . . . y gwelodd e ffilm ddiddorol neithiwr.
(iv) . . . y bydd y plant yno braidd yn hwyr.
(v) . . . y byddai'n well i Mair aros i mewn.
(vi) . . . y dylen nhw fynd i'r De ar eu gwyliau.
(vii) . . . y bydd hi'n well 'da Tom gynilo ei arian.
(viii) . . . y byddai'n gas 'da nhw wersylla.
(ix) . . . y cafodd e fenthyg car ei frawd.
(x) . . . y byddai fe wedi arbed arian petai e wedi ei brynu fe y llynedd.

4c (i) . . . ei bod hi'n well 'da fe datws wedi eu berwi.
(ii) . . . y byddan nhw wrth eu bodd yn y wlad.
(iii) . . . y dylai hi golli pwysau.
(iv) . . . bod 'na blant wrth y drws.
(v) . . . y bydden ni'n hwyr petaen ni'n colli'r bws.
(vi) . . . y bydd 'na gyngerdd yn yr ysgol yr wythnos nesaf.
(vii) . . . ei fod e wrth ei fodd yn y ffair.
(viii) . . . y bwytodd e ormod i ginio.
(ix) . . . ei bod hi'n dod ym mis Gorffennaf.
(x) . . . yr yfon ni win melys.

5b (i) ddwy flynedd yn ôl (ii) dair blynedd yn ôl
(iii) bedair blynedd yn ôl (iv) bum mlynedd yn ôl
(v) chwe blynedd yn ôl (vi) saith mlynedd yn ôl
(vii) wyth mlynedd yn ôl (viii) naw mlynedd yn ôl
(ix) ddeng mlynedd yn ôl

6b (i) erioed (ii) byth (iii) erioed (iv) byth (v) byth (vi) byth (vii) erioed
(viii) byth (ix) erioed (x) erioed

7
(i) Ydy'r papur 'ma'n rhad ac am ddim?
(ii) Fe fyddwn i wedi aros yno drwy'r dydd petawn i wedi cael y cyfle.
(iii) Fyddai eich plant chi wedi bod wrth eu bodd yn y gwersyll gwyliau?
(iv) Fyddai dim rhaid iddyn nhw benderfynu heddiw.
(v) Fe fyddai hi'n well 'da hi adael y gwaith tan-yfory.
(vi) Fyddai hi'n well iddyn nhw ei brynu fe?—Byddai.
(vii) Petaen ni'n colli'r bws fe fydden ni'n dal trên.
(viii) Fe fyddai fe'n aros mewn gwesty moethus petai arian 'da fe.
(ix) Petai dim annwyd arnaf i fe fyddwn i'n gallu ei wneud e.
(x) Ddywedodd e ei fod e'n dod?—Do.
(xi) Ddywedodd hi y byddai hi'n dod?—Naddo.
(xii) Roedden nhw'n gobeithio y byddai hi'n sych.
(xiii) Fe ddechreuais i ddysgu Cymraeg ddwy flynedd yn ôl.
(xiv) Dydw i erioed wedi prynu'r papur 'na.
(xv) Fydd hi byth yn gallu siarad Cymraeg yn iawn?

Lesson 20

1f
(i) 'na ryw botel (ii) 'na ryw deganau (iii) 'na ryw got
(iv) 'na ryw fws (v) 'na ryw ddillad (vi) 'na ryw wersyll
(vii) 'na ryw lythyr (viii) 'na ryw fenyw (ix) 'na ryw restr siopa
(x) 'na ryw bapur

2b
(i) Fe brynaf i un . . . (ii) Fe drwsiaf i fe . . .
(iii) Fe olchaf i nhw . . . (iv) Fe wisgaf i fy siwt lwyd . . .
(v) Fe agoraf i'r drws . . . (vi) Fe ferwaf i ddŵr . . .
(vii) Fe fwytaf i nhw . . . (viii) Fe ddilynaf i ti . . .
(ix) Fe welaf i chi . . . (x) Fe gariaf i fe . . .

2e
(i) Os doi di fe gei di losin.
(ii) Pan ddôn nhw fe gân nhw fwyd.
(iii) Fe gaf i docyn os awn ni'n fuan.
(iv) Fe ffoniaf i John pan gyrhaeddiff e gartref.
(v) Os eisteddaf i yn y gadair 'na fe gysgaf i.
(vi) Fe wellwch chi pan ddaw'r haf.
(vii) Os ei di i'r gwely'n gynnar fe alli di godi'n gynnar.
(viii) Fe enillan nhw os chwaraean nhw'n dda.
(ix) Os gwnân nhw eu gwaith yn dda fe dalaf i nhw.
(x) Fe welaf i ti pan ddown ni 'nôl o'n gwyliau.

2g (i) gaiff (ii) ân (iii) wna (iv) ddown (v) gewch (vi) aiff (vii) ddaw (viii) wnawn (ix) gei (x) wnaiff

3b (i)-(x) Drop the word *Fe*. See **2g**.

3d (i) Pryd pryni di / prynwch chi'r papur?
(ii) Pam dewisiff hi hon?
(iii) Pwy enilliff ddydd Sadwrn?
(iv) Pryd cyrhaeddan nhw?
(v) Beth bryniff hi?
(vi) Pwy ddaw?
(vii) Beth fwytan nhw?
(viii) Faint gaf i?
(ix) Sut dôn nhw?
(x) I ble ewch chi ar eich gwyliau?

3e (i) . . . y pryniff hi . . .   (ii) . . . y dewisiff hi
(iii) . . . yr enilliff . . .   (iv) . . . y cyrhaeddan nhw . . .
(v) . . . y pryniff hi . . .   (vi) . . . y daw John.
(vii) . . . y bwytan nhw . . .   (viii) . . . y cei di ddau.
(ix) . . . y dôn nhw . . .   (x) . . . yr awn ni / yr ân nhw . . .

4b (i) Phrynaf i mo'r papur heno.
(ii) Ddewisiff hi mo hon achos . . .
(iii) Enilliff Lloegr ddim ddydd Sadwrn.
(iv) Chyrhaeddan nhw ddim . . .
(v) Phryniff hi ddim petrol.
(vi) Ddaw John ddim.
(vii) Fwytan nhw ddim tatws . . .
(viii) Chei di ddim dau.
(ix) Ddôn nhw ddim yn y car.
(x) Awn ni ddim ar ein gwyliau.

4c (i) Welaf i monot ti yfory.
(ii) Welaf i monyn nhw yfory.
(iii) Welaf i monoch chi yfory.
(iv) Welaf i mo'r teledu yfory.
(v) Welaf i mo'r plant yfory.
(vi) Welaf i mono fe yfory.
(vii) Welaf i moni hi yfory.
(viii) Welaf i mo'r gêm yfory.
(ix) Welaf i mo'r rheolwr yfory.
(x) Welaf i mo Mair yfory.

5b (i) Gwnaf / Na wnaf   (ii) Gwnân / Na wnân
(iii) Gwnaiff / Na wnaiff   (iv) Gwnaf / Na wnaf
(v) Gwnaiff / Na wnaiff   (vi) Gwnân / Na wnân
(vii) Gwnaiff / Na wnaiff   (viii) Gwnawn / Na wnawn
(ix) Gwnaf / Na wnaf   (x) Gwnaiff / Na wnaiff

     (i)   Caiff / Na chaiff
    (ii)   Gwnân / Na wnân
   (iii)   Gwnei *or* Gwnewch / Na wnei *or* Na wnewch
   (iv)   Gwnewch / Na wnewch
    (v)   Caf *or* Cawn / Na chaf *or* Na chawn
   (vi)   Gwnaiff / Na wnaiff
  (vii)   Gwnân / Na wnân
 (viii)   Gwnawn *or* Gwnewch / Na wnawn *or* Na wnewch
   (ix)   Caf / Na chaf
    (x)   Gwnaiff / Na wnaiff

6b   (i)   . . . does dim arian 'da nhw.
       (ii)   . . . ei fod e ddim wedi bod yn yr ysgol.
     (iii)   . . . eich bod chi ddim yn edrych yn hapus.
     (iv)   . . . fy mod i ddim yn gynnar heno.
      (v)   . . . dy fod di ddim wedi bod yn yr Alban.
     (vi)   . . . does dim rhaid i ti fynd.
    (vii)   . . . does dim rhaid i chi dalu.
   (viii)   . . . does dim peswch arni hi.
    (ix)   . . . ei bod hi ddim yn gallu dod.
     (x)   . . . eu bod nhw ddim yn brysur iawn.

6c   (i)   . . . doedd dim arian 'da nhw.
     (ii)   as **6b**   (iii)   as **6b**   (iv)   as **6b**   (v)   as **6b**
    (vi)   . . . doedd dim rhaid i ti fynd.
   (vii)   . . . doedd dim rhaid i chi dalu.
 (viii)   . . . doedd dim peswch arni hi.
    (ix)   as **6b**   (x)   as **6b**

7b   (i)   . . . ac roedd hi'n flin 'da fe glywed.
     (ii)   . . . ac roedd hi'n flin 'da hi glywed.
    (iii)   . . . ac roedd hi'n flin 'da ni glywed.
    (iv)   . . . ac roedd hi'n flin 'da nhw glywed.
     (v)   . . . ac roedd hi'n flin 'da fi glywed.

8b   (i)   Nac ydw, rydw i'n mynd y tro nesaf.
     (ii)   Nac ydyn, maen nhw'n mynd y mis nesaf.
    (iii)   Nac ydyn, rydyn ni'n mynd ar y trên nesaf.
    (iv)   Nac ydy, mae hi'n dod ar y bws nesaf.
     (v)   Nac ydy, mae e wedi bod yn y tŷ nesaf.

9(i)

(i) Ydy.	(ii) Ydw.	(iii) Ydyn.
(iv) Oes.	(v) Oeddwn.	(vi) Oedd.
(vii) Do.	(viii) Do.	(ix) Ie.
(x) Ie.	(xi) Gwnân.	(xii) Byddaf.
(xiii) Byddan.	(xiv) Byddai.	(xv) Byddech / Bydden.
(xvi) Cewch / Cei.	(xvii) Ydy.	(xviii) Oes.
(xix) Gwnaf.	(xx) Ie.	

9(ii) (i) Nac ydy.   (ii) Nac ydw.
         (iii) Nac ydyn.   (iv) Nac oes.
         (v) Nac oeddwn.   (vi) Nac oedd.
         (vii) Naddo.   (viii) Naddo.
         (ix) Nage.   (x) Nage.
         (xi) Na wnân.   (xii) Na fyddaf.
         (xiii) Na fyddan.   (xiv) Na fyddai.
         (xv) Na fyddech / Na fydden.   (xvi) Na chewch / Na chei.
         (xvii) Nac ydy.   (xviii) Nac oes.
         (xix) Na wnaf.   (xx) Nage.

10 (i) Fe fydd rhaid i fi fynd at y meddyg.
       (ii) Doedd hi ddim yn hoffi hynny, o gwbl.
       (iii) Fe arhoswn ni mewn rhyw westy yn y wlad.
       (iv) Fyddech chi'n hoffi hynny?
       (v) Beth sy ar y teledu heno?
       (vi) Weli di fe yfory? Gwnaf.
       (vii) Os bwytaf i ormod fe af i'n dew.
       (viii) Fe ddylai fe fy ffonio i pan gyrhaeddiff e gartref.
       (ix) Fe af i os doi di gyda fi.
       (x) Pryd gwelwn ni nhw y tro nesaf?
       (xi) Mae e'n dweud y daw e'r wythnos nesaf.
       (xii) Welaf i monoch chi yfory.
       (xiii) Ddôn nhw gyda ni? Na wnân.
       (xiv) Gaf i betrol yn y garej 'na? Na chei.
       (xv) Mae hi'n meddwl does dim arian 'da fi.
       (xvi) Gobeithio (*or* Rydw i'n gobeithio) eich bod chi ddim yn mynd yn gynnar iawn.
       (xvi) Ond fe ddywedodd e doedd dim rhaid iddo fe wneud unrhywbeth.
       (xvii) Roedd hi'n flin 'da fi glywed am dy fam.
       (xviii) Pan af i i Gaerdydd nesaf fe brynaf i'r llyfr 'na i ti.
       (xix) Roedd hi'n gobeithio y byddai fe'n galw ar y ffordd adref.
       (xx) Gobeithio (*or* Rydw i'n gobeithio) eich bod chi ddim yn flin eich bod chi'n dysgu Cymraeg. (*or* Gobeithio ei bod hi ddim yn flin 'da chi eich bod chi'n dysgu Cymraeg.)

Welsh Vocabulary List

Number refers to the lesson in which the word first appears. Singular and plural forms given.

A

a, ac 1, 4
â 3, 10
â chroeso 3
achos 7
achos-ion 12
achosi 12
achub 18
adeilad-au 4
adnabod 10
adref 12
adroddiad-au 12
afal-au 4
afon-ydd 18
ag arfer 16
agor 7
anghofio 13
ail-law 15
allan 7
am 8, 10, 11
am faint o'r gloch 8
amgueddfa (amgueddfeydd) 4
amrywiol 8
amser-au 8
anffodus 10
annwyd 7
annwyl 14
antheg-ion 5
anymwybodol 12
ar 2
ar gael 9
ar goll 4
ar gyrion 9

ar hyd 4
ar hyn o bryd 6
ar lan y môr 19
ar ôl 7
ar ran 12
ar unwaith 14
ar wahân 9
ar werth 9
ar y cyfan 9
arall (eraill) 14
arbennig 8
ardderchog 3
arholiad-au 19
arian 4
arllwys 3
aros (am) 7, 8, 18
at 20
ateb 9
athrawes-au 14
athro (athrawon) 11
awr (oriau) 8
awydd 7, 13
awyddus 14
awyren-nau 5

B

bach 5
bachgen (bechgyn) 5
bai 7
banc-iau 4
barn 15

basgedaid 16
basn-au 3
basnaid 16
bendigedig 8
benthyca 4
berwi 17
beth 2
beth am 6
beth bynnag 6
bisgïen (bisgedi) 3
blaenwr (blaenwyr) 20
blasus 8
blawd 16
ble 2
blodfresych 17
blwydd 15
blwyddyn (blynyddoedd) 11
blynedd 19
bod (*to be*) 6
bod (*that*) 12
bore-au 1
braf 1
braich (breichiau) 7
braidd 17
brawd (brodyr) 15
brecwast 7
brenin (brenhinoedd) 11
bresych 17
brigâd dân 12
bron 8
brown 6
brwnt 8
bryn-iau 11
bu farw 11
buan 12

bwrdd (byrddau) 3
bwriadu 8
bwrw cesair 1
bwrw eira 1
bwrw glaw 1
bws-iau 13
bwthyn (bythynnod) 14
bwyd 4
bwydlen-ni 17
bwyta 3
byd 10
byr 6
bys-edd 7
byth 19
byw 2

C

cedair (cadeiriau) 4
cadw 7
cae-au 2
cael 6
cael benthyg 19
caffi 4
car (ceir) 2
carafan-nau 19
caredig 14
cariad 7
cario 15
carped-i 16
cartref-i 12
cas 7
castell (cestyll) 4
cawl 17
caws 16
cefn-au 9
cefnder-oedd 15
ceg-au 7
cegin-au 9
ceiniog-au 5
cerdded 4
Cernyw 11
cig 16
cig dafad 17
cig eidion 17
cig llo 17
cig oen 17
cinio 7
clust-iau 7
clwb (clybiau) 13
clywed 11

cnoi 17
coch 6
codi 7, 11
coes-au 7
cof 14
cofio 7
cofion 14
coffi 3
coginio 16
coleg-au 4
colled-ion 20
colli 13, 18
copa-on 10
corgimychiaid 17
cornel-i 4
cot-iau 4
cot fawr 6
cot law 6
croesi 4
croeso 14
crwn 14
cryf 3
crys-au 6
cul 9
curo 13
cwmwl (cymylau) 10
cwpan-au 3
cwpanaid 8
cwpwrdd (cypyrddau) 9
cwrdd (â) 14
cwrw 3
cyfan 6
cyfandir 10
cyfarfod-ydd 11
cyfarwydd â 15
cyfle 14
cyflwr 9
cyfoethog 17
cyfforddus 12
cymaint 18
Cymru 11
cymryd 3
cymryd gofal 20
cymylog 1
cyn 8
cyngerdd (cyngherddau) 18
cynilo 18
cynnar 8
cynnes 7
cyntaf 11
cyrliog 14
cyrraedd 12
cysgu 8
cystal (â) 15

cysylltiedig (â) 11
cysylltu (â) 11
cyw iâr 17
cywilydd 7

CH

chi 1
chwaer (chwiorydd) 18
chwaith 6
chwant 7
chwarae 2
chwaraewr (chwaraewyr) 18
chwarter 8, 16
chwerw 3
chwilio (am) 9
chwith 4
chwysu 7

D

da 1
dadleth 1
daear 11
dal 4
dal i 11
dan 7
darllen 4
dawns-feydd 20
De Cymru 11
dechrau 11
defnydd 16
dewis 6
de-ddwyrain 11
de-orllewin 11
dianaf 12
dianc 12
dibynnu (ar) 16
diddorol 8
diflas 1
difrod 12
diffoddwr (diffoddwyr) tân 12
digon (o) 8
digwydd 12
dilyn 17
dillad 6
dim 12
dim diolch 3

dim ond 13
diod-ydd 18
dioddef 12
diolch (am) 1, 14
diolch byth 14
disgwyl 14
diweddarach 12
diwethaf 14
do 10
doctor 7
dod 2
dodi 7
doli-au 5
dros 8
dros y môr 10
dros y Sul 14
drud 5
drws (drysau) 9
drws nesaf i 4
drwy'r dydd 19
du 6
dweud (wrth) 12, 14
dwfn 18
dŵr 3
dwsin-au 16
dwyn 11, 14
dy 13
dydd-iau 7
dydd Gŵyl Ddewi 11
dydd Sadwrn 13
dyled 7
dyma 6
dymunol 14
dyn-ion 12
dyna 4, 6
dysgu 2

DD

(y) dde 4
ddoe 8

E

edrych 5
edrych ymlaen at 14
eglwys-i 2
eglwys gadeiriol 11

ffonio 12
ffordd (ffyrdd) 4, 12
Ffrainc 10
ffres 8
ffrind-iau 10
ffrio 17
ffrog-iau 6
ffrwythau 8
ffrynt 12

G

gadael 13
galw 7
gallu 5
gardd (gerddi) 9
garej-ys 9
gartref 12
gêm (gemau) 5, 13
ger 11
gerllaw 12
glân 8
glanhau 8
glas 6
glo 9
gobeithio 20
gofal 20
gofalus 4
gofidio 13
gofyn (am) (i) 5, 12, 14
gogledd 10
Gogledd Cymru 10
gogledd-ddwyrain 11
gogledd-orllewin 11
gohebydd-ion 12
golau 6
golchi 8
gorffen 17
gormod (o) 10
gorsaf-oedd 4
gostwng 20
gradd 8
grawnffrwyth 17
gwahanol 17
gwaith 2
gwallt 14
gwan 3
gwario 16
gwasanaeth-au 12
gwastraffu 13
gweddol 1

ei 9, 11
ei bod hi ddim 20
ei fod e 15
eich 7
ein 10
eisiau 3
eisiau . . . ar . . . 16
eistedd 8
eithaf 1
eleni 10
ennill 13, 17
enw-au 11
enwog 11
er 15
er mwyn 12
erbyn 14
erbyn hyn 7
erioed 19
ers 9
ers tipyn 10
esgid-iau 4
estyn 3
eto 9, 19
eu 10
eu bod nhw 16

F

faint 5
fe 11
fel 6, 8
fel arfer 15
felly 10
finegr 16
fy 15
fy mod i 16

FF

ffa 17
ffa dringo 17
ffair (ffeiriau) 19
ffatri (ffatrïoedd) 12
ffeindio 12
ffenestr-i 9
ffilm-iau 4
ffliw 7
ffôn 9

gweddw-on 9
gweithio 2
gweld 4
gwely-au 7
gwell 18
gwella 20
gwersyll-oedd 19
gwersyll gwyliau 19
gwersylla 10
gwerthu 5
gwerthwr (gwerthwyr) 9
gwerthwr ceir 15
gwerthwyr tai 9
gwesty (gwestai) 8
gwin-oedd 17
gwisg-oedd 6
gwisgo 6
gwlad (gwledydd) 10, 19
Gwlad Belg 10
gwlyb 1
gwneud 2
gŵr (gwŷr) 9
gwraig (gwragedd) 10
gwrando (ar) 8
gwres 7
gwres canolog 9
gwresogydd 9
gwybod 9
gwydn 17
gwydraid 17
gwyliau 8
gwylio 13
gwyn 6
gwyntog 1
gwyrdd 6
gyda 3, 10
gyda'r nos 8
gyferbyn â 4
gyrrwr (gyrwyr) 12

H

hael 10
haf-au 15
ham 16
hances-i 11
hanner 7
hapus 14
hardd 6
heb 3
heddiw 1

heddlu 14
hefyd 6
heibio i 4
help 13
helpu 5
hen 5
hen ffasiwn 6
heno 1
heol-ydd 2
heulog 1
hir 6
hiraeth 7
hoff o 8
hoffi 3
holi 4
hon 6
honna 6
hosan-au 6
hufen 17
hufen iâ 17
hwn 6
hwnna 6
hwyr 8
hyd yn hyn 12
hyfryd 3
hynny 20

I

i 4, 5, 18
i ble 4
i fyny 10
i gyd 6
i lawr 12
i mewn (i) 8, 14
iawn 1, 19
ie 16
ifanc 5
Iwerddon 10

K

kilo 16

L

lan llofft 9
lawr llawr 9
lein fach 10
lolfa 9
lori (lorïau) 5
losin 16
lwcus 8

LL

llac 6
lladrad 14
llaeth 3
llai 15, 18
llall (lleill) 15
llaw (dwylo) 7
llawer (o) 6
llawr 11
lle-oedd 8, 14
lle (*where*) 18
llefarydd 12
lleidr (lladron) 14
lleol 12
llestr-i 8
llew-od 17
Lloegr 11
llongau 8
llosgiad-au 12
Llundain 13
llwy-au 3
llwyaid 16
llwybr-au 10
llwyd 6
llwyr 8
llydan 9
Llydaw 11
llyfr-au 4
llyfrgell-oedd 4
llygad (llygaid) 7
Llŷn 10
llyn-noedd 8
llynedd 10
llysiau 17
llythyr-on 14

M

mab (meibion) 5
maint 16
maip 17
mam-au 11
mam-gu 12
mam yng nghyfraith 15
mân 12
marchnad-oedd 4
marw 9
math-au 15, 17
mawr 5
Mawrth 11
Medi 14
meddai 14
meddal 16
meddwl 10
meddyg-on 7
melyn 6
melys 3
menyn 16
menyw-od 10
merch-ed 5
mewn 11
mewn gwirionedd 8
mil 9
milltir-oedd 10
minnau 12
mochyn (moch) 7
model-au 5
modern 6
moddion 7
moethus 19
môr (moroedd) 10
mor 14
moron 17
munud-au 8
mwg 12
mwy 18
mwynhau 17
mynd 4
mynd yn dew 18
mynydd-oedd 8
mynyddig 15

N

na 11
Nadolig 20
naddo 10
nage 16
nawddsant 11
nawr 6
neithiwr 8
nesaf 16, 20
neu 3
newid 6, 9
newydd 6
newyddion 13
nifer (o) 9
niwl 10
niwlog 1
nofio 8
'nôl 8
nos 1
nos Galan 20
nos Iau 13
nos Lun 13
nos Sadwrn 13
nos Wener 13
nos yfory 7
noswaith 1
nwy 9

O

o 2, 8
o fewn rheswm 8
o gwbl 7
o gwmpas 14
o hyd 17
o leiaf 18
o'r blaen 6
o'r enw 9
o'r gorau 6
oed 15
oer 1
oeri 8
ofn-au 7, 12
ofnadwy 7
ond 1, 8
oren 6
oren-nau 16
os 13
os gweli di'n dda 20
os gwelwch yn dda 3

P

pa 16
pa fath o 5
pa mor 9
pa rai 16
paentio 9
paid 13
pais (peisiau) 6
pam 13
pan 11
panas 17
papur-au 4
papur doctor 7
pâr (parau) 16
paratoi 8
pawb 11
peidiwch 7
peint 10
peiriant (peiriannau) 20
pêl (peli) 5
pell 15
pellter 8
pen-nau 7
penderfynu 19
pennawd (penawdau) 13
pentref-i 10
perchennog (perchnogion) 9
pert 6
peswch 7
petrol 15
peth-au 5, 19
pinc 6
piws 6
plataid 16
plentyn (plant) 5
plwg (plygiau) 9
pob 8
pob hwyl 20
pobl 11
poeth 1
popeth 13
porc 16
posibl 9
potel-i 16
potelaid 16
pregethu 11
pren 9
prifathro (prifathrawon) 14
prifddinas-oedd 13
prin 9, 18
pris 16

pryd 10
pryd? 8
pryd-au bwyd 8
prynhawn 1
prynhawn yfory 9
prynu 4
prysur 14
p'un 16
punt (punnau) 5
pwdin 16
pwy 9
pwynt-iau 13
pwys-i 16
pwysau 17
pwysig 11
pydru 9
pys 17
pysgodyn (pysgod) 17
pythefnos 10

R

radio 8
reis 16
Rwsia 10
rygbi 7

RH

rhad 5
rhagor (o) 3
rhai 16
rhaid (i) 7
rhedeg 2
rheolwr (rheolwyr) 14
rhestr-i 16
rhewi 1, 17
rhoi'r gorau i 12
rhostio 17
rhwng 4
rhy 3
rhyfedd 17
rhyngwladol 13
rhyw 20
rhywbeth 10
rhywbeth o'i le 14

rhywbryd 14
rhywle 16

S

sachaid 16
sant (seintiau) 11
sawl 9
Sbaen 10
sbectol 16
sbo 16
sefyll 11
sgert-iau 6
sglodion 17
sgôr 13
sgrechian 12
sgwâr 13
sgwrsio 8
siarad (â) (am) 7, 8
sinema (sinemâu) 4
sioc 12
siocled 16
sioe-au 13
siop-au 2, 4
siopa 16
siopwr (siopwyr) 5
siriol 17
siwgr 3
siwmper-i 6
siŵr o fod 10
siwt-iau 6
sment 16
sosbanaid 16
soser-i 3
stamp-iau 4
stecen (stêcs) 17
stori (storïau) 11
stormus 1
stryd-oedd 4
sudd ffrwythau 17
sut 1
sut mae 1
swnllyd 14
swper 7
swrth 14
swyddfa (swyddfeydd) 4
swyddfa'r heddlu 4
swyddfa'r post 4
sych 1
syched 7
sy(dd) 9, 12

symud 7
syr 6
syth 8

T

Tachwedd 17
tad-au 11
tafarn-au 4
tafod-au 7
tal 14
talu (am) 18
tân (tanau) 9
tan 8
tatws 17
tawel 8
te 3
'te 8
tedi-s 5
tegan-au 5
tei-s 6
teimlo 7
teithio 11
teledu 13
tenau 14
terfynol 13
teulu-oedd 14
tew 14
tîm (timau) 18
tocyn-nau 7
toiled-au 4
torri 12, 14
torri i lawr 20
torth-au 4
tost 7
traddodiad-au 11
tramor 8
tref-i 9
trefnu 9
treiffl 17
trên (trenau) 4
trên bach 10
treulio 12
trio 6
trist 14
tro 6
troed (traed) 7
troi 3
trueni 6
trwchus 12
trwm 5

252

trwsio 9
trowsus 6
trydan 9
tu allan 9
tua 8
tunaid 16
twrci 17
twym 8
tŷ (tai) 2
tŷ ar ei ben ei hun 9
tŷ bach 9
tŷ bwyta 20
tŷ teras 9
tŷ un talcen 9
Tyddewi 11
tyfu 9
tyner 17
tynn 6
tynnu 19
tyrfa-oedd 11
tyst-ion 14
tywydd 8
tywyll 1

TH

thermomedr 7

U

uchel 7
un (*same*) 10
unwaith 9

W

wal-iau 9
wedi 6
wedyn 4
wrth 2
wrth ei fodd 8
wrth ein bodd 13
wrth eu bodd 19
wrth fy modd 8

wrth gwrs 6
wrth ochr 10
wy-au 16
wyneb-au 14
wythnos-au 10

Y

y, yr 2
y (*per / a*) 16
y (*that*) 19
y . . . 'ma 5
y . . . 'na 5
y rhain 16
y rheina 16
y Swistir 10
y tu allan i 13
ychwanegol 16
ychydig (o) 10
yfed 3
yfory 20
yma 4
ymhen 8
ymhob 8
ymlacio 8
ymlaen (at) 14
ymweld (â) 8
yn (in) 1
yn (*link*) 1
yn agos i 4
yn anffodus 6
yn bendant 15
yn erbyn 13
yn flin 'da 7
yn gas 'da 13
yn (hen) bryd i 10
yn hollol 12
yn ôl 11, 19
yn rhad ac am ddim 19
yn siŵr 15
yn well 'da 17
yn well i 16
yn wir 7
yn ymyl 4
yn ystod 8
yna 4, 18
ynddo fe 15
ynddyn nhw 11
yno 4
Ynys Manaw 11
yr Alban 10

yr Almaen 10
yr Eidal 10
yr un 10
yr Wyddfa 10
ysbyty (ysbytai) 10
ysgafn 5
ysgewyll brwsel 17
ysgol-ion 2
ysgrifennu 14
ystafell-oedd 6
ystafell fwyta 9
ystafell newid 6
ystafell wely 8
ystafell ymolchi 9

Mynegai / Index

A

a(c) L4, N9
achos bod L15, N7
Adjectives,
 position of L3, N5; L9, N5
 mutation of L6, N3
 possessive L7, N11; L9 N6; L10, N7;
  L11, N7; L13, N5
 comparison of L15, N5/6
adnabod L10, N3
Abverbial expressions,
 soft mutation of L7, N8
Age L15, N4
-aid L16, N1
Ailments,
 use of *gyda('da)* L7, N6
all L9, N6
although, despite L16, N9
am L5, N13; L10, N6
another L14, N4
ar forms L7, N4
 ailments with L7, N5
 other idioms with L7, N5
arall (eraill) L14, N4
Article,
 definite L2, N4
 nouns follow L10, N1
Aspirate mutation Appendix 2

B

beth L12, N3
blwydd, blwyddyn, blynedd L15, N4;
 L19, N5
bod (that) L12, N5; L15, N8; L16, N8 &
 N9; L20, N6

bod (to be)
 conditional tense L19, N2
 future tense L13, N4
 imperfect tense L8, N7
 present tense L3, N1 & N2; L5, N8
braidd yn L17, N4
bron yn L8, N9
bu farw L11, N4
byth L19, N6

C

Comparison of adjectives L15, N5/6
cael
 past tense of L17, N3
Colours L6, N2
Commands L3, N4
 see also *peidiwch, paid*
Conditional tense of *bod* (to be) L19, N2
Countries L10, N2; L11, N3
cymaint o L18, N4a

D

dal i L11, N4
Days of the week L13, N6
digon i L15, N11
digon o L8, N8a
dod
 past tense of L14, N3
drwy L19, N1
dy L13, N5
dylwn i, etc. L18, N2
dyma, dyna L4, N5; L6, N8

E

each L10, N10
eisiau L3, N3; L9, N11; L16, N7
else L14, N4
Emphasis L9, N2; L11, N9
erioed L19, N6
er mwyn L12, N4
ever L19, N6
every L8, N10

F

faint L5, N5
for L5, N13; L10, N6
Future short form tense L20, N2 / 3 / 4 / 5
Future tense of *bod* (to be) L13, N4
fy L15, N2

G

gan See Appendix 3
Genitive,
 possession L11, N12
General ailments,
 ar in L7, N5
gobeithio L20, N1
gofyn i L12, N2
gormod o L10, N8
gwahanol L17, N1
gwybod L10, N3
gyda
 idioms based on L7, N6; L13, N5;
 L17, N5; L20, N7
Greetings, etc. L1, N1; L20, N1

H

home, etc. L12, N4
her L9, N6
his L11, N7
hwn, hwnnw L6, N5
hon, honno L6, N5
hynny L20, N1

I

i (in order to) L18, N5
i, idiomatic use of L10, N11; L16, N6;
 L7, N10
i (link) L11, N14; L14, N6; L15, N11;
 L17, N8
i gyd L9, N6
iawn L6, N4; L19, N1
if L13, N5; L19, N3; L20, N2
Imperfect tense of *bod* (to be) L8, N7;
 L9, N4
Interrogatives,
 beth L12, N3
 ble L2, N5a
 faint L5, N5
 pa L16, N10;
 pa fath L5, N11
 pa mor L9, N9
 pam L13, N5a
 pryd L8, N5
 pwy L9, N2; L12, N3
 sawl L9, N8
 sut L1, N1b
 mutation after L13, N4h

K

know, to L10, N3

L / LL

Linking *yn* ('*n*) L1, N3 / 4
llall / lleill L15, N9
llawer L6, N10
lle L11, N10

M

mân L12, N4
many L6, N10; L9, N6
Measures L16, N3
mor L14, N5
mo, etc. L18, N3

256

mynd
   past tense of L10, N4
Money L5, N4
Months of the year L14, N7
must, I, etc. L7, N10
my L15, N2

N

Nasal mutation See Appendix 2
nesaf L20, N8
never L19, N6
nifer o L9, N6
Nights of the week L13, N6
Nouns
   mutation of feminine
     singular L4, N2
Numbers L5, N2
   mutation of L5, N3
   singular nouns follow L5, N3
   o + plural noun follow L9, N10

O

Object,
   mutation of L7, N9; L11, N6
   pronoun L17, N6
oes L4, N4
once, twice, etc. L7, N8
os L13, N5; L20, N2
other(s) L14, N4; L15, N9
ought to, should L18, N2
our L10, N7

P

pa L16, N10
pa fath o L5, N11
pa mor L9, N9
paid L7, N7
pan L11, N13
Past tense verbs L12, N3; L13, N2;
   L17, N3; L18, N3
peidiwch L7, N7a
petawn i, etc. L19, N3

pob L8, N10
Points of the compass L11, N2
Possession
   gyda ('da) L3, N7
   genitive L11, N12
Prepositions
   verb-nouns precede L8, N2
Present tense of *bod* (to be) L13, N1/2;
   L5, N8
Pronouns L9, N6; L10, N7; L11, N8;
   L13, N5; L15, N2
   demonstrative L5, N6/7; L6, N5;
     L20, N1
   abbreviation of L10, N7
pwy L9, N2; L12, N3

R

recognise, to L10, N3
Relations L15, N3
Relationship L15, N3
Responses
   ydw, etc. L3, N2
   oeddwn, etc. L8, N7
   do, naddo L10, N4
   byddaf, etc. L13, N4
   ie, nage L16, N5
   dylwn, etc. L18, N2
   byddwn, etc. L19, N2
   gwna, etc. L20, N5

RH

rhagor o L3, N6
rhaid (i) L7, N10
(y) rhain L16, N2
(y) rheina L16, N2
rhyw L20, N1

S

same L10, N10
save, to L18, N1
sawl L9, N8
Soft mutation See Appendix 2

Subject L4, N4
sy
    + preposition L9, N7
    + verb-noun L12, N6
    + yn + adjective L15, N10

ychydig L10, N9
yn (in) L2, N2
Yn ('n) (link) L1, N3c
yn + verb-noun L1, N4; L2, N2
yn ôl L11, N11
yn rhy L3, N6
yna L18, N6
yr un L10, N10

T

that (*bod*) L12, N5; L15, N8; L16, N8; L20, N6
that (*y*) L19, N4; L20, N3
this / that L5, N6; L5, N7; L6, N5
these / those L5, N6; L5, N7; L16 N2
Time L8, N6
to (a time / occasion) L14, N5
to (a person) L20, N1
too L3, N6
tua(g) L8, N4

V

Verb,
  plural subject with singular verb L4, N4
Verb-noun
  verb-noun followed by L3, N3
Verb-noun
  i follows L11, N14; L14, N6
  i precedes L17, N8

W

—*waith* L7, N8
Weights L16, N3
who is / are See *sy*
what? L12, N3
who? L9, N2; L12, N3

Y

y (a) L16, N3a
y, yr, 'r L2, N4; L10, N1
y (that) L19, N4; L20, N3

Nodiadau : Notes

Nodiadau : Notes

Nodiadau : Notes

Nodiadau : Notes

www.ingramcontent.com/pod-product-compliance
Lightning Source LLC
Chambersburg PA
CBHW071814300426
44116CB00009B/1313